民航安全管理应知应会系列丛书

民航安全管理知识

张 禹 主编

北 京
冶 金 工 业 出 版 社
2025

内 容 提 要

本书详细阐述了民航安全管理的基本概念、理论、实践和监督管理等方面的知识。全书共分为七章，主要内容包括民航安全管理概论、安全管理基本理论、民航生产经营单位安全管理、民航安全生产及监督管理、民用航空器事件调查、民航安全信息管理、民航应急管理等。

本书可供民航领域专业安全管理人员以及飞行、机务、空管、运控、客舱、安检以及地面运行保障人员阅读，也可作为民航院校相关专业师生的参考书。

图书在版编目（CIP）数据

民航安全管理知识 / 张禹主编. -- 北京 : 冶金工业出版社, 2025. 2. -- (民航安全管理应知应会系列丛书). -- ISBN 978-7-5240-0121-8

Ⅰ. F560. 6

中国国家版本馆 CIP 数据核字第 2025TR1950 号

民航安全管理知识

出版发行 冶金工业出版社　　**电　　话**（010）64027926

地　　址 北京市东城区嵩祝院北巷 39 号　　**邮　　编** 100009

网　　址 www. mip1953. com　　**电子信箱** service@ mip1953. com

责任编辑 杨 敏　美术编辑 彭子赫　版式设计 郑小利

责任校对 葛新霞　责任印制 范天娇

三河市双峰印刷装订有限公司印刷

2025 年 2 月第 1 版，2025 年 2 月第 1 次印刷

787mm×1092mm　1/16；14. 75 印张；355 千字；224 页

定价 99. 00 元

投稿电话　**（010）64027932**　**投稿信箱**　**tougao@ cnmip. com. cn**

营销中心电话　**（010）64044283**

冶金工业出版社天猫旗舰店　**yjgycbs. tmall. com**

（本书如有印装质量问题，本社营销中心负责退换）

前　言

在民航业快速发展的今天，安全管理作为确保飞行安全、保障旅客和货物安全的核心环节，始终是民航发展的生命线。民航安全管理不仅关系到航空公司的运营效益和声誉，更关系到国家形象和人民群众的生命财产安全。因此，系统地学习和掌握民航安全管理知识，对于提升民航安全管理水平、预防和控制各类安全事件的发生具有极其重要的意义。

本书通过系统阐述民航安全管理的基本概念、理论、方法和实践，帮助读者了解民航安全管理的全貌，掌握民航安全管理的核心知识和技能。在编写过程中，编者力求做到内容全面、结构清晰、语言简洁、重点突出，同时，还注重理论与实践的结合，期望读者能够更直观地理解和掌握民航安全管理的精髓。

本书为读者提供了一个全面、系统、深入的民航安全管理知识体系。全书共分为七章，第一章为民航安全管理概论，主要介绍了民航安全管理的基本概念、理念、系统构成和安全责任；第二章为安全管理基本理论，系统阐述了安全管理的原理与原则，包括系统原理、人本原理、强制原理、预防原理和责任原理，以及各个原理的运用原则等；第三章为民航生产经营单位安全管理，详细阐述了民航安全管理体系（SMS）及民航生产经营单位安全生产规章制度建设、安全生产投入、安全生产责任制、双重预防机制、监督审核、安全信息、事件调查、安全绩效管理、安全生产教育培训以及安全文化与作风建设等内容；第四章为民航安全生产监督管理，主要介绍了我国的安全生产监督管理和民航监管体制。第五章为民用航空器事件调查，详细阐述了国际民航组织和我国关于民用航空器事件调查的相关要求。第六章为民航安全信息管理，主要介绍了民航安全信息管理的基本概念、收集、分析与应用以及管理人员和设备的管理等方面的内容。第七章为民航应急管理，系统阐述了民航应急管理的基本概念、预案与制度、组织与资源、应急培训、应急演练以及评估与改进等方面的内容。

本书为“民航安全管理应知应会系列丛书”（孙佳、张禹、刘维强、熊康昊共同策划）之一，由中国民航管理干部学院张禹主编，中国民航管理干部学院熊康昊参与了部分章节的编写。编写和出版期间得到了中国民航管理干部学院和许多同仁的大力支持与帮助，并在编写过程中参考了有关文献资料，在此一并表示衷心的感谢。

由于编者水平所限，书中不妥之处，敬请广大读者批评指正。

编　者

2024 年 11 月

目　录

第一章　民航安全管理概论

第一节　安全管理基本概念

一、安全、安全生产、安全生产管理与本质安全

（一）安全

安全泛指没有危险、不出事故的状态。汉语中有“无危则安，无缺则全”；安全的英文为 safety，指健康与平安之意；梵文为 sarva，意为无伤害或完整无损；《韦氏大词典》对安全定义为：没有伤害、损伤或危险，不遭受危害或损害的威胁，或免除了危害、伤害或损失的威胁。

生产过程中的安全，即安全生产，指的是“不发生工伤事故、职业病、设备或财产损失”。

工程上的安全性，是用概率表示的近似客观量，用以衡量安全的程度。

系统工程中的安全概念，认为世界上没有绝对安全的事物，任何事物中都包含有不安全因素，具有一定的危险性。安全是一个相对的概念，危险性是对安全性的隶属度；当危险性低于某种程度时，人们就认为是安全的。安全工作贯穿于系统整个寿命期间。

（二）安全生产

《辞海》将“安全生产”解释为：为预防生产过程中发生人身、设备事故，形成良好劳动环境和工作秩序而采取的一系列措施和活动。《中国大百科全书》将“安全生产”解释为：旨在保护劳动者在生产过程中安全的一项方针，也是企业管理必须遵循的一项原则，要求最大限度地减少劳动者的工伤和职业病，保障劳动者在生产过程中的生命安全和身体健康。根据现代系统安全工程的观点，一般意义上讲，安全生产是指在社会生产活动中，通过人、机、物料、环境的和谐运作，使生产过程中潜在的各种事故风险和伤害因素始终处于有效控制状态，切实保护劳动者的生命安全和身体健康。安全生产工作应当以人为本，坚持人民至上、生命至上，把保护人民生命安全摆在首位，树牢安全发展理念。《中华人民共和国安全生产法》（以下简称《安全生产法》）将“安全第一、预防为主、综合治理”确定为安全生产工作的基本方针。

（三）安全生产管理

安全生产管理是管理的重要组成部分，是安全科学的一个分支。所谓安全生产管理，就是针对人们在生产过程中的安全问题，运用有效的资源，发挥人们的智慧，通过人们的努力，进行有关决策、计划、组织和控制等活动，实现生产过程中人与机器设备、物料、环境的和谐，达到安全生产的目标。其管理的基本对象是企业的员工（企业中的所有人员）、设备设施、物料、环境、财务、信息等各个方面。安全生产管理包括安全生产法制

管理、行政管理、监督检查、工艺技术管理、设备设施管理、作业环境和条件管理等方面。安全生产管理目标是减少和控制危害和事故，尽量避免生产过程中所造成的人身伤害、财产损失、环境污染以及其他损失。

（四）本质安全

本质安全是指通过设计、管理等手段，使设备、系统或工艺在正常操作或故障情况下，都能够保持安全状态，不会对人员、设备或环境造成不可接受的风险。

本质安全的核心思想是消除或减少事故发生的根源，而不仅仅是依靠外部的安全防护措施。它强调从根本上提高系统的安全性，而不是仅仅依赖于人员的警惕性或事后的补救措施。

二、事故、事故隐患、危险与重大危险源

（一）事故

《现代汉语词典》对“事故”的解释是：多指生产、工作上发生的意外损失或灾祸。

在国际劳工组织制定的一些指导性文件，如《职业事故和职业病记录与通报实用规程》中，将“职业事故”定义为：由工作引起或者在工作过程中发生的事件，并导致致命或非致命的职业伤害。《生产安全事故报告和调查处理条例》（国务院令第 493 号）将“生产安全事故”定义为：生产经营活动中发生的造成人身伤亡或者直接经济损失的事件。我国事故的分类方法有多种。

（1）依据《企业职工伤亡事故分类》（GB 6441），综合考虑起因物、引起事故的诱导性原因、致害物、伤害方式等，将企业工伤事故分为 20 类：物体打击、车辆伤害、机械伤害、起重伤害、触电、淹溺、灼烫、火灾、高处坠落、坍塌、冒顶片帮、透水、放炮、火药爆炸、瓦斯爆炸、锅炉爆炸、容器爆炸、其他爆炸、中毒和窒息及其他伤害。

（2）依据《生产安全事故报告和调查处理条例》（国务院令第 493 号），根据生产安全事故造成的人员伤亡或者直接经济损失，事故一般分为特别重大事故、重大事故、较大事故、一般事故 4 个等级，具体划分如下：

1）特别重大事故，是指造成 30 人以上死亡，或者 100 人以上重伤（包括急性工业中毒，下同），或者 1 亿元以上直接经济损失的事故；

2）重大事故，是指造成 10 人以上 30 人以下死亡，或者 50 人以上 100 人以下重伤，或者 5000 万元以上 1 亿元以下直接经济损失的事故；

3）较大事故，是指造成 3 人以上 10 人以下死亡，或者 10 人以上 50 人以下重伤，或者 1000 万元以上 5000 万元以下直接经济损失的事故；

4）一般事故，是指造成 3 人以下死亡，或者 10 人以下重伤，或者 1000 万元以下直接经济损失的事故。

注：该等级标准中所称的“以上”包括本数，所称的“以下”不包括本数。在衡量一个事故等级时按照最严重的标准进行划分。

（二）事故隐患

原国家安全生产监督管理总局颁布的第 16 号令《安全生产事故隐患排查治理暂行规定》，将“安全生产事故隐患”定义为：生产经营单位违反安全生产法律、法规、规章、标准、规程和安全生产管理制度的规定，或者因其他因素在生产经营活动中存在可能导致

事故发生的物的危险状态、人的不安全行为和管理上的缺陷。

事故隐患分为一般事故隐患和重大事故隐患。一般事故隐患是指危害和整改难度较小，发现后能够立即整改排除的隐患。重大事故隐患是指危害和整改难度较大，应当全部或者局部停产停业，并经过一定时间整改治理方能排除的隐患，或者因外部因素影响致使生产经营单位自身难以排除的隐患。

（三）危险

根据系统安全工程的观点，危险是指系统中存在导致发生不期望后果的可能性超过了人们的承受程度。从危险的概念可以看出，危险是人们对事物的具体认识，必须指明具体对象，如危险环境、危险条件、危险状态、危险物质、危险场所、危险人员、危险因素等。

一般用风险度来表示危险的程度。在安全生产管理中，风险用生产系统中事故发生的可能性与严重性的结合给出，即

$$R = f(F, C) \tag{1-1}$$

式中 R——风险；

F——发生事故的可能性；

C——发生事故的严重性。

从广义来说，风险可分为自然风险、社会风险、经济风险、技术风险和健康风险 5 类。而对于安全生产的日常管理，可分为人、机、环境、管理 4 类风险。

（四）重大危险源

为了对危险源进行分级管理，防止重大事故发生，提出了重大危险源的概念。广义上说，可能导致重大事故发生的危险源就是重大危险源。

《安全生产法》和《危险化学品重大危险源辨识》（GB 18218）对重大危险源作出了明确的规定。《安全生产法》第一百一十七条对重大危险源的解释是：指长期地或者临时地生产、搬运、使用或者储存危险物品，且危险物品的数量等于或者超过临界量的单元（包括场所和设施）。当单元中有多种物质时，如果各类物质的量满足下式，就是重大危险源：

$$\sum_{i=1}^{N} \frac{q_i}{Q_i} \geqslant 1 \tag{1-2}$$

式中 q_i——单元中物质 i 的实际存在量；

Q_i——物质 i 的临界量；

N——单元中物质的种类数。

在《危险化学品重大危险源辨识》（GB 18218—2018）中，表 1 给出了 85 种危险化学品的临界量。未在表 1 范围内的危险化学品应根据其危险性，按表 2 确定其临界量；若一种危险化学品具有多种危险性，应按其中最低的临界量确定。

第二节 民航安全管理基本概念

一、安全、安全管理与可接受的安全绩效水平（ALoSP）[1]

（1）安全。在航空范畴内，安全是“与航空器的运行有关或直接支持航空器运行的

---

[1] 引自《安全管理手册》（Doc 9859，第四版）。

航空活动的风险被降低并控制在可接受水平的状态”。

（2）安全管理。安全管理旨在在安全风险导致航空事故和事故征候之前，主动缓解风险。通过实施安全管理，组织能够以一种更严谨、综合和有重点的方式管理其安全活动。对安全管理的作用及其对安全运行的贡献有清晰的了解，组织能够确定行动的优先次序，以应对各种安全风险，并更加有效地管理其资源以获得最佳航空安全效益。

（3）可接受的安全绩效水平（ALoSP）。国家当局按照其国家安全方案的规定，商定国家民航系统要达到的以安全绩效目标和安全绩效指标表示的安全绩效水平。

二、事故、征候与一般事件❶

（1）事故。事故是指对于有人驾驶航空器而言，从任何人登上航空器准备飞行直至所有这类人员下了航空器为止的时间内，或者对于获得民航局设计或者运行批准的无人驾驶航空器而言，从航空器为飞行目的准备移动直至飞行结束停止移动且主要推进系统停车的时间内，或者其他在机场活动区内发生的与民用航空器有关的下列事件：

1）人员死亡或者重伤。但是，由于自然、自身或者他人原因造成的人员伤亡，以及由于偷乘航空器藏匿在供旅客和机组使用区域外造成的人员伤亡除外。

2）航空器损毁无法修复或者严重损坏。

3）航空器失踪或者处于无法接近的地方。

事故等级分为特别重大事故、重大事故、较大事故和一般事故。具体划分按照有关规定执行。

（2）征候。征候是指在民用航空器运行阶段或者在机场活动区内发生的与航空器有关的，未构成事故但影响或者可能影响安全的事件。

（3）一般事件。一般事件是指在民用航空器运行阶段或者在机场活动区内发生的与航空器有关的航空器损伤、人员受伤或者其他影响安全的情况，但其严重程度未构成征候的事件。

三、安全隐患、重大安全隐患、危险源、安全风险、重大风险与剩余风险

（1）安全隐患。安全隐患是指民航生产经营单位违反法律、法规、规章、标准、规程和安全管理制度规定，或者因风险控制措施失效或弱化可能导致事故、征候及一般事件等后果的人的不安全行为、物的危险状态和管理上的缺陷。按危害程度和整改难度，分为一般安全隐患和重大安全隐患。

（2）重大安全隐患。重大安全隐患是指危害和整改难度较大，应当全部或者局部停产停业，并经过一定时间整改治理方能排除的安全隐患，或者因外部因素影响致使民航生产经营单位自身难以排除的安全隐患。

（3）危险源。危险源是指可能导致民用航空器事故、民用航空器征候以及一般事件等后果的条件或者物体。

（4）安全风险。安全风险是指危险源后果或结果的可能性和严重程度。根据容忍度不同，分为可接受、缓解后可接受、不可接受三级。

（5）重大风险。重大风险是指风险分级评价中被列为“不可接受”的风险，或者被

❶ 引自《民用航空器事件技术调查规定》（CCAR395-R3）。

列为“缓解后可接受”但相关控制措施多次出现失效的风险。

（6）剩余风险。剩余风险是指实施风险控制措施后仍然存在的安全风险。剩余风险可能包括风险管理中未穷举的风险，也可以认为是一项初始的安全风险在拟采取的风险控制措施后“保留的风险”。实际安全管理中，通常是后者更具现实意义。

四、安全管理体系及其相关定义

（1）安全管理体系（SMS）。安全管理体系是指管理安全的系统做法，包括必要的组织结构、问责制、责任、政策和程序。

（2）安全目标。安全目标是指对有待国家安全方案或服务提供者的安全管理体系实现的安全业绩或预期成果的简要、高级别说明。

注：安全目标是根据组织机构的最高安全风险制定的，并应在随后制定安全绩效指标和目标时予以考虑。

（3）系统。系统是指一种有组织、有目的的结构，它包括相互关联和相互依赖的要素和组成部分以及为执行特定活动或解决问题而制定的相关政策、程序和做法。

（4）安全绩效。安全绩效是指由其安全绩效目标和安全绩效指标界定的国家或服务提供者的安全业绩。

（5）安全绩效指标。安全绩效指标是指用于监测和评估安全绩效的以数据为基础的参数。

（6）安全绩效目标。安全绩效目标是指国家或服务提供者按照安全目标制定的特定时期内安全绩效指标的计划或预期目标。

（7）触发点。触发点是指为特定安全绩效指标确定的水平或标准值，用于启动所需采取的行动（例如：评估、调整或补救行动）。

（8）安全数据。安全数据是指从各种航空相关来源收集的一组确定的事实或安全值，用于保持或提高安全性。注：这些安全数据是从主动或被动安全相关活动中收集的，包括但不限于：

1）事故或事故征候调查；

2）安全报告；

3）持续适航报告；

4）运行绩效监控；

5）检查、审计、调查；

6）安全研究与审查。

（9）安全信息。安全信息是指在一个给定的情况下处理、组织或分析安全数据，以使其用于安全管理目的。

（10）差错。差错是指操作人员导致偏离组织机构或操作人员的意图或期待的行为或不作为。

第三节　安全生产管理理念

一、安全哲学观

安全哲学是人们安全观念的理论化和系统化，是关于安全观的学说。安全观念产生于人们的社会实践和对自然规律、社会环境、人文关系的感性与理性认识，是安全问题在人们头脑中的认识和反映。一切观念的形成来自人类的实践活动、直观的感受和经验，取决于人的思维活动及理性的判断，还取决于人类具有的科技文化知识水平和价值观与生命观。安全哲学是安全精神智能文化的范畴。

（一）宿命论与被动型的安全哲学

远古时代的安全认识论与方法论表现为，对于事故与灾害只能听天由命，无能为力，认为人类的命运是老天的安排，神灵鬼怪掌握着人类的生死大权。人们认为，面对事故对生命的残害与践踏，人类是无所作为的。

将天灾与人祸所造成的意外伤亡事故，解释为有人招惹上帝和神灵而使之发怒，降罪于凡间所致，人类的生命安全与健康是无法保障的，人们只能俯首跪罪，无能为力，只能是逆来顺受。这是一种无知、落后和愚昧的宿命论的安全哲学，这种古老的安全哲学，至今还影响着不少迷信的人。如果说宿命论在远古时期的存在是人类认识的历史必然具有其合理的一面和进步意义，则今天还以此来解释安全问题，就大谬不然，弊多利少了。

（二）经验论与事后型的安全哲学

随着生产方式的变更，在农牧业社会和西方早期工业化时代，由于事故与灾害类型的复杂多样，事故严重性的扩大，人类对安全认识能力的低下，只能从各种天灾和人祸中吸取生命和鲜血换来的教训，用事后分析，以“吃一堑，长一智”的方法来教育自己提高对安全的认识，此阶段人类进入了局部安全认识阶段。

哲学上反映出，从建立在事故与灾难经历和教训上来认识人类现实生产、生活的安全，有了与事故抗争的意识，在实践中发现了“亡羊补牢”的方法和手段，这是一种头痛医头、脚痛医脚的对策方式；从反映论的角度来看，尽管是“事后诸葛亮”式的，但毕竟是唯物主义的。这种安全哲学，至今还是我们实际工作的指导思想，它与现代安全管理方式方法并用，被人们称之为传统安全管理。例如，事故处理所坚持的“四不放过”原则，用统计分类的方法进行事故致因的理论研究，事后整改对策的完善，管理中的事故赔偿与事故保险制度等方法和措施，都是受经验论与事后型安全哲学的影响所形成的具有补救意义的办法。

（三）系统论与综合型的安全哲学

对事故的发生和分析采用了系统的综合方法来解决，认为人、机、环境、管理是事故产生的四大综合要素，主张将工程技术硬手段与教育、管理软手段等结合起来，采取综合措施。其具体思路和方法表现在如下若干方面：

（1）全面安全管理的方针、政策和思想；安全与生产技术统一的原则；讲求安全人机学设计，提高各种条件下的人机界面安全性和适用性；推行系统安全工程方法；完善政府、企业、工会、社会、个人等齐抓共管、各负其责的安全生产体制；在生产与安全的管理中要讲同时计划、布置、检查、总结、评比的“五同时”原则；推行企业各级生产领导在安全生产方面要向上级负责、向员工负责、向自己负责的负责制等。

（2）安全生产过程中要查思想认识、查规章制度、查管理落实、查设备和环境隐患的“四查”制度；进行定期与非定期检查相结合，普查与专查相结合，自查、互查、抽查相结合；企业生产岗位每班查、班组车间每周查、厂级每季查、公司每年查；全员、全面、全过程、全天候的“四全”安全管理，人人、处处、事事、时时把安全放在首位；人员、设备、环境的安全性分析及对策，提高系统安全管理工程质量；查出人、机、环的隐患，分级排列、重点控制，做到消除隐患，保证安全，实现无隐患安全管理；以及定项目、定标准、定指标、科学定性与定量相结合等都属于安全系统工程。

这些方法体现了系统论与综合型的安全哲学。

（四）本质论与预防型的安全哲学

20世纪中后期，世界进入信息化时代，随着计算机技术、传感技术及人工智能技术等高技术的开发和应用，人类对安全有了更全面、更深刻的认识，以系统安全观为指导，提出了自组织思想，有了本质安全化的认识，其方法论是力求安全的超前性、预防性、应急性，实现本质安全化。具体表现在如下方面：

（1）从人的本质安全化入手。人的本质安全化不但要解决人的安全知识、技能、意识、素质，还要从人的安全观念、伦理、情感、态度、认识、品德等人文素质入手。

（2）物和环境的本质安全化。要采用先进的安全科技、设备设施和发挥系统的自组织、自适应功能，实现本质安全化。

（3）研究和应用“三论”。以人、物、能量、信息为要素的安全系统论、安全控制论和安全信息论为基础，推行现代工业安全管理。

（4）坚持“三同时”“三同步”原则。新建、改建、扩建的技术项目要遵循安全措施、技术设施与主体工程同时设计、施工、投产的“三同时”原则，企业在经济发展、机制改革、技术改造时，安全生产方面应遵循同时规划、同时实施、同时投产的“三同步”原则。

（5）开展“四不伤害”“6S”活动。规范人的行为，开展不伤害他人、不伤害自己、不被别人伤害、保护他人不受伤害的“四不伤害”活动，安全、整理、整顿、清扫、清洁、态度“6S”活动，以人为本，珍惜生命，保护生命。

（6）职业安全健康管理体系的建立。通过建立职业安全健康管理体系，实现组织的安全生产经营活动的科学化、法制化、标准化，通过文件、手册和审核，实现“PDCA”持续改进，通过职业安全健康绩效不断地提升，提高本质安全化管理水平。

（7）科学、超前、预防事故。积极推行生产现场的工具、设备、材料、工件等物流与现场工人流动的定置管理；对生产现场的“危险点、危害点、事故多发点”的控制工程，对隐患的评估，对应急预案的制定和实施保证等开展超前预防型安全活动。

（8）应用现代安全管理方法。推行安全目标管理、无隐患管理、安全经济分析、危险预知活动、事故判定技术等安全系统工程方法等。

二、安全风险管控观

（一）事故可预防论

人们普遍存在着“安全是相对的，危险是绝对的”“安全事故不可防范，不以人的意志转移”等认识，即存在有生产安全事故的宿命论观念。但是随着安全生产科技发展和对事故规律的深入认识，应该建立起“事故可预防，人祸本可防”的观念。根据对事故特性的研究分析，可认识到事故如下的内在性质：

（1）事故存在的因果性。工业事故的因果性是指事故是相互联系的多种因素共同作用的结果。引起事故的原因是多方面的，在伤亡事故调查分析过程中应弄清事故发生的因果关系，找到事故发生的主要原因，才能对症下药，有效地防范。

（2）事故随机性中的必然性。事故的随机性是指事故发生的时间、地点、事故后果的严重性是偶然的。这说明事故的预防具有一定的难度。但是，事故这种随机性在一定范畴内也遵循统计规律，从事故的统计资料中可以找到事故发生的规律性。因而，事故统计分析对制定正确的预防措施有重大的意义。

（3）事故的潜伏性。表面上，事故是一种突发事件，但是事故发生之前有一段潜伏期。在事故发生前，人、机、环等系统所处的这种状态是不稳定的，也就是说系统存在事故隐患，具有危险性。如果这时有一个触发因素出现，就会导致事故的发生。在工业生产活动中，企业较长时间内未发生事故，如麻痹大意，就是忽视了事故的潜伏期，这是工业生产中的思想隐患，是应予克服的。掌握了事故潜伏性对有效预防事故发生起到关键作用。

（4）事故的可预防性。现代工业系统是人造系统，这种客观实际给预防事故提供了基本的前提。所以说，任何事故从理论和客观上讲都是可预防的。认识这一特性，对坚定信念、防止事故发生有促进作用。因此，应该通过各种合理的对策和努力，从根本上消除事故发生的隐患，把事故的发生降低到最低限度。

（二）系统的本质安全化

传统的本质安全化（狭义的本质安全化）一般是指机器、设备本身所具有的安全性能，是指机器、设备等物的方面和物质条件能够自动防止操作失误或引发事故。在这种条件下，即使一般水平的操作人员发生人为的失误或操作不当等不安全行为，也能够保障人身、设备和财产的安全。

系统的本质安全化（广义的本质安全化）是指人-机-环境-管理系统表现出的安全性能。通过优化资源配置和提高其完整性，使得人-机-环境-管理系统在本质上具有最佳的安全品质。这种最佳的安全品质体现在系统具有相当的安全可靠性，具有完善的预防和保护功能，通过全面的安全管理，使得事故降低到规定的目标或者可以接受的程度。系统的本质安全是针对整个人机系统的，它具有如下特征：一是人的安全可靠性，二是物的安全可靠性，三是系统的安全可靠性，四是管理规范和持续改进。

（三）风险预控

风险预控管理就是运用系统的原理，对各生产系统、各工作岗位中存在的与人、机、环、管相关的不安全因素进行全面辨识、分析评估；对辨识评估后的各种不安全因素，有针对性地制定管控标准和措施，明确管控责任人，进行严格的管理和控制；借助信息化的管理手段，建立危险源数据库，使各类危险源始终处于动态受控的状态。风险预控体系重点管理内容包括以下几个方面：一是风险辨识与管理，主要规定危险源辨识、风险评估流程和职责、风险控制措施的制定和落实以及危险源监测、预警和消警等要求，其作用是将风险预控的思想和理念全面贯彻到体系运行的全过程；二是不安全行为控制，主要规定各岗位不安全行为的梳理、机理分析和管控纠正的要求，其作用是保障每个岗位能严格执行正确的安全程序和标准，防止人的失误而导致事故和伤害；三是生产系统控制，主要规定生产系统的管控要求，其作用是将安全生产的法律法规以及安全生产标准化全面贯彻到生产各环节，实现动态达标；四是综合要素管理，主要规定生产系统以外的其他生产辅助系统安全管理的要求，其作用是实现安全管理全过程、全方位和全员参与；五是预控保障机制，主要规定体系运行组织机构及其安全责任制、体系方针和目标、体系文件化以及体系评价等要求，其作用是保障体系能推动起来和运行下去。

三、安全发展观

（一）安全发展的提出

党和政府历来高度重视安全生产工作，为促进安全生产、保障人民群众生命财产安全和健康进行了长期努力，做了大量工作。进入 21 世纪以后，伴随着经济、社会结构的巨变，我国安全生产形势及社会形态都出现了新特征，传统的安全生产管理模式面临重大挑战。随着经济的高速发展，工业化、城镇化快速推进，在人们的思想认识中，先后提出了“先生产、后生活”“生产第一、质量第二、安全第三”“安全为了生产”“安全第一、预防为主”等发展理念。

党中央、国务院深刻认识到在全面建设小康社会的进程中，做好安全生产工作的极端重要性，提出了安全生产发展目标，要持续降低事故总量和死亡人数，坚决遏制重特大事故发生，到 2020 年使我国安全生产状况得到根本好转。同时，准确分析和把握我国安全生产阶段性特征，全面总结新中国成立以来安全生产的实践经验，积极借鉴世界各国工业化进程中的经验教训和吸收人类文明进步的新成果。在这样的背景下，党中央、国务院审时度势，围绕安全生产工作，逐步提出和完善了安全发展的思想理念，大力实施安全发展战略。

2005 年 8 月，胡锦涛总书记首次提出安全发展的理念，随后，党的十六届五中全会通过的《中共中央关于制定国民经济和社会发展第十一个五年规划的建议》，将“安全发展”写入其中。

2006 年 3 月，《中华人民共和国国民经济和社会发展第十一个五年规划纲要》中写入了“坚持节约发展、清洁发展、安全发展，实现可持续发展”。

2007 年 10 月，党的十七大报告中明确提出，要坚持安全发展。

2008 年 10 月，党的十七届三中全会强调，能不能实现安全发展，是对我们党执政能力的一个重大考验。

2010 年 7 月，《国务院关于进一步加强企业安全生产工作的通知》中，强调要坚持以人为本，牢固树立安全发展的理念。

2011 年 11 月，《国务院关于坚持科学发展安全发展促进安全生产形势持续稳定好转的意见》中，将安全发展上升到国家战略高度，提出要始终把保障人民群众生命财产安全放在首位，大力实施安全发展战略。

2012 年 3 月，温家宝总理在政府工作报告中强调，要实施安全发展战略，加强安全生产监管，防止重特大事故发生。

2014 年 1 月，习近平总书记重要讲话强调，要大力实施安全发展战略，坚持标本兼治、重在治本，加快建立安全生产长效机制。

2014 年 8 月，《安全生产法》中，提出安全生产工作应当以人为本，坚持安全发展的要求。

2021 年 9 月，新修订的《安全生产法》中，明确提出安全生产工作应当以人为本，坚持人民至上、生命至上，把保护人民生命安全摆在首位，树牢安全发展理念。

从“安全生产”到“安全发展”，从“安全发展理念”到确定为“安全发展战略”，充分体现了党中央、国务院以人为本、保障民生的执政理念，体现了党和政府对科学发展观认识的不断深化、对经济社会发展客观规律的科学总结，体现了安全与经济社会发展协调运行的现实要求。

（二）安全发展的重大意义

安全发展作为一种发展理念，具有科学性、战略性、实践性等特征，是经济与社会发展的重要指导原则，贯彻实施好安全发展战略，对于促进经济与社会健康发展，实现安全生产形势根本好转，意义重大而深远。

安全发展是指发展要建立在安全保障能力不断增强、安全生产状况持续改善、劳动者生命安全和健康权益得到切实保障的基础之上，做到安全生产与经济社会发展各项工作同步规划、同步部署、同步推进，实现有安全保障下的可持续发展，实现广大人民群众的生命安全与生产发展、生活富裕、生态良好的有机统一。

安全发展的根本任务是安全生产。安全生产工作既具有科技与管理等物质形态的含义，也具有公共服务等社会形态的含义，是一个涉及经济建设、政治建设、文化建设、社会建设等诸多方面的特殊领域，具有综合性、长期性、全局性和复杂性等特点。因此，一个局部的、微观的安全生产问题，一旦失控，就有可能引发宏观的、全局性的问题。只有把安全生产置于经济社会发展全局的高度加以推进，把安全生产工作视野拓展到经济、政治、文化、社会等的各个层面，综合运用法律、经济、行政等手段，调动社会各种资源，统筹规划，增强对安全生产工作的主动性和预见性，才能形成推进安全生产工作的强大合力，实现安全生产状况的根本好转，从而保证经济社会的安全发展。

（三）强化“红线”意识、促进安全发展

党的十八大以来，习近平同志针对安全生产问题作了一系列重要论述。这些重要论述充分体现了科学发展观的核心立场，揭示了现阶段安全生产的规律特点，体现了新的一个阶段安全发展的新内涵。

1. 基本要点

（1）强化“红线”意识，实施安全发展战略。始终把人民群众的生命安全放在首位，发展决不能以牺牲人的生命为代价，这要作为一条不可逾越的红线。大力实施安全发展战略，绝不要带血的 GDP。城镇发展规划以及开发区、工业园的规划、设计和建设，都要遵循“安全第一”方针。把安全生产与转方式、调结构、促发展紧密结合起来，从根本上提高安全发展水平。

（2）抓紧建立健全安全生产责任体系。安全生产工作不仅政府要抓，党委也要抓。党委要管大事，发展是大事，安全生产也是大事，没有安全发展就不能实现科学发展。要抓紧建立、健全“党政同责、一岗双责、齐抓共管”的安全生产责任体系，要把安全责任落实到岗位、落实到人头，切实做到管行业必须管安全、管业务必须管安全、管生产经营必须管安全，加强督促检查、严格考核奖惩，全面推进安全生产工作。

（3）强化企业主体责任落实。所有企业都必须认真履行安全生产主体责任，善于发现问题、及时解决问题，采取有力措施，做到安全生产投入到位、安全培训到位、基础管理到位、应急救援到位。特别是中央企业一定要提高管理水平，给全国企业作表率。

（4）加快安全监管方面改革创新。各地区、各部门、各类企业都要坚持安全生产高标准、严要求，招商引资、上项目要严把安全生产关，要加大安全生产指标考核权重，实行安全生产和重大事故风险“一票否决”。加快安全生产法治化进程，严肃事故调查处理和责任追究。采用“四不两直”（不发通知、不打招呼、不听汇报、不用陪同和接待，直奔基层、直插现场）方式暗查暗访，建立安全生产检查工作责任制，实行谁检查、谁签字、谁负责。

（5）全面构建长效机制。安全生产要坚持标本兼治、重在治本，建立长效机制，坚持“常、长”二字，经常、长期抓下去。要做到警钟长鸣，用事故教训推动安全生产工作，做到“一厂出事故、万厂受教育，一地有隐患、全国受警示”。要建立隐患排查治理、风险预防控制体系，做到防患于未然。

2. 重大意义

（1）确立了新形势下安全生产的重要地位。习近平同志提出的一系列新观点、新要求，作出的一系列新判断、新部署，为解决安全生产“摆位”问题提供了强大的思想理论武器。安全生产是人类社会发展和工业化进程中必然遇到的一个重要问题。尤其在社会化大生产的背景下，生产安全事故不仅会对人民生命财产造成严重损害、对企业造成致命打击，严重了还会波及整个社会，甚至影响政局稳定。党的十八大以来，习近平同志高度重视安全生产工作，将其作为治国理政的重要内容，强调安全生产既是经济和社会问题，也是重大的政治问题，要求党政一把手必须亲自动手抓，丝毫放松不得。这显示了政治家的睿智和远见卓识，也把我们对安全生产的认识提升到一个新的高度。

（2）揭示了我国现阶段安全生产的规律特点。我国目前正处于工业化、城镇化快速发展时期，也处于事故易发多发的特殊阶段，安全生产面临诸多挑战。比如，粗放的经济发展方式造成能源、原材料以及交通运输持续紧张，导致超能力生产、超负荷运输的现象屡禁不止，引发的事故时有发生；经济结构不尽合理，高危行业比重过大、人员过多，发生事故的概率较高等。习近平同志科学分析和把握我国现阶段安全生产的规律特点，鲜明提出“红线”观点，并针对制约安全生产的深层次问题提出一系列标本兼治的思路，为我们做好安全生产工作提供了根本遵循。

（3）体现了科学发展观以人为本的核心立场。科学发展观，第一要务是发展，核心是以人为本。发展是硬道理，但不顾安全的发展没有道理。以人为本，首先要以人的生命安全为本。当经济社会发展与安全生产发生矛盾时，如何处理和摆位？习近平同志旗帜鲜明、不容置疑地划出生命“红线”，而且要求这个观念一定要非常明确、非常强烈、非常坚定。这是对各级领导干部是否坚持以人为本、贯彻落实科学发展观的重要检验。

（4）贯穿着立党为公、执政为民的执政理念。我们党是全心全意为人民谋利益的政党，我国政府是人民的政府。各级领导干部为官一任，必须确保一方平安，切实维护人民群众生命财产安全，让人民群众平安共享经济发展和社会进步的成果。中华民族伟大复兴的中国梦，理应包含实现安全生产状况根本好转。习近平同志正是从立党为公、执政为民的执政理念出发思考安全生产问题、提出明确要求的。

（5）坚持生命至上，体现了对人的尊重、对生命的敬畏，传递了生命至上的价值理念。人的全面发展的基础和前提，就是必须保证其生命安全和身体健康。人世间最宝贵的莫过于生命，生命无价，生命对每一个人只有一次。人的一切活动和价值都以生命的存在和延续为根基，没有生命就没有一切，保护生命就是保护生产力。习近平同志提出的“红线”观点，实质上就是把保护生命放在高于一切的位置，体现了“以人为本、生命至上”的价值取向。这正是安全生产工作的价值追求。我们必须树立关爱生命的情感观、生命至上的价值观、尊重生命的道德观，始终把保护人民生命安全放到首位，作为工作的最高职责，带着感情抓好安全生产。对任何拿生命冒险的行为，都要敢于亮剑、坚决抵制。同时，大力倡导“以人为本、生命至上”的安全文化，强化全民安全意识，使每个人都尊重生命、爱护生命，在工作中自觉遵守安全生产的各项规定和操作标准。

3. 指导实践

（1）以最坚决的态度坚守“红线”，推动安全发展。对“红线”要有敬畏之心、戒惧之心，绝不能踩踏。招商引资绝不能成为“招伤引灾”，增产扩能绝不能埋下隐患。绝不能搞那些降低安全标准、违反安全规定的所谓“一站式服务”。要把安全生产与转方式、调结构、促发展结合起来，确保城市安全运行、企业安全生产、公众安全生活。

（2）以最严格的要求落实安全生产责任。各级党委应强化对安全生产工作的领导，认真研究解决安全工作中的重大问题，确保党的安全生产方针贯彻落实。各级政府应健全安全责任体系，落实“一岗双责”，强化基层安全监管执法力量。各级职能部门应落实综合监管、直接监管和属地监管责任。各类企业应切实履行安全生产主体责任，加快建立与市场机制和现代企业制度相适应的安全管理体系，切实做到安全生产投入到位、教育培训到位、基础管理到位、应急救援到位。

（3）以最严厉的手段深化隐患整改，推进依法治理。完善隐患排查治理制度，健全安全监管部门与企业互联互通的信息化管理系统，实现隐患自查自报自改、分级分类、建档备案、闭环管理。对每一起事故，都要依法依规、从重从快严肃查处，让非法违法肇事企业和责任人付出沉痛代价。所有事故调查处理结果都要及时向社会公布，让思想麻痹和心存侥幸的企业和责任人受到教育和警醒。

（4）以最有效的措施营造安全生产浓厚氛围。把安全生产宣传教育纳入宣传工作总体布局，动员社会力量参与安全文化建设。进一步扩大安全生产信息公开，及时回应社会关切，正确引导舆论。落实和完善安全生产举报奖励制度，建立有效的监督制约机制。强化事故教训的警示作用，血的教训绝不能再用血的代价去验证。

（5）以最大的勇气推进安全生产改革创新。精简安全生产行政审批，创新安全监管模式，实行分类指导，扎实推进重点领域安全专项整治。改进安全生产大检查方式方法，使“四不两直”制度化、常态化。深化安全监管体制机制改革创新，探索建立区域性执法机制，强化安全生产基层执法力量。

（6）以最严明的纪律加强安全监管队伍建设。要加强作风和队伍建设，强化坚守“红线”的意识和能力，做安全发展的忠诚卫士。提高监管监察能力，对隐患和问题敢抓敢管。提高应急处置能力，努力成为安全生产的专家、内行。提高宣传引导能力，发出安全生产的最强音，将安全生产理念贯穿到各项工作全过程。

第四节 民航安全管理理念

一、民航安全发展历程

（一）全球航空安全的演变❶

航空安全的发展可以用四种方法来描述，它们大致符合活动的年代，如图 1-1 所示。

❶ 引自《安全管理手册》（Doc 9859，第四版）。

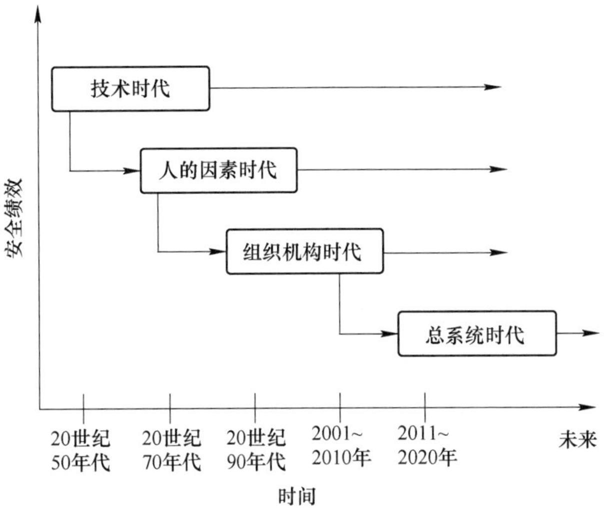

图 1-1　安全的演变

（1）技术。从 20 世纪初到 20 世纪 60 年代末，航空作为大规模交通运输的一种形式应运而生，其中被确定的安全缺陷，最初与技术因素和技术故障相关。因此，安全方面的努力集中在技术因素（如航空器）的调查和改进上。到 20 世纪 50 年代，技术改进导致事故率逐渐降低，安全过程逐步扩展到包括遵守规章和监督方面。

（2）人的因素。到 20 世纪 70 年代初，由于主要技术的不断进步和安全规章的逐步完善，航空事故率大幅降低。航空运输成为一种更安全的交通方式，安全方面努力的重点扩展到了包括人的因素（包括“人/机接口”等）。尽管在减少差错方面投入了资源，但人的因素仍然是事故中的常见因素。当时，人的因素倾向于关注个人，并没有充分考虑操作和组织环境。直到 20 世纪 90 年代初，才认识到个人是在其中包括有可能影响人的行为的多种因素的复杂环境中运作的。

（3）组织机构。在 20 世纪 90 年代中期，人们开始从系统的视角审视安全，并开始包含组织机构的因素以及人的因素和技术因素。引入了“组织机构性事故”的观念。这个观念考虑了组织机构文化和政策对安全风险控制措施的有效性的影响。另外，使用被动和主动的方法进行日常安全数据收集与分析，使组织机构能够监测已知的安全风险并发现新出现的安全趋势。这些改进提供了知识和基础，促成了当前的安全管理做法。

（4）总系统。从 21 世纪初开始，许多国家和服务提供者已经采纳了过去的安全做法，并且安全成熟度发展到更高水平。它们已经开始实施国家安全方案或安全管理体系，并获得了安全效益。然而，安全系统迄今为止主要注重于个人安全绩效和局部控制，很少考虑整个航空系统的更广泛环境。这导致人们越来越认识到航空系统的复杂性以及不同组织机构在航空安全中都负有责任。有许多事故和事故征候的例子表明，组织机构之间的接口导致了负面结果。

（二）中国民航安全发展历程

在中国民航发展历程中，安全管理的发展经历了四个阶段：一是探索管理阶段，提出“飞飞整整、整整飞飞”；二是经验管理阶段，提出“三句话、八个字、一严两抓”“八该一反对”；三是规章管理阶段，以民航法为引领，100 余部 CCAR 组成规章体系；四是系统管理阶段，在规章符合性基础上，以安全绩效和大数据管理为基础，以 SMS、FSOP 等为手段。这些安全文化，是不同时期经过长期实践检验的经验与智慧，充分体现了“人民至上、生命至上”的精神理念。

1. 初期“飞飞整整、整整飞飞”的探索管理阶段

“飞飞整整、整整飞飞”起始于 20 世纪 50 年代，是新中国成立初期中国民航安全管理的一种探索方式。在这个阶段，由于缺乏经验和技术，航空安全管理主要依靠实践和摸索。

“飞飞整整、整整飞飞”指的是在飞行过程中发现问题，然后进行整顿和改进。这种方式强调了从实践中学习，通过不断总结经验教训来提高安全水平。在这个阶段，中国民航逐渐建立了一些基本的安全管理制度和规章，但安全管理仍然相对粗放和简单。

随着时间的推移和经验的积累，中国民航逐渐意识到需要更加系统和科学的安全管理方法。于是，在后来的发展中，中国民航引入了先进的安全管理理念和技术，不断完善安全管理体系，提高安全管理水平。

总的来说，“飞飞整整”的探索管理阶段是中国民航安全管理发展的一个重要阶段，为后来的安全管理奠定了基础。同时，也提醒我们在安全管理中要不断总结经验教训，持续改进和完善管理体系。

2. 经验管理阶段

经验管理阶段始于 20 世纪 70 年代末期，终于 90 年代初期。随着民航性质的转变，我国民航安全管理体制不断地发展和变化。1979～1987 年，中国民航开始告别军队管理，走上企业化道路。1979 年，中国民用航空局（CAAC）启动机构改革，设立了管理飞行安全工作的安全检查处；1984 年，设置了安全检查司，成为飞行安全的直接管理单位。这个时期，整个民航的安全管理体系还未形成，管理水平还比较低下，处于刚起步的阶段。

这一阶段主要以“三句话、八个字、一严两抓”“八该一反对”等为显著标志。其中，“八该一反对”是指“该复飞的复飞、该穿云的穿云、该返航的返航、该备降的备降、该绕飞的绕飞、该等待的等待、该提醒的提醒、该动手的动手；反对盲目蛮干”。它是保证飞行安全实践的经验总结，是贯彻落实飞行规则和有关规定，正确处理飞行中遇到的各种情况的通常概括。“八该一反对”酝酿于 1984 年，经过数次修订补充后，最终在 1992 年定稿并推广至全民航。今天，“八该一反对”的部分内容已经不再适用于当下的运行环境，例如“该穿云的穿云”，其中“穿云”一词已经消失，新一代飞行员甚至已不知“穿云”为何物。其余的该和不该，中国民航也已将其内容纳入规章，以规章为指引，经验为辅助。但是“八该一反对”的理念，却一直没有丢掉也不能丢掉，一代又一代年轻的飞行员，始终要牢记这个无数前辈用鲜血换来的经验，时刻警醒，遵章守纪。

3. 规章管理阶段

规章管理阶段的起始时间是 20 世纪 80 年代后期。这个阶段的特点是研究组织和管理因素对事故原因的影响，通过改进人机界面，建立人员培训体制，完善各种规章和程序，优化机组管理（CRM），营造良好的安全文化，以降低事故率。

1987～2002 年，民航管理局、航空公司、机场逐步实现了政企分离。其间，中国民用航空局航空安全办公室正式组建，全权负责航空安全管理工作，为民航安全管理运营体系

打下了基础。

在这一阶段，中国民航形成了以民航法为引领，100 余部中国民航规章（China Civil Aviation Regulations，CCAR）组成的规章体系。例如，1984 年 1 月 1 日颁发执行《中国民用航空机务工程条例》（这部法规最初名为《中国民航机务条令》，后经过 1965 年、1975 年和 1983 年逐步完善）；《民用航空飞行签派员执照管理规则》《一般运行和飞行规则》《小型商业运输和空中游览运营人运行合格审定规则》《特殊商业和私用大型航空器运营人运行合格审定规则》《民用航空器驾驶员学校合格审定规则》等规则在 2005 年 1 月 15 日的施行，无疑对我国民用航空领域产生了深远的影响。这些规则不仅规范了民用航空飞行签派员、运营人以及驾驶员学校的行为，也确保了民用航空的安全和有序运行。《民用无人驾驶航空器运行安全管理规则》在 2024 年 1 月 1 日的施行，则是对未来民用无人驾驶航空器运行安全管理的有力保障。随着无人机技术的快速发展和广泛应用，其运行安全问题也日益凸显。该规则的出台，无疑为无人机的安全运行提供了法律依据和操作规范，有助于推动无人机产业的健康发展。

从 2002 年至今，我国民航业不断引入竞争机制，体制改革也全面深化。2002 年开始，民航系统实现了“两级政府，三级监管”的民航安全管理格局。同时针对民航安全生产的特点，中国民用航空局依据《安全生产法》和《民用航空法》，明确了民航生产经营单位的安全责任主体，以及民航行政机关的安全监管责任。

4. 系统管理阶段

系统安全是指在系统的生命周期内，应用系统安全工程和系统安全管理方法，辨识系统中的危险源，并采取有效的控制措施使其危险性最小，从而使系统在规定的性能、时间和成本范围内达到最佳的安全程度。系统安全的目标是确保系统在其生命周期内的安全性，减少事故的发生，保护人员生命财产安全，提高系统的可靠性和可用性。在各个领域，如航空航天、化工、交通运输等，系统安全都具有重要的意义。

中国民航系统安全管理阶段的起始时间并没有一个明确的界限，但可以认为大致是从 21 世纪初开始的。在这个阶段，中国民航逐渐认识到安全管理不仅仅是规章制度的执行，更需要建立系统的安全管理体系。系统安全管理强调通过对安全风险的识别、评估和控制，以及对安全数据的收集和分析，来实现持续的安全改进。

在系统安全管理阶段，中国民航引入了国际先进的安全管理理念和方法，如安全管理体系（Safety Management System，SMS）、风险管理、绩效管理等。同时，加强了安全文化建设，提高了全体员工的安全意识和责任感。2006 年以后，民航系统开始引入国际先进的民航安全管理系统（SMS），系统安全管理的理念在全行业得到推广。

随着时间的推移，系统安全管理不断发展和完善，中国民航的安全水平也得到了显著提高。如今，系统安全管理已经成为中国民航安全管理的重要理念和方法，不断推动着中国民航向着更高的安全水平迈进。需要注意的是，安全管理是一个持续不断的过程，不同阶段之间并不是完全割裂的，而是相互关联和逐步演进的。

二、中国民航安全发展经验总结

评价一个国家民航运输安全水平的主要指标包括：飞行事故、旅客死亡人数和安全运行周期。从 1950 年至今的中国民航运输航空飞行事故和旅客死亡人数统计可以看出，中国民航安全指标呈下降趋势，尤其在2012~2021年这十年期间，没有发生导致旅客伤亡的重大飞行事故，最长安全飞行时间突破1亿飞行小时。对比近十年世界民航和中国民航的主要安全指标情况可以得出，中国民航的安全运行水平远高于世界平均水平。通过对航空安全的三个指标在历史角度和世界范围两个维度进行分析，可以看出中国民航的安全工作十年来取得了优异的成绩，具体体现在八个方面。

（1）管理理念更加先进。中国民航的安全管理理念发展到系统安全、人文内涵管理阶段。习近平总书记对民航安全工作的重要指示批示始终是我们做好安全工作的根本遵循，坚持站在党和国家战略全局思考和谋划航空安全工作，把维护国家安全贯穿民航工作全过程各方面。

（2）责任体系更加落地。中国民航“三管三必须”的要求深入人心；“党政同责，一岗双责，齐抓共管、失职追责”的格局逐步形成；四个责任体系即“企业的安全主体责任”“政府的安全监管责任”“管理者的安全领导责任”和“员工的安全岗位责任”扎实落地。

（3）依法治理更加健全。中国民航安全法律法规体系逐步完善，监管手段（八种监管手段：行政强制、行政处罚、行政许可、行政约见、经济调控、纪律惩戒、信用管理、社会监督）更加丰富。同时，监察员资质能力建设不断加强。

（4）系统安全更加深入。中国民航推行并持续优化安全管理体系（SMS），充分发挥信息和数据对风险防控的关键作用。强化系统观念、系统思维和系统防范。推进企业安全管理体系建设与双重预防机制、法定自查工作机制互相融合。规范行业安全管理体系（SMS）审核机制，以审促建、以审促效，提升民航单位安全管理效能。提升了安全工作的制度化、规范化和系统化水平。

（5）基础设施更加完善。中国民航以四型机场、四强空管、智慧民航为抓手，以安全信息管理为平台，推动北京大兴、成都天府、青岛胶东机场和空管三中心为代表的中国民航安全的基础设施逐年完善，PBN，ADS-B等新技术得到推广应用。

（6）适航管理更加有力。中国民航与40个国家签署了适航双边协议，组建了中国民航适航审定中心及其六个分支机构，开展了以国产民机C919、ARJ21、新舟60/600、AC311的适航审定和运行评审为代表的适航管理工作。在国内多家维修单位建立了飞机深度定检，发动机、起落架深度维修，飞机零部件深度维修能力。维修领域实现“多证合一”等重大变革。

（7）人员素质更加提高。中国民航不断强化民航从业人员综合素质，通过加强专业培训、岗位练兵、技能比武等方式不断提高飞行、机务、签派、安保等民航专业人员能力水平。针对民航安全从业人员作风制定长效管理机制。

（8）安全文化更加凝练。中国民航通过安全文化建设，形成了全员的价值观念、行为准则、道德规范、管理制度、经验总结等精神要素，构成了中国民航的特色安全文化，积累了宝贵的安全文化财富，成为行业文化的重要内容。

三、正确理解民航安全

对民航安全可以从以下六个方面理解。

（1）民航安全是一种状态，而非一个指标。古代汉语中，并没有“安全”一词，但

"安"字却在许多场合下表达着现代汉语中"安全"的意义，表达了人们通常理解的"安全"这一概念。"无危则安，无缺则全"，即安全意味着没有危险且尽善尽美。这种传统的安全观已经被证明不符合科学发展的规律。随着安全管理理论的演进，民航业对于安全的定义是：安全是一种状态，即通过持续的危险识别和风险管理过程，将人员伤害或财产损失的风险降至并保持在可接受的水平或以下。这一定义是基于国际民航组织对过去六十年民航安全管理经验的总结，它强调了安全管理的持续性和系统性，包括了对潜在危险的识别和对风险的有效管理。因此，民航安全是一种"危险识别+风险管理=可接受的安全水平"的状态。民航安全不能理解为某一个安全指标，不能理解为不出事故即是安全。没有事故不等于没有问题，出了事故不等于全盘否定，要具体问题具体分析，要看事故的发生是不是在航空界可接受的范围内。

（2）民航安全是动态的，而非静态的。民航安全的状况不能完全借助非静态的安全指标或某一时点的安全数据反映，而是应考量动态的安全维护行为，核心就是分析是否持续地识别危险并对安全风险进行管理的动态行为。不发生事故的客观事实只表示某一时点的客观结果，这个客观既有主观的安全努力，也有客观的某些偶然因素，甚至是"幸运因素"。因此，不发生事故，安全指标好，但是更多的是靠物质的安全保障（如新购置的航空器和先进的航空设备）和偶然的侥幸，并不能说明是安全的，反之，这一时点后必然会出现不安全的事件或事故。

（3）民航安全是相对的，而非绝对的。以高科技、高风险、准军事化著称的民航业，其系统性、整体性、复杂性远高于其他交通行业。航空安全是个复杂的系统，航空器运行的风险从某种意义上讲要高于其他交通工具。一架飞机涉及动力装置系统、飞行操控系统、通信系统、仪表系统、导航系统、警告系统等数十个系统。一架大型现代化客机由上百万个零部件构成，难免不出一点问题。民航运行过程中，涉及航空公司、机场、空中交通管制、民航主管部门以及航油、航材、航信等保障部门，众多的人、物、环境，也难免不出一点差错。因此，现阶段不存在绝对的安全。

安全实现是一个不断识别危险并予以风险管理的过程，因此，我们总是处在追求安全的路上，漫漫长路无终程。上一个危险识别、控制、解决后，又会出现另一个危险，甚至解决此危险的方法又会产生新的危险。因此，安全总是相对的，相对于其他领域，相对于其他时刻，相对于其他单位或个体。我们既要看到安全的相对性，明晰不停歇的安全追求，又要明白此刻的安全不等于未来的安全，没有绝对的安全，只有绝对的追求安全。

（4）民航安全是非绝对的安全，但却是可控的安全。我们必须否定那种消极悲观论调："不管我做什么，做多少，反正都不是绝对的安全，因此，我可以不做。"虽然没有绝对的安全，但是相对的安全要求我们必须对危险予以识别，对风险予以管控，否则相对的安全必然会变成绝对的不安全。

（5）民航安全是可控的，但不是不计成本地无止境地控制和避免风险。民航安全是相对的，非绝对的不出事故。因此，对安全的判断就是达到把对伤害人身或造成财产损失的可能性减少并维持在或低于一个可接受的水平。这个水平不能是脱离社会发展、行业发展、公共需求的水平，不能是主管单位一厢情愿，主观喜好的水平。这个水平是建立在一定的社会经济基础、行业发展之上的，与公众对安全的需求度密切相关。在民航运输诞生早期，事故频发，很多事故是因为运输工具、设备、制度的不完备造成的，随着科技的进步、人们认知的发展，民航运输越来越安全，已经成为世界上最安全的交通方式。此时，如果我们急功近利，忽视安全，只顾生产，即便事故发生的频率上升也认为其是最安全的交通方式，因而不采取改进措施，相信公众也无法忍受这种安全风险。但是，如果为了追求零事故率而不计成本地投入、不切实际地行为，这种安全性的提升会严重阻碍民航的发展。那么可以想象要多高的票价才能弥补航空公司的成本支出；如果全面实行国家财税补贴，那又如何平衡那些不能享有航空服务地区人群对公平和权利的诉求。何况，从科学角度而言，只有彻底不为才能获得绝对的安全，那么这种安全也没有存在的意义。

（6）安全是每一个人的事。按照《安全生产法》的规定，事故单位、主要负责人、直接负责的主管人员和其他直接责任人应对事故的发生承担法律责任。民航系统各生产运行单位是生产运行活动的主体，也是安全生产的实践主体。安全与生产一体化运行的客观规律，决定了安全主体责任就在于生产运行单位本身。本身就是根本。我们经常讲确保航空安全，一定程度上讲，民航其他各单位要围绕确保航空器的安全运行，开展工作和履行责任。因此，民航生产经营单位严格落实安全主体责任更为关键；民航各级行政机关依法履行行业监管职能的着眼点在于保证安全主体责任的落实；主要负责人是安全生产第一责任人，需要我们以敬畏之心对待这一责任；要强化员工的岗位安全责任，将安全工作由少数领导者和管理人员的事，变为每名员工自己的事。

第五节 民航系统的构成

一、政府监管部门

中国民用航空局（简称“民航局”或“CAAC”），是中华人民共和国国务院主管民用航空事业的部委管理的国家局，归交通运输部管理。其前身为中国民用航空总局，于 2008 年 3 月改为中国民用航空局。民航局下设 16 个内设机构，1 个驻外机构，7 个地区管理局，21 个直属机构。

民航现有“两级政府、三级管理”监管体制是 2003 年民航深化改革确定的。后续虽有微调，但总体保持了原有管理架构。民航局主要负责民航业的宏观调控、规范标准文件编制、政策研究制定、对外关系等；地区管理局主要负责行政许可审批等事宜，而其派出机构即监管局，主要是贯彻落实民航局和管理局制定的规章标准、政策文件，承担一线安全运行监管、管理局行政许可的事后监管和少部分管理局授权的行政许可工作。

除了民航局及其下属的地区管理局，国家发改委也对于民用航空运输行业的投资项目、国内航线票价等方面履行相应的管理和审批职能。总的来说，民用航空运输的政府监管部门通过制定规章、监督执行、管理市场等手段，确保民用航空运输的安全、有序和高效发展。

二、航空公司

航空公司是以各种航空飞行器为运输工具，为乘客和货物提供民用航空服务的企业。这些公司使用的飞行器可能是自己拥有的，也可能是租来的，它们可以独立提供服务，或者与其他航空公司合伙或者组成联盟。航空公司的职责包括安全、高效地运输乘客和货物，制定和遵守相关的安全标准和程序，并提供良好的客户服务。同时，它们需要组织和管理航班运营，包括飞机起降的调度、航班时间表的制定，以及人员和资源的安排。另外，航空公司还需要进行有效的航空管理和运营，以及负责确保航班的安全。

航空公司以航空器作为交通运输工具，以空中运输的方式实现旅客或货邮的空中位移。航空公司通过提供飞机、机组人员、机务人员和一系列保障飞行的相关组织和制度，从而维系航空运输活动。航空公司主要由运行控制中心、商务委员会（市场销售部）、机务维修、飞行部、客舱服务部、空中保卫支队、地面服务部组成。航空公司运行阶段的实施过程，商务委员会对航线进行考察，提出运行方案；飞行总队提供驾驶员、客舱服务部提供乘务员、空中保卫支队提供安全员，以保证飞机飞行正常和安全；运行控制中心为飞机的正常运行提供保障，保障飞行运行安全；地面服务部配合其他部门，使其整个运行过程有序、安全、正点。

根据运行功能，航空公司运行系统一般可分为飞行运行、运行控制、机务维修、客舱服务、地面保障、货物运输六个系统，每一个系统又分为若干个子系统：

（1）飞行运行系统包括飞行标准、飞行训练、航班运行、资料管理四个子系统；

（2）运行控制系统包括签派、配载平衡、性能管理、航行情报、现场、应急管理、通信管理七个子系统；

（3）机务维修包括工程技术、维修管理、质量管理、生存保障、维修实施和机务培训六个子系统；

（4）客舱服务包括客舱训练、业务管理、生产协调、外籍乘务四个子系统；

（5）地面保障包括值机、旅客运输、行李运输、客舱清洁、特种车辆五个子系统；

（6）货物运输包括货物收运、货物保安、货物的到达与交接、特种货物运输、货物仓储、货物集控和特种车辆七个子系统。

根据运行阶段可以分为航前、关键运行、航后三个过程。其中，航空公司飞机关键运行阶段主要涉及飞行运行、运行控制、客舱服务三个系统。

航空公司运输系统不仅在规模上涉及了大量人、机、物的调配，还需要考虑各要素之间的协调、相互影响以安全、高效地完成人和物的空中位移。航空运输安全不同于其他运输方式的安全，一旦发生安全事故涉及人员广、持续时间长、波及深度大，所以航空公司安全运行保障的手段和理念一直以来都在不断地改进和提升之中。

三、机场管理机构

机场管理机构是指依法组建的或者受委托的负责机场安全和运营管理的具有法人资格的机构，是机场生产和运营的载体。机场管理机构内部的组织结构通常包括业务部门和保障单位等，协同工作以确保机场的安全、高效和顺畅运行。这些部门负责协调航班计划、航空气象服务、机场应急救援等，确保航班按时、安全起降。此外，机场管理机构还负责优化机场设施设备资源配置，提高航班正点率、旅客满意度等，提供优质的旅客服务，包括安检、登机、行李托运等，以提升旅客出行体验。机场管理机构在机场的运营和管理中扮演着至关重要的角色，机场主要运行管理内容包括：

（1）跑道、滑行道系统管理。跑道是机场工程的主体，也是飞机起降的特定区域。滑行道是航空器在机场滑行的特定通道。对于跑道、滑行道来说，飞机因其自身特点，整体表现出速度快的特征，所以要保证起落的安全和稳定，如果没有控制好机场整体环境，导致跑道、滑行道等位置存在杂物，会严重威胁飞机的运行安全，在障碍物的影响下，极可能出现安全事故。

（2）目视助航设施管理。目视助航设施是机场运行管理中非常关键的内容，直接关系到飞机的运行安全。一般情况下，目视助航器设置在机场内部及周围，应用目视助航器的目的就是为飞行员提供引导信号。所以在机场运行安全管理中，必须使目视助航设施始终处于稳定的状态，定期进行维修并且做好校验。

（3）机坪运行管理。机坪是飞机停放和乘客通行的场所，机坪包含装卸货物、加油、飞机维修等功能。在对机坪进行安全管理的过程中，要建立机坪巡视检查以及机位管理制度，要保证各个机位始终处于可用状态。在机坪安全管理方面，要做好车辆、人员等方面的管控，尤其是工作人员，严格落实持证上岗要求。

（4）净空和电磁环境管理。机场在运行过程中受到的影响因素较多，设备设施及附近建筑，也是影响飞机安全的重要因素。尤其是在复杂气候的影响下，起飞、降落会受到较大的限制，所以要结合机场所处区域的实际情况，划出净空区，以此来保护飞机的稳定运行。与此同时加大无线电干扰的管控力度，如果发现干扰要及时进行处理。

（5）鸟情管理。机场的鸟情也会对飞机造成严重的威胁，尤其是在起落过程中，如果受到鸟情的威胁，将会出现严重的安全事故。而鸟作为生物具有很大的不确定因素，不同季节、不同气候、不同区域、不同环境所产生的鸟情具有明显的区别，所以在机场安全管理的过程中，要针对鸟情问题开展动态管理。

（6）不停航施工管理。不停航施工是指在机场不需要关闭或者部分关闭的情况下进行施工，由于不停航施工会直接威胁飞机的安全，所以要对不停航施工进行严格的管控。不停航施工管理模块主要包括不停航施工审批和监管。

四、空中交通管理

空中交通管理（air traffic management，ATM）的任务是：有效地维护和促进空中交通安全，维护空中交通秩序，保障空中交通顺畅。空中交通管理包括空中交通服务、空中交通流量管理和空域管理。

空中交通服务包括空中交通管制服务、飞行情报服务和告警服务。空中交通管制服务的目的是防止航空器与航空器相撞及在机动区内航空器与障碍物相撞，维护和加快空中交通的有序流动。飞行情报服务的目的是向飞行中的航空器提供有助于安全和有效地实施飞行的建议和情报。告警服务的目的是向有关组织发出需要搜寻援救航空器的通知，并根据需要协助该组织或者协调该项工作的进行。

空中交通流量管理是在空中交通流量接近或者达到空中交通管制可用能力时，适时地进行调整，保证空中交通最佳地流入或者通过相应区域，提高机场、空域可用容量的利用率。

空域管理是依据国家相关政策，逐步改善空域环境，优化空域结构，尽可能满足空域用户使用空域的需求。

空中交通管理是民航管理的重要组成部分，是民航安全管理三大（飞行、机务、空管）支柱之一，是飞行事故链——人（飞行员）、机（航空器）、环（运行环境主要是空中交通管理）三个链条中不可缺少的一个链条。

空中交通管理主要是由以下四个业务部门组成：空中交通管制部门、航空气象部门、航行情报部门和通信导航部门。每个部门分工明确、相互配合、高度集中和快速准确地为每一架航班提供服务，并保证飞行的安全。空中交通管制部门又分为塔台、进近和区域三个管制部门。

五、其他航空运输服务保障单位

航空运输服务保障单位还包括多个其他关键部门和组织，它们共同确保航空运输的安全、高效和顺畅。以下是一些主要的航空运输服务保障单位：

（1）航空油料公司。航空油料公司负责为航空器提供所需的燃油和润滑油，确保航空器的正常飞行。

（2）航空器维修单位。航空器维修单位负责航空器的定期维修、检查以及紧急故障处理，确保航空器的适航状态。

（3）航空配餐公司。航空配餐公司为旅客和机组人员提供餐食和饮料服务，确保飞行途中的饮食需求得到满足。

（4）航空安全保卫单位。航空安全保卫单位负责航空器的安全保卫工作，包括防止非法干扰、保障航空器及其所载人员和财产的安全。

（5）航空地面服务公司。航空地面服务公司提供旅客地面运输、行李托运、货物装卸等地面服务，确保旅客和货物的顺畅运输。

（6）航空通信导航监视单位。航空通信导航监视单位负责提供航空通信、导航和监视服务，确保航空器在飞行过程中的通信畅通和导航准确。

（7）航空应急救援单位。航空应急救援单位在航空器发生紧急情况时，提供及时的救援和援助服务，包括搜救、医疗救助等。

这些单位在航空运输服务中发挥着不可或缺的作用，它们与航空公司、机场和空管单位紧密配合，共同构建了一个高效、安全的航空运输系统。随着航空运输业的不断发展，这些服务保障单位也将继续发挥重要作用，为航空运输的安全和顺畅提供有力保障。

六、行业协会与组织

民航的行业协会与组织在民航领域中扮演着重要角色，它们不仅促进行业的交流与合作，还推动行业的发展与进步。以下是一些主要的民航行业协会与组织：

（1）中国航空运输协会。作为中国民航业的代表性组织，它致力于促进航空运输业的发展，维护行业利益，加强行业自律，推动国际合作与交流。协会积极参与国际民航组织的活动，推动中国民航业与国际接轨。

（2）中国民用机场协会。中国民用机场协会专注于民用机场的管理与发展，致力于提升机场运营效率和服务水平。协会通过组织培训、交流等活动，推动机场行业的创新与发展。

（3）中国民用航空维修协会。中国民用航空维修协会关注航空器的维修与安全，为维修企业提供技术支持和培训服务。协会通过制定行业标准，推动维修行业的规范化发展。

（4）中国航空器拥有者及驾驶员协会。中国航空器拥有者及驾驶员协会主要服务于私人航空器拥有者和驾驶员，提供培训、咨询等服务，促进私人航空业的发展。

（5）中国民航飞行员协会。中国民航飞行员协会关注飞行员的职业发展和权益保障，为飞行员提供培训、交流等平台，促进飞行员队伍的建设。

此外，还有一些国际组织在民航领域发挥着重要作用，如国际民用航空组织（ICAO），作为联合国系统中负责处理国际民航事务的专门机构，ICAO 致力于协调各国在民用航空领域的合作，制定国际标准，推动全球民航业的安全、高效、可持续发展。

这些协会与组织通过制定行业标准、提供培训、组织交流等方式，推动民航行业的持续发展和进步。同时，它们也积极参与国际民航事务，为中国民航业在国际舞台上发挥更大作用提供了有力支持。

第六节　民航单位的安全责任

一、民航行政机关的安全监管责任

民航行政机关根据“三定”职责和民航局、民航地区管理局及其民航安全监督管理局（或者运行办）行业管理职责分工履行安全监管责任，包括但不限于：拟定法律、政策标准规划，飞行安全和地面安全监管，空管安全监管，机场安全监管，适航审定监管，空防安全监管，事故调查及突发事件应急处置 7 个方面的安全监管责任。

（1）拟定法律、政策标准规划。起草相关法律法规草案、规章草案、政策和标准。提出民航行业发展战略和中长期规划、与综合运输体系相关的专项规划建议，按规定拟订民航有关规划和年度计划并组织实施和监督检查。

（2）飞行安全和地面安全监管。负责民用航空器运营人、航空人员训练机构、民用航空产品及维修单位的审定和监督检查，负责危险品航空运输监管，负责民用航空器运行符合性评审工作，负责机场飞行程序和运行最低标准监督管理工作，承担民航航空人员资格管理工作，承担民用航空卫生监督管理工作。

（3）空管安全监管。负责空管运行安全、民航通信导航监视、航行情报、航空气象的监督管理，负责民航无线电管理工作，组织协调民用航空器的搜寻救援工作。

（4）机场安全监管。负责民用机场安全运行的监督管理，民用机场的场址、总体规划、工程设计审批以及机场命名、使用许可管理工作，承担民用机场的环境保护、土地使用、净空保护等有关管理工作，负责民航专业工程质量和安全生产监督管理，承担机场内供油企业安全运行监督管理工作。

（5）适航审定监管。负责民用航空产品及其零部件的适航审定工作，开展民用航空产品及零部件的设计批准、生产批准、适航批准并实施监督检查，开展民用航空油料和民用航空化学产品的适航批准并实施监督检查，开展民用航空器国籍登记工作，发布适航指令。

（6）空防安全监管。负责民航安全保卫的监督管理，承担处置劫机、炸机及其他非法干扰民航事件相关工作，负责民航安全检查、机场公安及消防救援的监督管理。

（7）事故调查及突发事件应急处置。依法组织或参加中国境内发生的民用航空器事件调查；根据我国批准的国际公约的有关规定，参与或组织境外发生的民用航空器事故和征候调查；依法向社会公布事故和严重征候最终调查报告或者调查进展情况；按规定程序督促相关单位落实民用航空器事件调查中制定的安全建议，并做好安全建议的闭环管理工作；组织协调民航突发事件应急处置。

二、民航生产经营单位的主体责任

（1）守法合规责任。遵守并符合安全生产及民航有关的法律、法规等要求，建立健全本单位安全生产规章制度和操作规程，开展本单位法定自查工作。

（2）安全生产投入责任。具备安全生产条件所必需的资金、物资、技术、人员投入，安排用于配备劳动防护用品、进行安全生产教育和培训的经费，满足法律、法规、规章和国家标准或者行业标准等规定的安全生产条件，设置所需的安全管理部门，配备专兼职安全管理人员。

（3）健全责任制责任。建立健全并落实本单位全员安全生产责任制，明确各岗位的责任人员、责任范围和考核标准等内容；建立相应的机制，加强对全员安全生产责任制落实情况的监督考核，保证全员安全生产责任制的落实；开展本单位安全责任追究。

（4）应急管理责任。建立应急管理体系，制定针对性的、与相关方有效衔接的应急预案，定期组织演练；建立应急救援和应急值守机制，按法律、行政法规、部门规章等要求配备消防人员和物资，对从业人员进行应急教育和培训。

（5）事故预防责任。构建并落实安全风险分级管控和隐患排查治理双重预防机制，及时消除安全隐患，有效防范化解安全风险。

（6）安全检查责任。经常性检查本单位安全生产状况；对检查发现的安全问题立即处理；如实记录检查及处理情况。

注：检查发现的安全问题，其处理的路径在民航局发布的《民航安全风险分级管控和隐患排查治理双重预防工作机制管理规定》有明确表述。

（7）信息管理责任。及时、如实报告民用航空器事故（以下简称“事故”）、民用航空器征候（以下简称“征候”）和民用航空器一般事件（以下简称“一般事件”）等安全信息，不得瞒报、谎报或迟报。将本单位重大危险源及有关管控措施、应急措施报所在地地方人民政府应急管理部门和所在地监管局（运行办）备案，并抄报所在地地区管理局；向所在地监管局（运行办）报告本单位重大风险控制情况和重大安全隐患排查治理情况。向职工告知作业场所和工作岗位存在的危险因素、防范措施及事故应急措施，以及安全隐患排查治理情况。

（8）事件调查责任。按规定或授权开展或参与并积极配合事件调查。调查过程，应当查明原因，提出安全建议，防止类似事件再次发生。

（9）教育培训责任。制定安全生产教育和培训的大纲及计划，对所有从业人员进行安全生产教育和培训，确保其得到培训并能胜任其安全责任。建立从业人员的安全生产教育和培训档案。积极开展安全作风和文化建设，不断提升从业人员的安全素养和能力。

（10）接口管理责任。识别内外部接口，对内外部接口进行监测和管理，控制与接口有关的安全风险。其中外部接口的管理还应满足以下要求：

1）在同一作业区域内存在两个以上生产经营单位同时进行生产经营活动，可能危及对方安全的，应当签订安全生产管理协议，明确各自安全生产管理职责、安全风险管控措施和安全隐患治理措施，并指定专职安全管理人员进行安全检查与协调。

2）民航生产经营单位不得将生产经营项目、场所、设备发包或者出租给不具备安全生产条件或者相应资质的单位或者个人。生产经营项目、场所发包或者出租给其他单位的，民航生产经营单位应当与影响本单位民航安全的承包、承租单位签订专门的安全生产管理协议，或者在承包合同、租赁合同中约定各自的安全生产管理职责；民航生产经营单位对承包、承租单位的安全生产工作统一协调、管理，定期进行安全检查，发现安全问题的，应当及时督促整改。

3）民航生产经营单位委托其他生产经营单位提供安全生产技术、管理服务的，保证安全生产的责任仍由本单位负责。

（11）建立并保持安全管理体系（SMS）。按要求建有 SMS 的民航生产经营单位，其主体责任至少还应包含如下内容：

1）建立、实施与本单位的规模、范围及其航空产品或服务的复杂性相适应的 SMS，开展相应的 SMS 审核和管理评审，持续改进本单位 SMS，从而加强安全生产标准化。

2）制定、评审并有效地沟通传达本单位的安全政策和安全目标，建立与本单位运行类型、规模和复杂程度相适应的安全绩效指标和安全绩效目标，监测本单位安全绩效，验证安全风险管控的有效性和安全目标的达成情况。

3）识别可能影响其航空产品或者服务有关的变化情况，制订行动计划，开展变更管理。

4）建立内外部安全沟通渠道和机制，确保从业人员对 SMS 的了解达到与其职位相称的程度。

第二章　安全管理基本理论

第一节　安全管理的原理与原则

安全生产管理是指针对人们在生产过程中的安全问题，运用有效的资源，发挥人们的智慧，通过人们的努力，进行有关决策、计划、组织和控制等活动，实现生产过程中人与机器设备、物料和环境的和谐，达到安全生产的目标。安全生产管理包括系统原理、人本原理、强制原理、预防原理、责任原理五个基本原理。每个原理又有其支撑性原则。原理与原则的本质与内涵是一致的。一般来说，原理更基本，更具普遍意义；原则更具体，对行动更有指导性。

一、系统原理

（一）系统原理的概念

系统是指由两个或两个以上相互联系、相互作用的要素组成的具有特定结构和功能的有机整体。任何一个管理对象均可看成一个系统，人们在分析和解决问题时，应从整体出发去研究事物间的联系。

系统可以分为若干个子系统，如安全生产管理系统是生产管理的一个子系统，而安全生产管理系统又包括安全管理人员、安全管理规章制度、安全生产操作规范等若干个子系统。

系统原理是现代管理学一个最基本的原理。它是指人们在从事管理工作时，运用系统的观点、理论和方法，对管理活动进行充分的分析，以达到管理的优化目标，即用系统理论观点和方法来认识和处理管理中出现的各种问题。

（二）系统原理的运用原则

运用系统原理时应遵循整分合原则、动态相关性原则、反馈原则、封闭原则。

1. 整分合原则

整分合原则是指首先在整体规划下明确分工，在分工基础上再进行有效的综合。该原则在安全管理工作中的意义如下：

整——企业领导确定整体目标、制定规划与计划、进行宏观决策。此阶段，要把安全放在首要位置加以考虑。

分——明确分工，层层落实，确保每个人都明确自己的责任和义务。

合——展现全员的凝聚力，对各部分、人员进行协调控制，实现有效的、全面的安全管理。

运用该原则，要求企业管理者在制定整体目标和进行宏观决策时，必须把安全生产纳入其中，在考虑资金、人员和体系时，都必须将安全生产作为一项重要内容考虑。

2. 动态相关性原则

动态相关性原则是指构成管理系统的各要素不仅是运动和发展的，而且是相互联系、相互制约的。如果管理系统的各要素都处于静止状态，就不会发生事故。对于安全管理来说，应从以下两个方面认识动态相关性原则：

首先，动态相关性原则强调企业内部各要素处于动态之中且相互影响和制约。这种动态性和相互关联性使得事故有可能发生。如果系统内的各要素都是静止的、无关的，那么事故发生的可能性就会极大降低。因此，系统要素的动态相关性可以被视为事故发生的根本原因。这意味着在安全管理中，必须时刻关注系统内各要素的变化和相互作用，以便及时识别和预防潜在的安全风险。

其次，动态相关性原则要求管理者必须掌握与安全有关的所有对象要素之间的动态相关特征，并充分利用这些相关因素的作用。例如，人与设备之间、人与作业环境之间、人与人之间、资金与设施设备改造之间、安全信息与使用者之间等都存在着动态相关性。了解和掌握这些相关性，可以帮助管理者制定更有效的安全管理策略，提高安全管理水平。例如，通过优化人机交互设计，减少操作失误；通过改善作业环境，降低职业病发病率；通过加强团队协作和沟通，提高应急响应能力等。

3. 反馈原则

反馈原则指的是控制过程中对控制机构的反作用，成功高效的安全管理工作，离不开灵活、准确、迅速的信息反馈。现代企业管理是一个复杂的系统工程，其内部条件和外部环境在不断变化，管理系统必须及时捕获、反馈各种安全生产信息，及时采取行动，保证安全目标的实现。

4. 封闭原则

封闭原则是指在任何一个管理系统内部，管理手段、管理过程等必须构成一个连续封闭的回路，才能形成有效的管理活动，如图 2-1 所示。

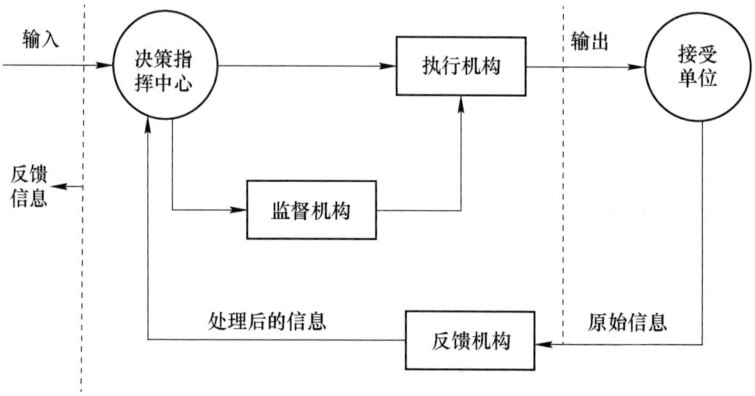

图 2-1 反馈原则和封闭原则示意图

封闭原则要求，在企业安全生产中，各管理机构之间、各种管理制度和方法之间，必须具有紧密的联系，形成相互制约的回路，才能有效。

该原则运用在安全目标管理中时，体现在：对上级指令、法规和决策的执行是否准确有效，对执行中的错误处理情况等实施监督、检查和管理，把监督检查情况通过信息反馈决策立法机构或部门，对决策进行修正，然后再去执行，确保安全目标的实现。

二、人本原理

（一）人本原理的概念

人本原理，就是在管理活动中必须把人的因素放在首位，体现以人为本的指导思想。以人为本有两层含义："一切为了人"和"一切依靠人"。

（二）人本原理的运用原则

运用人本原理时应遵循能级原则、动力原则和激励原则。

1. 能级原则

现代管理认为，单位和个人均具有一定的能量，并且可以按照能量大小的顺序排列，形成管理中的能级。稳定而高效的管理系统是由若干个具有不同能级、不同层次的单位和个人有规律地组合而成的。

能级原则指出，在管理系统中要根据各单位和个人能量的大小安排其地位和任务，即建立一套合理的能级，做到才职相称，才能发挥不同能级的能量，保证管理结构的稳定性和高效性，也是我们常说的"因才适用"。

能级原则确定了系统建立组织结构和安排使用人才的原则。稳定的管理能级结构一般分为四个层次，如图 2-2 所示，四个层次能级不同，使命各异，必须划分清楚，不可混淆。

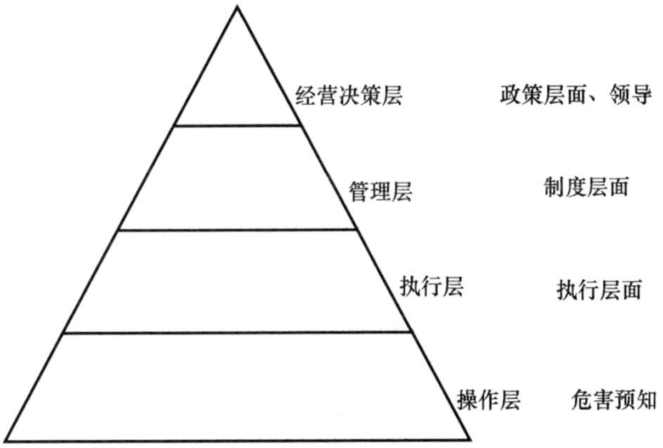

图 2-2　管理的四个层次

2. 动力原则

动力原则是指推动管理活动的基本力量是人，管理必须有能激发人的工作能力的动力。动力的产生来自物质、精神和信息，相应就有三类基本动力。

管理者要综合协调运用这三种动力，正确认识处理个体动力与集体动力、暂时动力与持久动力的关系，掌握好各种刺激的量值，才能实现有效的管理。

3. 激励原则

激励原则是指利用某种外部诱因的刺激调动人的积极性和创造性，以科学的手段，激发人的内在潜力，使其充分发挥出积极性、主动性和创造性。

管理者运用激励原则时，要采用符合人的心理活动和行为活动规律的各种有效的激励措施和手段。员工积极性发挥的动力主要来自三个方面：内在动力、外在压力和吸引力。这三种动力是相互联系的，管理者要善于体察和引导，要因人而异、科学合理地采取各种激励方法和激励强度，从而最大限度地发挥出员工的内在潜力。

三、强制原理

（一）强制原理的概念

强制原理是指采取强制管理的手段控制人的意愿和行动，使个人的活动、行为等受到安全管理要求的约束，从而实现有效的安全管理。

所谓强制，就是无需做很多的思想工作来统一认识、讲清道理，被管理者必须绝对服从，不必经被管理者同意便可采取行动。一般来说，管理均带有一定的强制性，只有强制才能有效地抑制被管理者的无拘个性，使其调动到符合整体管理利益和目的的轨道上来。由于事故损失的偶然性、人的“冒险”心理和事故损失的不可挽回性，安全管理更需要具有强制性。

（二）强制原理的运用原则

运用强制原理时应遵循安全第一原则和监督原则。

1. 安全第一原则

安全第一原则是指当生产和其他工业与安全发生矛盾时，要以安全为主，生产和其他工作要服从安全。

该原则强调，必须把安全生产作为企业工作好坏的一项基本内容，作为一项有“否决权”的指标，即不安全不准生产。

2. 监督原则

监督原则是指在安全工作中，为了使安全生产法律法规得到落实，必须明确安全生产监督职责，对企业生产中的守法和执法情况进行监督。

安全管理带有较多的强制性，只要求执行系统自动贯彻实施安全法规，而缺乏强有力的监督系统去监督执行，则法规的强制威力是难以发挥的。在这种情况下，必须建立专门的监督机构，配备合格的监督人员，赋予必要的强制威力，以保证其履行监督职责，才能保证安全管理工作落到实处。

四、预防原理

（一）预防原理的概念

预防原理是指安全管理工作应当以预防为主，即通过有效的管理和技术手段，防止人的不安全行为和物的不安全状态出现，从而使事故发生的概率降到最低。在可能发生人身伤害、设备或设施损坏以及环境破坏的场合，事先采取措施，防止事故的发生。

（二）预防原理的运用原则

运用预防原理时应遵循偶然损失原则、因果关系原则、3E 原则和本质安全化原则。

1. 偶然损失原则

事故所发生的后果（人员伤亡、健康损害、物质损失等），以及后果的大小如何，都是随机的，是难以准确预测的。反复发生的同类事故，并不一定产生相同的后果，这就是事故损失的偶然性。

这个原则强调，在安全管理实践中，一定要重视各类事故，包括险肇事故（没有造成任何损失的事故），只有将险肇事故都控制住，才能真正防止事故损失的发生。

2. 因果关系原则

事故是由许多因素互为因果连续发生的最终结果。一个因素是前一个因素的结果，而又是后一个因素的原因，环环相扣，导致事故的发生。

因果关系原则是指只要诱发事故的因素存在，发生事故是必然的，只是时间或早或迟而已。

掌握事故的因果关系，从事故的因果关系中认识必然性，发现事故发生的规律性，变不安全条件为安全条件，砍断事故因素的环链，就消除了事故发生的必然性，把事故消灭在早期起因阶段，防止事故的发生。

3. 3E 原则

造成人的不安全行为和物的不安全状态的原因可归结为 4 个方面：技术原因、教育原因、身体和态度原因以及管理原因。针对这 4 方面的原因，可以采取 3 种防止对策，即工程技术对策（Engineering）、教育对策（Education）和法制对策（Enforcement），即所谓的 3E 原则，如图 2-3 所示。

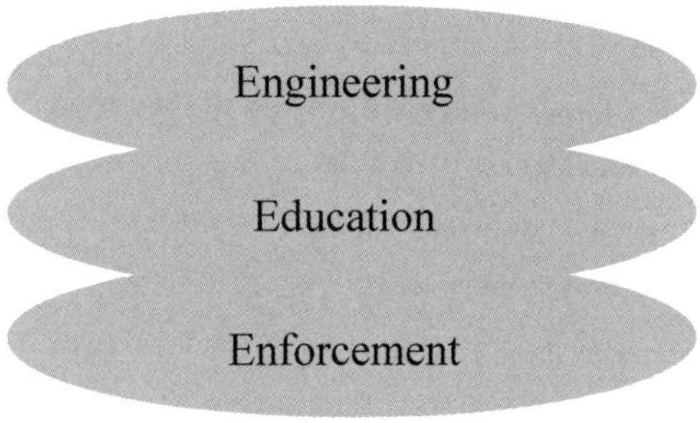

图 2-3　3E 原则

在应用 3E 原则时，要针对人的不安全行为和物的不安全状态的四种原因，综合地、灵活地运用这三种对策，不要片面强调其中某一个对策。具体改进的顺序是：首先是工程技术对策，然后是教育对策，最后才是法制对策。

4. 本质安全化原则

本质安全化原则是指从一开始和从本质上实现安全化，从根本上消除事故发生的可能性，从而达到预防事故发生的目的。

本质安全化原则不仅可以应用于设备、设施，还可以应用于建设项目。

五、责任原理

安全管理的责任原理，是指在安全管理活动中，为实现管理过程的有效性，管理工作需要在合理分工的基础上，明确规定组织各级部门和个人必须完成的工作任务和相应责任。责任原理与整分合原则相辅相成，有分工就必须有各自的责任，否则所谓的分工就是“分”而无“工”。

责任既包含个人，又包含单位（集体）的责任，通常可从以下两个层面来理解。

在安全管理实践中，我们通常所说的“安全生产责任制”“一岗双责”“权责对等”都反映了安全管理的责任原理，安全生产责任制、事故责任问责制等都是责任原理的具体化。

在安全管理活动中，运用责任原理，建立健全安全管理责任制，构建落实安全管理责任的保障机制，促使安全管理责任主体到位，且强制性地安全问责、奖罚分明，才能推动企业履行应有的社会责任，提高安全监管部门监管力度和效果，激发和引导好广大社会成员的责任心。

第二节 事故致因理论及分析模型

一、典型事故致因理论

事故致因理论是从大量典型事故的本质原因的分析中所提炼出的事故机理和事故模型。这些机理和模型反映了事故发生的规律性，能够为事故原因的定性、定量分析，为事故的预测预防和改进安全管理工作，从理论上提供科学的、完整的依据。随着科学技术和生产的发展，事故发生的类型、规律在不断变化，人们对事故原因的认识和研究也不断深入，因此先后出现了十几种具有代表性的事故致因理论和事故模型。

1919 年，格林伍德（M. Greenwood）和伍兹（H. H. Woods）提出了“事故倾向性格论”，纽伯尔德（Newboid）在 1926 年以及法默（Farmer）等在 1939 年分别对其进行了补充。1931 年，海因里希（H. W. Heinrich）提出了事故因果连锁理论，认为事故的发生类似于多米诺骨牌垮落的过程。1949 年，葛登（Gorden）利用流行病传染机理来论述事故的发生机理，提出了“用于事故的流行病学方法”理论。1953 年，巴内尔（Barer）将事故因果链发展为“事件链”，认为事故诸多致因的因素是一系列事件的连锁。

“能量异常转移论”或“能量意外释放论”是一个重要的安全管理理论，由吉布森在 1961 年首次提出，并在 1966 年由哈顿（或哈登，Haddon）进一步引申和完善。这个理论的核心观点是，事故是一种不正常的或不希望的能量释放，这种意外释放的各种形式的能量是构成伤害的直接原因。1969 年，瑟利（J. Surry）提出了瑟利模型，是以人对信息的处理过程为基础描述事故发生因果关系的一种事故模型。与此类似的理论还有 1970 年海尔（Hale）提出的海尔模型。1970 年，帝内逊（Driessen）明确将事件链理论发展为分支事件过程逻辑理论，类似于事故树分析逻辑方法。1972 年，威格尔斯沃思（Wigglesworth）提出了“人失误的一般模型”，对海因里希事故致因链进行了一些改进。1972 年，贝纳（Benner）提出了在处于动态平衡的生产系统中，由于“扰动”导致事故的理论，即 P 理论。1974 年，劳伦斯（Lawrence）根据 Goeller 和 Wigglesworth 两人提出的原理，发展成了“矿山以人失误为主的事故模型”。

1975 年，约翰逊（W. G. Johnson）提出了管理失误和风险树（MORT）；发表了“变化-失误”模型。斯奇巴（R. Skiba）提出生产操作人员与机械设备两种因素都对事故的发生有影响。1976 年，博德（Bird）和洛夫图斯（Loftus）也都对 Heinrich 事故致因链进行了一些改进。1978 年，安德森（Anderson）等发表了对瑟利模型的修正。1980 年，泰勒斯（Talanch）在《安全测定》一书中介绍了变化论模型。1980 年，海因里希在书中提及了用“人-机-环”的理论分析事故的系统安全方法。1990年，里森（J. Reason）提出了新的事故致因链“瑞士奶酪模型”，彻底改善了海因里希的事故致因链的缺点，建立了事故原因中个人行为、不安全物态和组织行为之间的关系，且把事故的根本原因归结为事故发生组织的管理行为。1997年，拉斯姆森（J. Rasmussen）提出了社会技术系统事故致因模型。2000年，夏普乐（S. A. Shappell）和魏格曼（D. A. Wiegmann）在为美国联邦航空局写的报告中对Reason的模型进行了具体化。2000年，斯特瓦特（J. M. Stewart）提出了另一种链式事故致因模型。2004年和2011年，勒弗森（Leveson）分别发表文章，提出和推广其系统论事故致因STAMP模型。之后还有研究者陆续发表一些相关的文章。

下面介绍几种有代表性的事故致因理论。

（一）事故频发倾向理论

1919年，格林伍德（M. Greenwood）和伍慈（H. H. Woods）对许多工厂里伤害事故发生次数资料按如下三种统计分布，进行分布统计检验。

泊松分布（Poisson Distribution）。当员工发生事故的概率不存在个体差异时，即不存在事故频发倾向者时，一定时间内事故发生次数服从泊松分布。在这种情况下，事故的发生是由于工厂里的生产条件、机械设备方面的问题，以及一些其他偶然因素引起的。

偏倚分布（Blased Distribution）。一些工人由于存在着精神或心理方面的问题，如果在生产操作过程中发生过一次事故，则会造成胆怯或神经过敏，再继续操作时，就有重复发生第二次、第三次事故的倾向。造成这种统计分布的是人员中存在少数有精神或心理缺陷的人。

非均等分布（Distribution of Unequal Liability）。当工厂中存在许多特别容易发生事故的人时，发生不同次数事故的人数服从非均等分布，即每个人发生事故的概率不相同。在这种情况下，事故的发生主要是由于人的因素引起的。为了检验事故频发倾向的稳定性，他们还计算了被调查工厂中同一个人在前三个月和后三个月里发生事故次数的相关系数，结果发现，工厂中存在着事故频发倾向者，并且前、后三个月事故次数的相关系数变化为(0.37±0.12)~(0.72±0.07)，皆为正相关。

1926年纽鲍尔德研究大量工厂中事故发生次数分布，证明事故发生次数服从发生概率极小，且每个人发生事故概率不等的统计分布。他计算了一些工厂中前五个月和后五个月事故次数的相关系数，其结果为（0.04±0.009）~（0.71±0.06）。这也充分证明了存在着事故频发倾向者。1939年，法默（Farmer）和查姆勃（Chamber）明确提出了事故频发倾向的概念，认为事故频发倾向者的存在是工业事故发生的主要原因。在此基础上，1939年，法默和查姆博等提出了事故频发倾向者（Accident Proneness）理论。事故频发倾向论是阐述企业工人中存在着个别人容易发生事故的、稳定的、个人的内在倾向的一种理论。即少数具有事故频发倾向的工人是事故频发倾向者，他们的存在是工业事故发生的原因。如果企业中减少了事故频发倾向者，就可以减少工业事故。

（二）海因里希因果连锁理论

1931年，美国的海因里希在《工业事故预防》（Industrial Accident Prevention）一书中，阐述了根据当时工业安全实践总结出来的工业安全理论，提出了所谓的“工业安全公理”(Axioms of Industrial Safety)。该公理包括10项内容，又称为“海因里希10条”。

（1）工业生产过程中人员伤亡的发生，往往是处于一系列因果连锁之末端的事故的结果；而事故常常起因于人的不安全行为或（和）机械、物质（统称为物）的不安全状态。

（2）人的不安全行为是大多数工业事故的原因。

（3）由于不安全行为而受到了伤害的人，几乎重复了300次以上没有造成伤害的同样事故。换言之，人员在受到伤害之前，已经数百次面临来自物方面的危险。

（4）在工业事故中，人员受到伤害的严重程度具有随机性质。大多数情况下，人员在事故发生时可以免遭伤害。

（5）人员产生不安全行为的主要原因有：不正确的态度；缺乏知识或操作不熟练；身体状况不佳；物的不安全状态及不良的物理环境。这些原因是采取措施预防不安全行为的依据。

（6）防止工业事故的四种有效的方法是：工程技术方面的改进；对人员进行说服、教育；人员调整；惩戒。

（7）防止事故的方法与企业生产管理、成本管理及质量管理的方法类似。

（8）企业领导者有进行事故预防工作的能力，并且能把握进行事故预防工作的时机，因而应该承担预防事故工作的责任。

（9）专业安全人员及车间干部、班组长是预防事故的关键，他们工作的好坏对能否做好事故预防工作有影响。

（10）除了人道主义动机之外，下面两种强有力的经济因素也是促进企业事故预防工作的动力：安全的企业生产效率越高，不安全的企业生产效率越低；事故后用于赔偿及医疗费用的直接经济损失，只不过占事故总经济损失的五分之一。

海因里希安全公理主要阐述了如下几方面的内容：事故发生的因果连锁论；作为事故发生原因的人的因素与物的因素之间的关系问题；事故发生频率与伤害严重度之间的关系问题；不安全行为的产生原因及预防措施；事故预防工作与企业其他管理机能之间的关系；进行事故预防工作的基本责任；安全与生产之间的关系等。这些都是工业安全中最重要、最基本的问题。

海因里希安全公理中最重要的理论是事故因果连锁论。海因里希因果连锁论又称海因里希模型或多米诺骨牌理论，该理论是由海因里希首先提出，用以阐明导致伤亡事故的各种原因及与事故间的关系。该理论认为，伤亡事故的发生不是一个孤立的事件，尽管伤害可能在某瞬间突然发生，却是一系列事件相继发生的结果。

（1）伤害事故连锁构成。海因里希把工业伤害事故的发生、发展过程描述为具有一定因果关系的事件的连锁：

1）人员伤亡的发生是事故的结果；

2）事故的发生是由于人的不安全行为、物的不安全状态；

3）人的不安全行为或物的不安全状态是由于人的缺点造成的；

4）人的缺点是由于不良环境诱发的，或者是由先天的遗传因素造成的。

（2）事故连锁过程影响。海因里希将因果连锁过程概括为五方面的因素：

1）遗传及社会环境（M）。遗传及社会环境是造成人的缺点的原因。遗传因素可能使人具有鲁莽、固执、粗心等不良性格；社会环境可能妨碍教育，助长不良性格的发展。这是事故因果链上最基本的因素。

2）人的缺点（P）。人的缺点是由遗传和社会环境因素所造成，是使人产生不安全行为或使物产生不安全状态的主要原因。这些缺点既包括各类不良性格，也包括缺乏安全生产知识和技能等后天的不足。

3）不安全动作（H）。其包括人的不安全行为和物的不安全状态。人的不安全行为或物的不安全状态是指那些曾经引起过事故，或可能引起事故的人的行为，或机械、物质的状态，它们是造成事故的直接原因。例如，在起重机的吊荷下停留、不发信号就启动机器、工作时间打闹或拆除安全防护装置等都属于人的不安全行为；没有防护的传动齿轮、裸露的带电体或照明不良等属于物的不安全状态。

4）事故（D）。即由物体、物质或放射线等对人体发生作用受到伤害的、出乎意料的、失去控制的事件。例如，坠落、物体打击等使人员受到伤害的事件是典型的事故。

5）伤害（A）。直接由于事故而产生的人身伤害。

海因里希用多米诺骨牌来形象地描述这种事故因果连锁关系。在多米诺骨牌系列中，一块骨牌被碰倒了，则将发生连锁反应，其余的几块骨牌相继被碰倒。如果移去连锁中的一块骨牌，则连锁被破坏，事故过程被中止，见图 2-4。

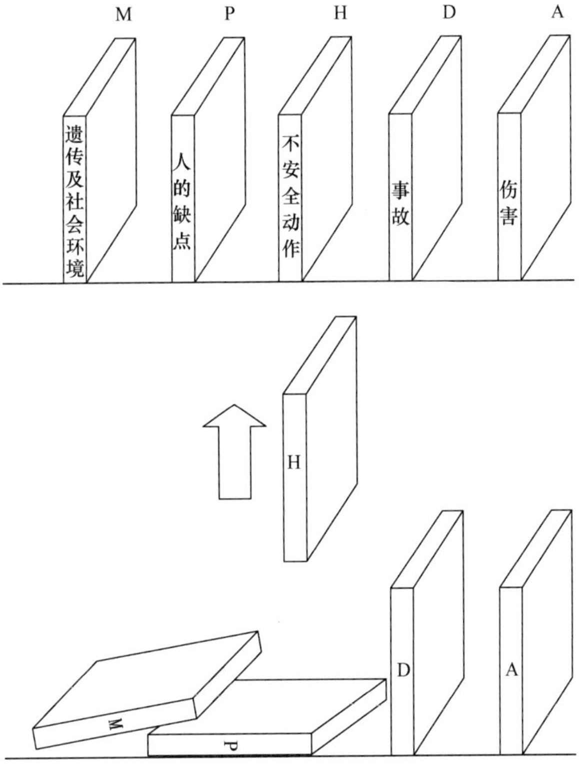

图 2-4　海因里希因果连锁理论

该理论的积极意义在于，如果移去因果连锁中的任一块骨牌，则连锁被破坏，事故过程即被中止，达到控制事故的目的。海因里希还强调，企业安全工作的中心就是要移去中间的骨牌，即防止人的不安全行为和物的不安全状态，从而中断事故的进程，避免伤害的发生。当然，通过改善社会环境，使人具有更为良好的安全意识，加强培训，使人具有较好的安全技能，或者加强应急抢救措施，也都能在不同程度上移去事故连锁中的某一骨牌来增加该骨牌的稳定性，使事故得到预防和控制。

当然，海因里希理论也有明显的不足，它对事故致因连锁关系描述过于简单化、绝对化，也过多地考虑了人的因素。但尽管如此，由于其形象化和其在事故致因研究中的先导作用，使其有着重要的历史地位。后来，博德（F. Bird）、亚当斯（E. Adams）、北川彻三等都在此基础上进行了进一步的修改和完善，使之更有利于实际应用，收到了较好的效果。

（三）瑟利模型

瑟利模型是在 1969 年由美国人瑟利（J. Surry）提出的，是一个典型的根据人的认知过程分析事故致因的理论。该模型把事故的发生过程分为危险出现和危险释放两个阶段，这两个阶段各自包括一组类似的人的信息处理过程，即感觉、认识和行为响应。瑟利模型不仅分析了危险出现、释放直至导致事故的原因，还为事故预防提供了一个良好的思路。

由图 2-5 可以看出，两个阶段具有相类似的信息处理过程，即 3 个部分，6 个问题则

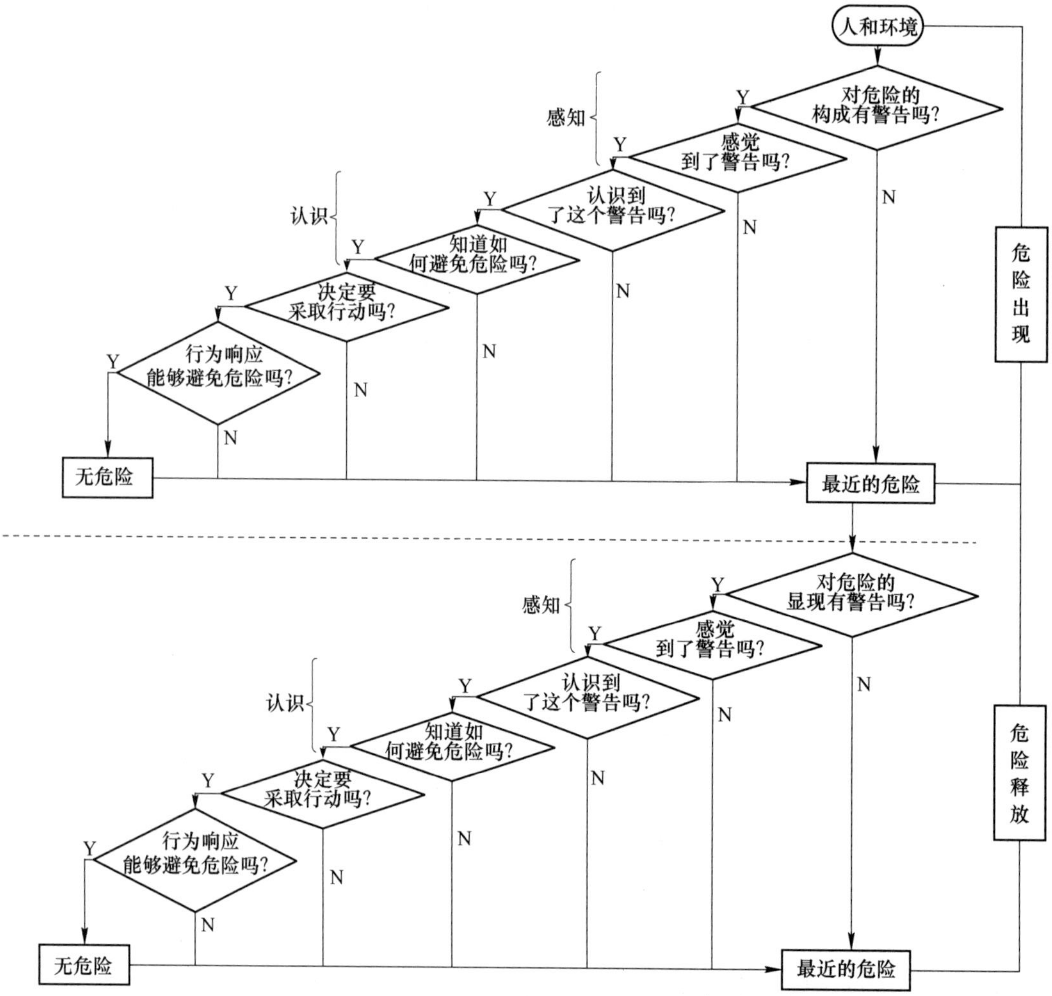

图 2-5 瑟利模型

分别是对这 3 个部分的进一步阐述，它们分别是：

危险的出现或释放有警告吗？这里警告的意思是指工作环境中对安全状态与危险状态之间的差异的指示。任何危险的出现或释放都伴随着某种变化，只是有些变化易于察觉，有些则不然。而只有使人感觉到这种变化或差异，才有避免或控制事故的可能。

感觉到了警告吗？这包括两个方面：一是人的感觉能力问题，包括操作者本身感觉能力，如视力、听力等较差，或过度集中注意力于工作或其他方面；二是工作环境对人的感觉能力的影响问题。

认识到了这个警告吗？这主要是指操作者在感觉到警告信息之后，是否正确理解了该警告所包含的意义，进而较为准确地判断出危险的可能的后果及其发生的可能性。

知道如何避免危险吗？主要指操作者是否具备为避免危险或控制危险，做出正确的行为响应所需要的知识和技能。

决定要采取行动吗？无论是危险的出现或释放，其是否会对人或系统造成伤害或破坏是不确定的。而且在某些情况下，采取行动固然可以消除危险，却要付出相当大的代价。对于冶金、化工等企业中连续运转的系统更是如此。究竟是否采取立即的行动，应主要考虑两个方面的问题：一是该危险立即造成损失的可能性，二是现有的措施和条件控制该危险的可能性，包括操作者本人避免和控制危险的技能。当然，这种决策也与经济效益、工作效率紧密相关。

行为响应能够避免危险吗？在操作者决定采取行动的情况下，能否避免危险则取决于人采取行动的迅速、正确、敏捷与否，和是否有足够的时间等其他条件使人能做出行为响应。

上述 6 个问题中，前两个问题都是与人对信息的感觉有关的，第 3~5 个问题是与人的认识有关的，最后一个问题与人的行为响应有关。这 6 个问题涵盖了人的信息处理全过程，并且反映了在此过程中有很多发生失误进而导致事故的机会。

瑟利模型不仅分析了危险出现、释放直至导致事故的原因，而且还为事故预防提供了一个良好的思路。即要想预防和控制事故，首先应采用技术的手段使危险状态充分地显现出来，使操作者能够有更好的机会感觉到危险的出现和释放，这样才有预防或控制事故的条件和可能；其次应通过培训和教育的手段，提高人感觉危险信号的敏感性，包括抗干扰能力等，同时也应采用相应的技术手段帮助操作者正确地感觉危险状态信息，如采用能避开干扰的警告方式或加大警告信号的强度等；再次应通过教育和培训的手段使操作者在感觉到警告之后，准确地理解其含义，并知道应采取何种措施避免危险发生或控制其后果，在此基础上，结合各方面的因素做出正确的决策；最后，则应通过系统及其辅助设施的设计使人在做出正确的决策后，有足够的时间和条件做出行为响应，并通过培训的手段使人能够迅速、敏捷、正确地做出行为响应。这样，事故就会在相当大的程度上得到控制，取得良好的预防效果。

后来，安德森等在此基础上对瑟利模型进行了进一步的扩展，增加了危险的来源及其可觉察性，运行系统内波动以控制或减少这些波动使之与人的行为的波动相一致等部分内容，在一定程度上提高了瑟利模型的理论性和实用性。

（四）能量意外释放理论

就如同巴颜喀拉山同为黄河、长江的源头一样，早期的事故致因理论也分为两大分支：一个是因果连锁理论；另一个是能量意外释放理论。前者倾向于事故的原因是人，后者倾向于事故的原因是物。

近代工业的发展起源于将燃料的化学能转变为热能，并以水为介质转变为蒸汽，然后将蒸汽的热能转变为机械能输送到生产现场，这就是蒸汽机动力系统的能量转换情况。电气时代是将水的势能或蒸汽的动能转换为电能，在生产现场再将电能转变为机械能进行产品的制造加工。总之，能量是具有做功本领的物理元，它是由物质和场构成系统的最基本的物理量。

1961 年吉布森（Gibson）提出了事故是一种不正常或不希望的能量释放，意外释放的各种形式的能量是构成伤害的直接原因。因此，应通过控制能量，或者控制作为能量达及人体的媒介（能量载体）来预防伤害事故。

在吉布森研究的基础上，1966 年哈登（Haddon）完善了能量意外释放理论，认为"人受伤害的原因只能是某种能量的转移"，并提出了能量逆流于人体造成伤害的分类方法，将伤害分为两类：

（1）伤害是由于施加了超过局部或全身性的损伤阈值的能量而产生的。当施加于人体的能量超过该阈值时，就会对人体造成损伤。大多数伤害都属于此类。如当人体接触 36V 电压时，由于在人体可以承受的阈值之内，所以人体就不会遭到伤害或伤害极其轻微；当人体接触到 220V 电压时，由于超过了人体可承受的阈值，人体就会遭到伤害，轻则灼伤，重则死亡。

（2）伤害则是由于影响局部或全身性能量交换引起的。如因机械原因溺水或化学原因引起的窒息（CO 中毒）等。

哈登认为，在一定的条件下，某种形式的能量能否造成伤害及事故，主要取决于人所接触的能量大小、接触的时间长短和频率的集中程度、受到伤害的部位及屏障设置的早晚等。

用能量意外释放论的观点分析事故致因的基本方法为：首先，确认某个系统内的所有能量源；其次，确定可能遭受该能量伤害的人员及伤害的可能严重程度；最后，确定控制该类能量不正常或不期望转移的方法。

该方法可应用于各种类型的包含、利用、储存任何形式能量的系统，也可以与其他的分析方法综合使用，用来分析、控制系统中能量的利用、贮存或流动。但该方法不适用于研究、发现和分析不与能量相关的事故致因，如人的失误或有意违章等。

能量意外释放论与其他的事故致因理论或模型相比，有两个主要优点：

（1）把各种能量对人体的伤害归结为伤亡事故的直接原因，从而决定了以控制能量源及能量输送装置作为防止或减少伤害事故发生的最佳抵抗手段。

（2）依照该理论建立的对伤害事故的统计分类，是一种可以全面概括、阐明伤害事故类型和性质的统计分类方法。比如《企业职工伤亡事故分类》（GB 6441）。

能量按其形式可分为机械能、电能、热能、化学能、辐射能（包括离子辐射和非离子辐射）、声能、原子能和生物能等。人受到伤害都可归结为上述一种或若干种能量的不正常或不期望的转移。其中前四种形式能量引起的伤害最为常见。

能量意外释放论的不足之处是：由于机械能（动能和势能）是工业伤害的主要能量形式，因而使得按能量转移的观点对伤害事故进行统计分类的方法在实际应用中存在一定的困难。

（五）轨迹交叉理论

1. 背景及提出

随着生产技术的提高以及事故致因理论的发展完善，人们对人和物两种因素在事故致因中地位的认识发生了很大变化。一方面是由于生产技术进步的同时，生产装置、生产条件不安全的问题越来越引起了人们的重视；另一方面是人们对人的因素研究的深入，能够正确地区分人的不安全行为和物的不安全状态。

约翰逊（W. G. Jonson）认为，判断到底是不安全行为还是不安全状态，受研究者主观因素的影响，取决于他认识问题的深刻程度。许多人由于缺乏有关失误方面的知识，把由于人失误造成的不安全状态看作不安全行为。一起伤亡事故的发生，除了人的不安全行为之外，一定存在着某种不安全状态，并且不安全状态对事故发生作用更大些。

斯奇巴（R. Skiba）提出，生产操作人员与机械设备两种因素都对事故的发生有影响，并且机械设备的危险状态对事故的发生作用更大些，只有当两种因素同时出现，才能发生事故。

上述理论被称为轨迹交叉理论，该理论主要观点是，在事故发展进程中，人的因素运动轨迹与物的因素运动轨迹的交点就是事故发生的时间和空间，即人的不安全行为和物的不安全状态发生于同一时间、同一空间或者说人的不安全行为与物的不安全状态相通，则将在此时间、此空间发生事故。

轨迹交叉理论作为一种事故致因理论，强调人的因素和物的因素在事故致因中占有同样重要的地位。按照该理论，可以通过避免人与物两种因素运动轨迹交叉，即避免人的不安全行为和物的不安全状态同时、同地出现，来预防事故的发生。

2. 轨迹交叉理论作用原理

轨迹交叉理论将事故的发生发展过程描述为：基本原因→间接原因→直接原因→事故→伤害（(1)→(2)→(3)→(4)→(5)）。从事故发展运动的角度，这样的过程被形容为事故致因因素导致事故的运动轨迹，具体包括人的因素运动轨迹和物的因素运动轨迹，如图 2-6 所示。

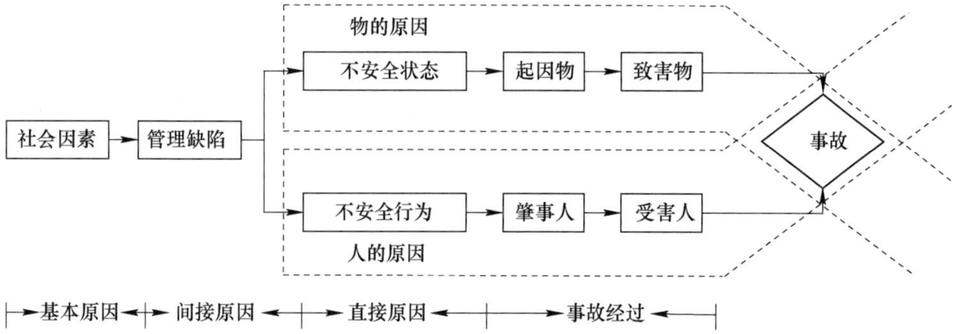

图 2-6　轨迹交叉理论事故模型

人的不安全行为基于生理、心理、环境、行为几个方面而产生：

（1）生理、先天身心缺陷；

（2）社会环境、企业管理上的缺陷；

（3）后天的心理缺陷；

（4）视、听、嗅、味、触等感官能量分配上的差异；

（5）行为失误；

（6）在物的因素运动轨迹中，在生产过程各阶段都可能产生不安全状态；

（7）设计上的缺陷，如用材不当，强度计算错误、结构完整性差、采矿方法不适应矿床围岩性质等；

（8）制造、工艺流程上的缺陷；

（9）维修保养上的缺陷，降低了可靠性；

（10）使用上的缺陷；

（11）作业场所环境上的缺陷。

在生产过程中，人的因素运动轨迹按其（1）→（2）→（3）→（4）→（5）的方向顺序进行，物的因素运动轨迹按其（1）→（2）→（3）→（4）→（5）的方向进行。人、物两轨迹相交的时间与地点，就是发生伤亡事故“时空”，也就导致了事故的发生。

值得注意的是，许多情况下人与物又互为因果。例如，有时物的不安全状态诱发了人的不安全行为，而人的不安全行为又促进了物的不安全状态的发展或导致新的不安全状态出现。因而，实际的事故并非简单地按照上述的人、物两条轨迹进行，而是呈现非常复杂的因果关系。

若设法排除机械设备或处理危险物质过程中的隐患或者消除人为失误和不安全行为，使两事件链连锁中断，则两系列运动轨迹不能相交，危险就不能出现，就可避免事故发生。

对人的因素而言，强调工种考核，加强安全教育和技术培训，进行科学的安全管理，从生理、心理和操作管理上控制人的不安全行为的产生，就等于砍断了事故产生的人的因素轨迹。但是，对自由度很大且身心性格气质差异较大的人是难以控制的，偶然失误很难避免。

在多数情况下，由于企业管理不善，使工人缺乏教育和训练，或者机械设备缺乏维护检修以及安全装置不完备，导致了人的不安全行为或物的不安全状态。

轨迹交叉理论突出强调的是砍断物的事件链，提倡采用可靠性高、结构完整性强的系统和设备，大力推广保险系统、防护系统和信号系统及高度自动化和遥控装置。这样，即使人为失误，构成人的因素（1）→（5）系列，也会因安全闭锁等可靠性高的安全系统的作用，控制住物的因素（1）→（5）系列的发展，可完全避免伤亡事故的发生。

一些领导和管理人员总是错误地把一切伤亡事故归咎于操作人员“违章作业”；实际上，人的不安全行为也是由于教育培训不足等管理欠缺造成的。管理的重点应放在控制物的不安全状态上，即消除“起因物”，当然就不会出现“施害物”，“砍断”物的因素运动轨迹，使人与物的轨迹不相交叉，事故即可避免。

实践证明，消除生产作业中物的不安全状态，可以大幅度地减少伤亡事故的发生。

（六）系统安全理论

1. 系统安全产生背景

20 世纪 50 年代以后，科学技术进步的一个显著特征是设备、工艺及产品越来越复杂。战略武器研制、宇宙开发及核电站建设等使得作为现代科学技术标志的大规模复杂系统相继问世。这些复杂的系统往往由数以千万计的元素组成，元素之间以非常复杂的关系相连接，在被研究制造或使用过程中往往涉及高能量，系统中微小的差错就会导致灾难性的事故。大规模复杂系统安全性问题受到了人们的关注，于是，出现了系统安全理论和方法。

人们在研制、开发、使用及维护这些大规模复杂系统的过程中，逐渐萌发了系统安全的基本思想。于是，美国在 20 世纪 50 年代到 60 年代研制洲际导弹的过程中，系统安全理论应运而生。导弹的推进剂是由气体加压到 420 kg/cm^2 且温度低达 -196 ℃的低温液体，这种推进剂的化学性质非常活泼且有剧毒，其毒性远远超过第二次世界大战中使用的毒气的毒性，其爆炸性比烈性炸药更强烈，并且比工业中使用的腐蚀性化学物质更有腐蚀性。当时负责该项目的美国空军官员并没有认识到他们着手建造的导弹系统潜伏着巨大的危险性。在洲际导弹试验开始后的一年半时间内就发生了四次爆炸，造成了惨重的损失。在此之前，美国空军曾发生过大量的飞行事故，空军官员一般都把飞机失事归咎于飞行员的操作失误。由于导弹上没有飞行员，不能再把造成导弹爆炸的责任推给飞行员，这些事故纯粹是由于物的故障造成的，很明显，爆炸的原因应归咎于导弹投入试验、发射构思、设计、制造及维护等方面的问题，于是，美国开始了系统安全理论的研究。起初，没有可以用来解决这些复杂系统安全性的方法。为此，研究人员做了许多工作，研究开发防止系统事故的新概念和新方法，在保留工业安全原有的概念和方法中正确成分的前提下，吸收其他领域科学技术和管理方法，形成了系统安全理论。

所谓系统安全（system safety，SS），是指在系统寿命周期内应用系统安全管理及系统安全工程原理，识别危险源并使其危险性减至最小，从而使系统在规定的性能、时间和成本范围内达到最佳的安全程度。系统安全的基本原则是在一个新系统的构思阶段就必须考虑其安全性的问题，制定并开始执行安全工作规划——系统安全活动，并且把系统安全活动贯穿于系统寿命周期，直到系统报废为止。

2. 系统安全理论的主要观点

在事故致因理论方面，改变了人们只注重操作人员的不安全行为而忽略硬件的故障在事故致因中作用的传统观念，开始考虑如何通过改善系统的可靠性来提高复杂系统的安全性，从而避免事故。

没有任何一种事物是绝对安全的，任何事物中都潜伏着危险因素。通常所说的安全或危险只不过是一种主观的判断。能够造成事故的潜在危险因素称作危险源，来自某种危险源的造成人员伤害或物质损失的可能性叫作危险。危险源是一些可能出问题的事物或环境因素，而危险表征潜在的危险源造成伤害或损失的机会，可以用概率来衡量。

不可能根除一切危险源和危险，可以减少来自现有危险源的危险性，应减少总的危险性而不是只消除几种选定的危险。

由于人的认识能力有限，有时不能完全认识危险源和危险，即使认识了现有的危险源，随着生产技术的发展，新技术、新工艺、新材料和新能源的出现，又会产生新的危险源。由于受技术、资金、劳动力等因素的限制，对于认识了的危险源也不可能完全根除。由于不能全部根除危险源，只能把危险降低到可接受的程度，即可接受的危险。安全工作的目标就是控制危险源，努力把事故发生概率降到最低，万一发生事故，把伤害和损失控制在较轻的程度上。

3. 系统安全中人失误

作为系统安全应用对象的导弹系统、武器系统是一些由机械、电子零部件组成的硬件系统，当把系统安全推广到核电站等包括人在内的系统时，就又遇到了人的因素问题。人作为一种系统元素，发挥功能时发生失误。与以往工业安全的术语“人的不安全行为”不同，系统安全中采用术语“人失误”（human error）。

里格比认为，人失误是人的行为的结果超出了系统的某种可接受的限度。换言之，人失误是人在生产操作过程中实际实现的功能与被要求的功能之间的偏差，其结果是可能以某种形式给系统带来不良影响。

人失误产生的原因包括两方面：一是由于工作条件设计不当，即可接受的限度不合理引起人失误；二是由于人员的不恰当行为造成人失误。除了生产过程中的人失误之外，还要考虑设计失误、制造失误、维修失误以及运输保管失误等，因而较以往工业安全中的“不安全行为”，人失误对人的因素涉及的内容更广泛、更深入。

20 世纪以来发生的一些巨大的复杂系统的意外事故给人类带来了惨重的灾难。对这些事故的调查表明，人失误，特别是管理者失误是造成事故的罪魁祸首。因而，当今世界范围内系统安全理论研究的一个重大课题，就是关于人失误的研究。

4. 系统安全理论的推广及应用

由美国空军开发研究的系统安全理论在空军应用后，又推广到美国陆军和海军。

美国国防部从 1969 年 7 月发布第一个系统安全军用标准 MIL-STD-882，到 2012 年 5 月颁发 MIL-STD-882E（当前最新版本），该标准先后进行了 6 次重大修订，平均每 7 年修订一次，充分体现了美军重视跟踪标准的应用情况并及时进行修订，以保持标准的先进性和适用性。随着美国国防战略计划和目标的改变和科学技术的发展，该标准的目标从保障武器装备和军事人员的安全向保持环境安全和人员职业健康延伸，标准的技术内容从设备硬件向系统软件扩展，实现系统安全目标的方法也从单项技术向系统集成演变。

标准 MIL-STD-882E 强调：“系统安全标准实践”是系统工程的一个关键要素，它为危险识别、分类和消减提供通用的标准方法；是在执行军事任务过程中，保护美军人员免受意外死亡、受伤或职业病，而且防止国防系统、基础设施和财产免遭意外毁坏、损坏的基石。

标准 MIL-STD-882E 强调系统安全标准实践与现行的美国国防政策相协调，支持国防战略计划和目标；调整标准结构和内容编排，阐明系统安全过程的基本要素，定义工作项目说明；而且加强系统安全标准实践和其他工程专业统一集成到系统工程学科，以保证整个采办项目的危险管理协调一致。

MIL-STD-882 颁发后，系统安全进入航空、航天及核电站等领域。拉氏姆逊（J. Rasmussen）等在没有核电站事故先例的情况下，应用概率危险评价（probabilistic risk assessment，PRA）技术对核电站作了定量的安全性评价。1975 年美国原子能委员会发表了 WASH-1400 报告，轰动世界。

系统安全理论主要用于新开发的系统，对于即将建设的系统进行危害分析（hazard analysis）、概率危险评价等一系列的系统安全工作。对于已经建成并正在运行的生产系统，管理方面的疏忽和失误是事故的主要原因。约翰逊（W. G. Johnson）等很早就注意了这个问题，并创建了管理疏忽和危险树理论（management oversight and risk tree，MORT）。

约翰逊把美国工业安全中许多行之有效的管理方法，如事故判定技术、标准化作业及职业安全分析（job safety analysis，JSA）以及人的因素分析等纳入管理疏忽与危险树理论中，同时又提出了许多新的安全概念。

约翰逊发展了吉布森等提倡的能量意外释放论，把变化的观点引入安全管理，认为任何事物都在变化之中，管理者应及时发现已经发生的变化并采取相应的措施以适应这些变化。如果不能及时地适应这些变化，则将发生管理失误。企业中各阶层的人员都有可能因不能适应变化而失误。因而，事故是不希望的能量意外释放，其结果造成人员的伤亡及财产的损失。事故的发生是由于计划错误、操作失误，没有适应生产过程中人或物的因素的变化而导致不安全行为或不安全状态，使得对能量的屏蔽或控制不足。因此，人们要注意追踪能量流动，注意能量间的相互作用，建立能量屏蔽及控制能量。

（七）综合原因论

事故是社会因素（基本原因）、管理因素（间接原因）和生产中危险因素（事故隐患）（直接原因）被偶然事件触发所造成的后果。事故调查过程则与上述相反，为事故现象→事故经过→直接原因→间接原因→基本原因。

二、民航典型事故致因模型

（一）墨菲定律（Murphy's Law）

爱德华·墨菲（Edward A. Murphy）是美国爱德华兹空军基地的上尉工程师。1949年，他和他的上司斯塔普少校参加美国空军进行的 MX981 火箭减速超重实验。这个实验的目的是测定人类对加速度的承受极限。其中有一个实验项目是将 16 个火箭加速度计悬空装置在受试者上方，当时有两种方法可以将加速度计固定在支架上，而不可思议的是，竟然有人有条不紊地将 16 个加速度计全部装在错误的位置。于是他和他的同事随口开了句玩笑：“如果一件事有可能被做坏，让他去做就一定会更坏。”最后被演绎成：“如果坏事情有可能发生，不管这种可能性有多小，它总会发生，并引起最大可能的损失。”

墨菲定律的数理解释为，在数理统计中，有一条重要的统计规律：假设某意外事件在一次实验（活动）中发生的概率为 $p(p>0)$，则在 n 次实验（活动）中至少有一次发生的概率为 $p_n=1-(1-p)^n$。由此可见，无论概率 p 多么小（即小概率事件），当 n 越来越大时，p_n 越来越接近 1。

后来爱德华·墨菲把这一定律应用于安全管理，他指出：做任何一件事情，如果客观上存在着一种错误的做法，或者存在着发生某种事故的可能性，不管发生的可能性有多小，当重复去做这件事时，事故总会在某一时刻发生。也就是说，只要发生事故的可能性存在，不管可能性多么小，这个事故迟早会发生。

墨菲定律（Murphy's Law）主要揭示了四个方面的内容：

（1）任何事都没有表面看起来那么简单；

（2）所有的事都会比你预计的时间长；

（3）会出错的事总会出错；

（4）如果你担心某种情况发生，那么它就更有可能发生。

（二）实际偏离理论

当航空组织机构的流程和程序，无法预料日常运行中可能发生的诸多情况时，斯科特·

斯努克（Scott A. Snook）的实际偏离理论（见图 2-7）就可以作为一个基础来理解，在航空方面，任何系统的基线性能是如何“偏离”其最初设计的。

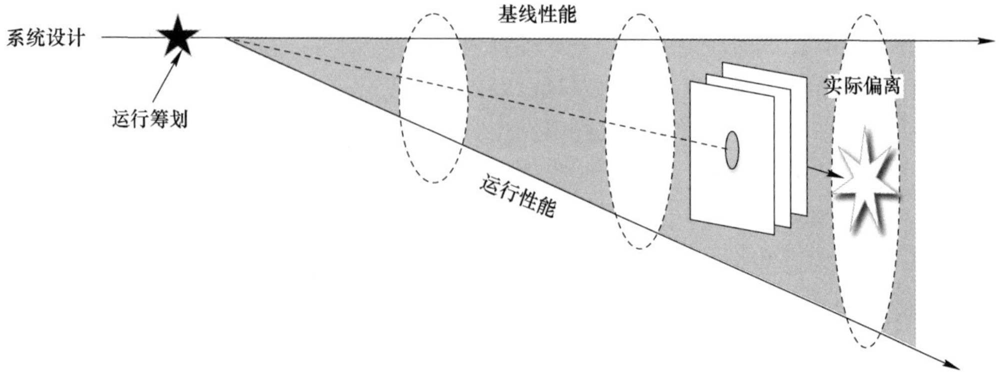

图 2-7 实际偏离理论

在系统设计的早期，例如，空中交通管制空域、特殊设备的采用、飞行运行计划的扩充等，已经考虑到了人与技术之间的互动性以及相关的运行环境，以确定预期绩效的局限性及潜在的危险。系统的初始设计基于三个基本假设：有达到系统生产目标所需的技术；人员得到培训且可以正确地运用技术；规章和程序将规定系统及人的行为。这些假设构成了基础的（或理想的）系统性能，它可以用从运行部署之日直到系统退役的一条直线来描述。

一旦在运行方面部署妥当，系统多数时候会按照设计以基线性能运行。然而，由于真实运行情况及监管环境变化，实际运行情况与设计的基线性能会有所差距。由于偏离是日常操作的结果，所以称为“实际偏离”。

在任何系统中，不论设计计划的制订多么仔细，考虑多么周全，从基线性能实际偏离到运行性能都是可预见的。实际偏离的原因包括：技术并不总是像预测的那样可行；程序在某些特定的运行条件下，并不能按计划执行；规章由于某些特定背景的限制而不适用；对系统引入的变化，包括新组件的添加，与其他系统的互动等。

（三）SHELL 模型

SHELL 模型是一个描述人为因素的概念模型，其核心理念在于强调人为错误与 SHELL 各组成要素状态之间的关系。SHELL 模型由四个主要元素构成：software（软件）、hardware（硬件）、environment（环境）和 liveware（人）。这四个要素相互关联、相互影响，共同决定了系统的工作状态和安全性。

SHELL 模型是由荷兰皇家航空公司的 Elwyn Edwards 教授在 1972 年首次提出的。他通过深入研究人为因素在航空安全中的作用，提出了这个具有创新性的模型。随后，Frank Hawkins 在 1975 年用图表描述了该模型，使其更为直观和易于理解。这一图表描述进一步推动了 SHELL 模型在实际应用中的推广和使用。

SHELL 模型在安全管理、事故预防以及系统设计等领域具有广泛的应用价值。通过分析和评估 SHELL 模型中各要素的状态和相互作用，可以有效地识别潜在的安全风险，制定相应的预防措施，从而提高系统的安全性和可靠性。SHELL 模型是一个具有重要理论和实践意义的模型，它为我们提供了一个全新的视角来理解和应对人为因素对系统安全的影响。通过不断完善和应用这一模型，我们可以更好地保障人员安全和系统稳定，推动各行业的持续健康发展。该模型有助于形象地描述航空系统中各因素间的相互关系，是根据传统的“人-机-环境”系统发展而来的。如图 2-8 所示，软件—硬件—环境—人件模型，包括以下四个部分：

图 2-8 SHELL 模型

（1）软件（S）。程序、培训、支持性等。

（2）硬件（H）。机器与设备。

（3）环境（E）。SHELL 系统其余部分的运行环境。

（4）人件（L）。工作场所中的人员。

人件，SHELL 模型的中心是一线运行人员。虽然人具有很强的适应性，但是人的表现变化很大。人的表现无法具有像硬件同样程度的标准化，所以代表人件的方框边界不是简单的直线。人在与其工作环境中的各个组成部分相互作用时，不会完美匹配。要避免系统中的各种压力，系统的其他各组成部分就必须与人有周密的匹配。SHELL 模型有助于直观地表现出航空系统各种组成部分之间的界面。

（1）人件—硬件（L—H）界面，是人与设备、机器和设施的物理属性之间的关系。

（2）人件—软件（L—S）界面，是人与工作场所中各种支持系统之间的关系，例如，规章、手册、检查单、出版物、标准操作程序（standard operating procedure，SOPs）以及计算机软件等，还包括诸如最新的经验、准确性、格式和描述方式、用语、清晰度和符号表示等问题。

（3）人件—人件（L—L）界面，是工作环境中人与人之间的关系。因为飞行机组、管制员、航空器维修工程师，以及其他的操作人员，都是以团队的方式工作。所以，提倡良好的沟通和人际技巧、团队活力，对于决定人的表现十分重要。

（4）人件—环境（L—E）界面，涉及人与内外环境的关系。内部工作场所的环境包括诸如温度、周围光线、噪声、振动和空气质量之类对身体方面的考虑。外部环境包括诸如天气因素、航空基础设施和地形之类的运行上的方方面面。这个界面还涉及人的内部环境与外部环境的关系。

（四）Reason 模型

每次不安全事件发生后，我们都会认真调查事件发生的原因，也会花相当大的精力来思考相同的事件、事故为什么会重复地发生。

目前，人们广泛接受的观点是：绝大部分事故是由人为差错造成的，人为差错是与粗心或工作技能差有关等。随着安全管理的系统化，即引入了安全管理体系后，我们可以发现，这种观点并不完全准确。如果我们只关注导致事故发生环节中的最后一环，仅通过改变人的方法来预防事故以及事故的重复发生是不可能的。只有在关注“人”的同时更去关注“系统”，真正找到系统的隐患后才能预防事故。Reason 模型为我们关注系统提供了一个有效的方法。

Reason 模型是曼彻斯特大学教授 James Reason 在其著名的心理学专著 *Human error*（《人为因素》）一书中提出的概念模型，其内在逻辑是：事故的发生不仅有一个事件本身的反应链，还同时存在一个被穿透的组织缺陷集，事故促发因素和组织各层次的缺陷（或安全风险）是长期存在并不断自行演化的。但是这些事故促因和组织缺陷并不一定造成不安全事件，当多个层次的组织缺陷在一个事故促发因子上同时或次第出现缺陷时，不安全事件才会失去多层次的阻断屏障而发生。最直观的就是“奶酪图”。任何单一的奶酪片都无法让光线穿透，只有所有奶酪片上的孔都在同一直线上，光线才会穿透。每一个奶酪片上的孔洞代表了该层面上的漏洞或缺陷，与事故发生直接相关的不安全行为层面上的孔洞表示了系统的显性差错，而其他三个层面上的孔洞则更多代表了隐性差错。Reason 模型的奶酪片一共有四片，代表在一个组织中事故的四个层面因素，即组织影响、不安全的监督、不安全行为的前提和不安全的行为。

航空运行由多系统、多方面复杂操作环境组成。它们的功能和表现包括了各种组成部分的复杂关系。各系统有序地结合、运转，从而达到运行生产的目标，多系统问题的一个很大的特点就是过程与结果之间并不一定存在必然的一一对应的关系，航空安全事件往往是以事故链的方式发生的。

从图 2-9 可以看出，一个事故的发生一定存在着系统的缺陷，揭示了事故的发展过程；突出了组织过程在事故中的责任。

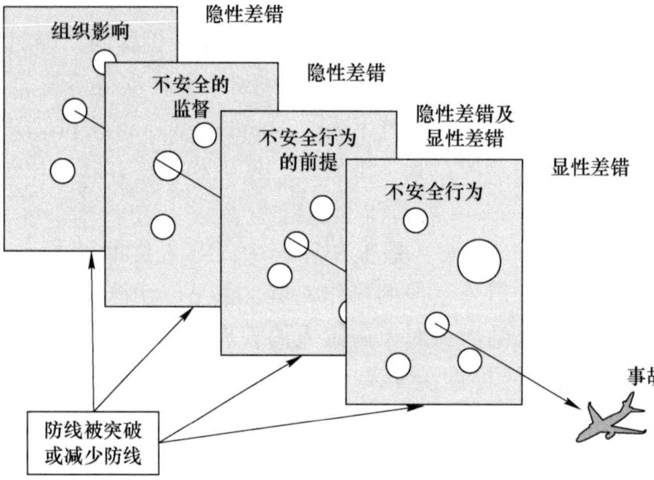

图 2-9　Reason 模型

Reason 模型的核心点在于其系统观的视野，在对不安全行为的直接分析之外，更深层次地剖析出影响行为人的潜在的团队、场所、组织因素，以一个逻辑统一的事故反应链将所有相关因素进行了理论串联。

例如，某日凌晨 2 点 40 分左右，一架 A330 飞机在从虹桥国际机场 15 号桥位拖往跑道上进行发动机试车的过程中，飞机在 K4 道口的滑行道上偏离滑行线，导致飞机 5、6、7、8 号主轮进入滑行道边草地之中，构成一起人为原因的严重不安全事件。

按照结果导向、事后查处的思维，事件的直接原因是指挥员和拖车驾驶员的失误造成的，假如指挥员正确指挥、驾驶员认真操作，则事件就不会发生。

但应用 Reason 模型进一步分析，就会发现：那天因为整修跑道，原计划滑行的滑行道入口关闭，改由 K4 道口进入；因机场已关闭，滑行道边灯关闭。由此可见，行进线路的变化、夜间灯光不足等环境因素也是构成事件发生的工作场所条件。

同时，驾驶员、指挥员对滑行路线状况不熟，指挥交流方式缺陷等也是造成事件的隐患条件。再进一步分析可以发现，在拖行飞机的相关程序、人员资质管理、制度程序落实方面存在着不足，而这正是组织系统的缺陷。这就不难发现，如果我们仅把着眼点放在最后的结果——操作人员身上，那么类似的事件还会发生。

James Reason 教授将安全管理比喻为“打一场没有最终胜利的游击战”，是一场为了发现事故隐患、消除或控制其隐患而永不停息的奋争。为了使系统更加安全，我们可做的事情是无止境的。

在安全管理体系中有效地运用 Reason 模型可以帮助我们去发现系统的安全隐患，减少不安全事件发生的可能，避免不安全事件的重复发生。进而，通过风险管理可以帮助我们发现系统中的风险所在，并确定相关的优先等级，进而采取措施消除它们或减缓其后果，真正实现安全关口前移，确保持续的安全、可靠的安全。

（五）TEM 模型❶

TEM 指的是“威胁和差错管理”（threat and error management）。威胁和差错管理旨在为人的行为能力运行环境的动态的、富有挑战性的复杂情况进行广泛研究提供一种原则性方法，因为正是这些复杂情况的影响造成了直接影响安全的后果。

从飞行机组角度看，威胁和差错管理模型有三个基本挑战：威胁、差错和非期望的航空器状态。该模型建议，威胁和差错是必须由飞行机组管理的日常航空运行的部分，因为威胁和差错都有可能造成非期望的航空器状态。飞行机组必须管理非期望的航空器状态，因为非期望的航空器状态可能带来不安全的后果。非期望的航空器状态管理是威胁和差错管理模型的必要组成部分，与威胁和差错管理同样重要，因为非期望的航空器状态管理在很大程度上是避免不安全结果从而保持飞行运行安全裕度的最后机会。

威胁（T）被定义为超出飞行机组影响范围发生的，增加运行复杂性，因而为保持安全裕度必须加以管理的事件或差错。在典型的飞行运行期间，飞行机组必须管理各种环境复杂性，例如，不利气象条件、高山围绕的机场、拥堵的空域、航空器故障，以及驾驶舱外其他人员造成的差错，例如空中交通管制员、空乘人员或者维修工人。威胁和差错管理模型将这些复杂性视作威胁，因为这些复杂性都有可能降低安全裕度对飞行运行造成负面影响。有些威胁可以被预料到，因为它们可以被预测，或者被飞行机组知晓；有些威胁可能出乎意料毫无预警地发生，例如飞行中的航空器故障；有些威胁对于飞行机组（当他们沉浸在运行环境中时）可能不是直接明显或者可观察到的，可能通过安全分析才能被发现，这些威胁被视作隐性威胁。不论威胁是可预料、不可预料，还是隐性的，衡量飞行机组管理威胁的能力有效性的一个度量标准是，能否预见威胁，以便使飞行机组能够通过采用适当对策来应对威胁。

威胁管理是差错管理和非期望航空器状态管理的一个组成部分。尽管威胁-差错联系不一定是直接明了的（即不可能总能建立威胁、差错和非期望航空器状态之间的线性关系或者一对一的映射对应关系），但安全分析资料证明，处理失当的威胁通常与飞行机组差错相连，而飞行机组差错又常常与非期望航空器状态相连。威胁管理，通过在根源上避免

❶ 引自《培训》（Doc 9868，第三版，2020 年）。

影响到安全的情况，可提供保持飞行运行安全裕度的最积极主动的方案。作为威胁管理者，飞行机组是阻止威胁影响飞行运行的最后一道防线。

差错（E）被定义为导致无意的偏离组织或运行预期的飞行机组的作为或者不作为。未管理的和/或管理不当的差错可能导致非期望的航空器状态。因此，运行环境中的差错往往会降低安全裕度。差错可能是自发的（即和特定的、明显的威胁无直接联系），与威胁相连，或者是差错链的一部分。

无论是什么差错类型，差错对安全的影响取决于该差错在导致非期望航空器状态和潜在的危险结果之前，飞行机组是否发现差错并对差错做出响应。这就是为什么威胁和差错管理的目标之一是理解差错管理（即检测和响应），而非仅仅关注差错因果性（即原因和犯差错）的原因。从安全角度来看，及时发现并对之做出迅速响应（即恰当管理）的运行差错不会导致非期望航空器状态，并通过飞行运行中适当的差错管理，导致恢复理想的安全裕度，因此在运行上是无关紧要的。

非期望的航空器状态的特征是偏离运行期间通常经历的参数（例如航空器位置或速度偏差、飞行操纵装置的不当使用，或者不正确的系统配置），与安全裕度降低有关。非期望的航空器状态经常被认为是征候或事故的开端，因此必须由飞行机组进行管理。可对非期望状态进行有效管理，恢复安全裕度，否则可能导致另外的差错、引起征候或者事故。

飞行机组作为正常行使其运行职责的一部分，必须采用对策，保持威胁、差错和非期望的航空器状态不会降低飞行运行的安全裕度。对策可包括沟通、工作量管理、应用程序等。飞行机组将大量资源放在对策的使用上，以确保飞行运行的安全裕度。

（六）HFACS 模型

HFACS（the human factors analysis and classification system）是根据 Reason 的事故致因模型（瑞士奶酪模型）基础上提出的，是一种综合的人的失误分析方法。它解决了人的失误理论和实践应用长期分离的状态，是航空飞行事故调查中被普遍接受的人因分类工具，填补了人的失误领域一直没有操作性强的理论框架的空白。

HFACS 模型定义了不安全行为、不安全行为的前提条件、不安全的监督和组织影响四个层次的失效，如图 2-10 所示。

1. 不安全行为层

（1）差错：

1）决策差错——执行的行为计划不符合当前情境要求，分流程出错、选择出错及问题解决出错三类；

2）技能差错——在技能类行为上发生的失误，如注意力分配不当、记忆错误等；

3）知觉差错——飞行员对当前情境中的信息认知不当而造成的失误，如对视觉、空间信息理解偏差导致错误判断。

（2）违规：

1）习惯性违规——由于违规行为持续时间长，出现频率高“习惯成自然”进行违规操作，这一类违规操作很有可能导致事故发生，但却往往被大部分人或监管组织接受；

2）偶然性违规——与个人行为习惯或组织管理制度无关的、偶然出现的违规。偶然性违规与个体典型行为模式无关，也难以预测。

图 2-10 HFACS 模型框架图

2. 不安全行为的前提条件层

(1) 环境因素:

1) 物理环境——操作环境(如气象、高度、地形等),也指操作者周围的环境,如驾驶舱里的高温、振动、照明、有毒气体等;

2) 技术环境——包括设备和控制设计、显示及界面特征、检查单编排等一系列情况。

(2) 操作者状态:

1) 精神状态差——精神疲劳,失去情境意识,工作中自满、飞行警惕性低等;

2) 生理状态差——生病、缺氧,身体疲劳、服用药物、出现幻觉、方向感偏差或感冒;

3) 身体、智力局限——操作要求超出个人能力范围,如视觉局限、休息时间不足、体能不适应等。

（3）人员因素：

1）机组资源管理——在执行任务过程中飞机、空管等自身及相互间信息沟通不畅、缺少团队合作等；

2）个人状态——没有遵守机组休息的要求、训练不足、飞行之前执行了会干扰个体认知准确性的任务。

3. 不安全的监督层

（1）监督不充分——监督者或组织者没有提供专业的指导、培训、监督等；

（2）运行计划不适当——机组配备不当，没有提供足够的指令时间，任务或工作负荷过量，没有为机组提供足够的休息机会、不合理的任务安排和人员配备等；

（3）没有纠正问题——管理者知道人员、培训和其他相关安全领域的不足之后，仍然允许其持续下去的情况；

（4）监督违规——管理者或监督者有意违反现有的规章程序，如允许没有资格、未取得执照的人员飞行等。

4. 组织影响层

（1）资源管理——与组织资源的分配和维护有关的执行层面的决策，如人资、资金、设施分配等；

（2）组织氛围——会对组织内工作效率产生影响的因素，如组织架构、文化、政策等；

（3）运行过程——约束和规定组织工作的政策条例，如组织工作速率、工作程序标准等。

（七）BOWTIE 模型

BOWTIE，即领结或蝴蝶结，是一种根据危险事件演化过程，基于安全屏障理论的分析方法。

BOWTIE 模型最早出现在澳大利亚昆士兰大学关于帝国化学工业公司危害分析的课程讲义中，随后壳牌公司将其应用于阿尔法钻井平台爆炸灾难分析中，至今这一模型已被广泛应用到生产领域的安全管理和风险识别工作中。2016 年，在哥本哈根举行的 IATA 国际运行会议上，该模型作为民航安全管理和风险分析的有效工具，被重点推介。

BOWTIE 模型从危险、顶级事件、威胁和后果的相互关系详细说明风险。安全屏障用于说明组织已采取何种措施控制风险。

BOWTIE 模型（见图 2-11）是一种简单的图解形式，用来描述并分析某个风险从原因到结果的路径。可以将其视为分析事项起因的故障树以及分析结果的事件树这两种观点的统一体。

BOWTIE 模型分析的重点是原因与风险之间，以及风险与结果之间的障碍。在建构 BOWTIE 图时，首先要从故障树和事件树入手，但是，这种图形大都在头脑风暴式的讨论会上直接绘制出来。BOWTIE 分析被用来显示风险的一系列可能的原因和后果。如果实际情况无法保证某项全面故障树分析的复杂性或是如果人们更重视的是确保每个故障路径都有一个障碍或控制，那么就可以使用 BOWTIE 图分析。当导致故障的路径清晰而独立时，BOWTIE 图分析就非常有用。与故障树及事件树相比，BOWTIE 图通常更易于理解，因此，在使用更复杂的技术才能完成分析的情况下，它会成为一种有用的沟通工具。

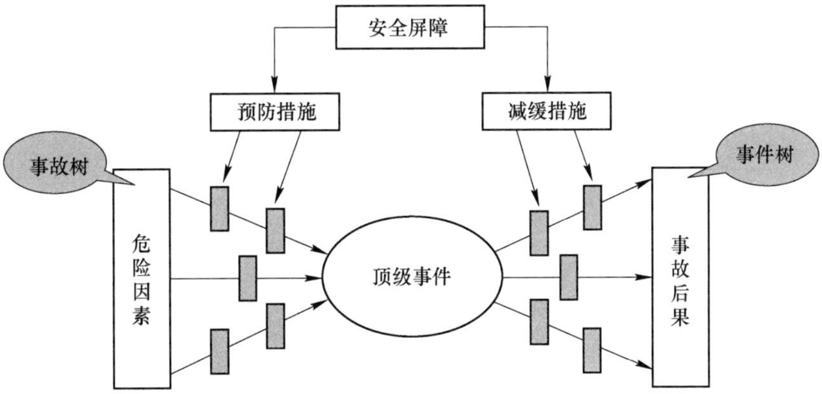

图 2-11　BOWTIE 模型示意图

建立基本 BOWTIE 的八个步骤：

（1）步骤 1：识别危害；

（2）步骤 2：界定顶级事件（选择具有重大风险的事件）；

（3）步骤 3：添加威胁；

（4）步骤 4：添加后果；

（5）步骤 5~6：添加控制（主动控制、被动控制）；

（6）步骤 7：添加升级因素；

（7）步骤 8：添加升级因素的控制措施。

相关的定义如下：

（1）危险（源）：具有伤及员工、损坏设备或结构、导致原料损耗或降低执行规定功能能力的状态、对象、活动或事件。

（2）风险事件：单独或与其他风险事件共同导致不良事件发生的故障情况、主要原因、征兆或先导事件。

（3）顶层事件：除了能采取并成功实施主动的补救措施外，即将发生的不安全事件处在逐步升级阶段。

（4）结果：潜在事故的最终结局会导致的严重后果。

（5）后果：由于结果导致的伤害员工、损坏设备或结构、损耗原料或降低执行规定功能能力的程度，后果具有一定的级别。

（6）风险控制：为降低与危险相关的风险而设置的系统、活动、行动或程序，风险减轻的内容包括危险的排除（首选）、危险频率的减少（屏障）、危险结果产生可能性的减少、危险结果严重性的降低。

（7）风险：包括危险导致的所有潜在影响的频率和严重程度。

（8）升级因素：与现有危险因素相互作用，使风险程度进一步提升。

第三章　民航生产经营单位安全管理

民航生产经营单位的安全主体责任包括但不限于守法合规、安全生产投入、健全责任制、应急管理、事故预防、安全检查、信息管理、事件调查、教育培训及接口管理 10 个方面责任。本章立足 10 方面责任，介绍民航生产经营单位安全管理的基本内容和要求。

第一节　民航安全管理体系

安全管理体系（safety management system，SMS）是国际民航组织倡导的管理安全的系统化方法，它要求组织建立安全政策和安全目标。通过对组织内部的组织结构、责任制度、程序等一系列要素进行系统管理，形成以风险管理为核心的体系，并实现既定的安全政策和安全目标。

一、民航安全管理体系（SMS）产生❶

20 世纪 90 年代后期，世界经济迅猛发展，运输量增长速度越来越快，飞机数量、航班架次快速增长。自 20 世纪 80 年代初开始，民航重大飞行事故率一直比较“平稳”，这样民航业每年“摔飞机”的数量就会随着运输量“同步”增长。国际民航组织（ICAO）基于当时预期的机队增长，预测世界民航到 2015 年将会有 41. 2 架飞机“失事”，如图 3-1 所示。T. S. Perry 计算后发现“即使事故率保持当时的‘低’水平，到2015 年，每 7~10

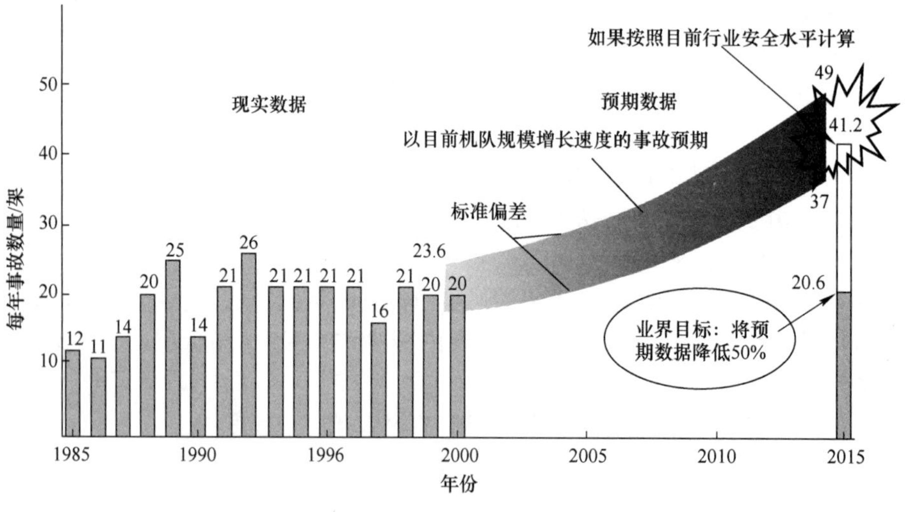

图 3-1　全球民航安全形势预测图

来源：ICAO 航行局 SMS 讲义

❶ 引自《国内外民航 SMS 的建设进展》（王永刚，张秀艳，刘玲莉，陈芳，王亚）。

天可能出现一次大型飞机坠毁”。这当然是不可接受的！此后 ICAO 开始了对事故率“平稳”的根本原因的探究，重新审视传统安全管理的模式和方法。

同期，世界各国的民航企业和民航管理当局也以这样或那样的方式开始了对新形势下民航安全管理模式的探索。

（一）美国

1995 年底，新任 FAA 局长 David Hinson 应美国政府的要求开始着手对 FAA 进行改革。1996 年 1 月提出了 Acquisition Management System（AMS），随后 1996 年 5 月 11 日发生的 VALUEJET 航空公司造成 109 人死亡的坠机事故使 FAA 重新审视传统的安全管理体系。

FAA 发现除了传统的“规章安全”外，还应补充其他管理活动，以实现主动寻找那些应被消除或避免的危险，开始引入“系统安全”的思想，形成了 System Safety Management Program（SSMP）。到 2004 年 12 月，该 SSMP 经历了 10 次修订。2004 年 10 月，FAA 编写了 SMS 手册，并将其纳入 SSMP 中。该手册包括安全风险管理（SRM），并由系统安全办公室（office of system safety）负责管理。从该办公室在 2003 年和 2004 年举办的航空风险分析和安全绩效测量年会的主题“系统安全方法的有效使用”和“构建安全管理体系”可以看出 SMS 作为一个体系在美国的发展历程。而且 FAA 在其 *Flight Plan 2004—2008* 发展战略中也正式提出：设计、开发和实施 SMS。

经过 FAA 学院教授和 FAA 专家共同研究开发，2006 年 6 月 22 日，美国 FAA 出台了咨询通告 AC120-92《航空运营人安全管理体系的介绍》，提出了美国的 SMS 模板，即由四大支柱构成，分别为：政策、风险管理、安全保证和安全促进。该咨询通告不仅包括了 SMS 的标准，而且还包含了相应的解释和指南。但这份文件明确说明，这不是强制性要求。

2008 年 5 月 2 日，美国 FAA 通过颁布 D8022《安全管理体系建设一号文件》确定了 FAA 中负责 SMS 的机构和人员。继此文件颁发 6 个月之后，FAA 于 2008 年 11 月 26 日再次颁布 D8053《安全管理体系建设二号文件》，声明已经在对比 ICAO 的要求进行差异分析和与其他国家就差异进行探讨。随后 FAA 通过 SASO 2008 年 6 月版向全国宣布有关 SMS 的政策正在接受评审，预计 2011 年完成草稿，2012 年完成终稿。最后，在 *Flight Plan 2009—2013* 中明确指出 2010 年在航空运营人、空管、机场单位实施 SMS，2012 年在所有适合的组织实施 SMS。

（二）加拿大

1998 年加拿大运输部在《飞行 2005：加拿大民航安全工作框架》中宣布将在航空组织中实施 SMS。经过大量专家与曼彻斯特大学的 James Reason 教授的潜心研究，并借鉴了澳大利亚民航安全局的经验和资料，开发并形成了加拿大 SMS 方案。从 2000 年开始加拿大运输部着手制定法规方面的建议修正案公告（NPA），并对其民航规章进行了修订。

2001 年编写了指导文件《SMS 介绍》，对 SMS 的概念、特点及建立的必要性等进行了概述。2002 年编写了《飞行运行和航空器维修组织的 SMS》，介绍了航空公司和维修单位的 SMS。2003 年编写了《通用航空营运人的 SMS 实施实践指南》。在 2004 年将 SMS 加入其运输部执行计划之后，在其民航规章中明确要求，大型航空营运人和维修单位都应当建立 SMS，并指出 SMS 的 6 个基本组成元素分别是：（1）安全管理计划；（2）文件；（3）主动和被动安全监督；（4）培训；（5）质量保证；（6）应急预案。此外，加拿大计划于2007年在所有的受控民航组织实施SMS，而为了实现这一目标，加拿大运输部提出了分4阶段实施SMS的计划，即：

第1阶段，初始审定阶段。在公布SMS规章后90天内，要求申请人向加拿大运输部提供符合性文件，进行差异分析，并制定项目计划向主任监察员报告等。

第2阶段，合格证持有人必须向加拿大运输部表明其具有安全管理计划、安全监督中的被动过程要素等。

第3阶段，合格证持有人必须表明其具有安全监督中的主动过程要素等。

第4阶段，合格证持有人必须表明其具有运行质量保证体系、良好的应急准备等。

加拿大运输部对每一阶段SMS建立情况进行评估，为此建立了《SMS：评估指南》，评估人员根据该指南对其进行评估。

加拿大在对ICAO有关SMS的最新要求进行研究之后，结合自身情况，于2008年6月分别针对小型运营人、机场、空管和设计单位出台了相应的SMS指导文件，包括：《小型航空运营人安全管理体系建设指南》（AC107-002-e）、《机场安全管理体系建设指南》（AC300-002）、《空管单位安全管理体系建设指南》（AC800-001）和《设计单位安全管理体系建设指南》（A5009-32-4U），并在文件《新成立单位安全管理体系认证程序》（Z5015-11-2）中对新成立机构的安全管理体系认定程序给出了明确规定。

（三）英国

英国在对传统的安全管理进行研究后发现，SMS应与财务管理系统一样，紧密联系组织中的各项工作，从而构建体系。于是，英国在2005年陆续出版了《商业航空运输的安全管理系统》（CAP712）和《安全管理系统的建立与审核指南》（CAP726）等系列规章和指导材料。

（四）澳大利亚

澳大利亚在吸取自身和先进国家经验的基础之上，为航空公司、机场、空管组织提供了一系列文件和资料，并建议自2000年开始机场建立SMS。

（五）国际民航组织

2001年，ICAO经过研究在附件11里“隐约”地加入了对成员国在所有空中交通服务单位建立SMS的要求，要求“各国应执行系统的、适当的空中交通服务安全管理程序，以确保能保持在空域和机场所提供空中交通服务的安全”。同年3月，ICAO对附件14有关机场合格审定的条款作了重要修改，以建议的形式明确要求从2003年11月27日起，申请合格审定的机场要提交有关SMS的文件；并且要求2005年11月24日以后，机场都要运行一个合适的SMS。并在《机场使用许可证颁发手册》ICAO Doc 9774 AN/969中对SMS的要求做了进一步解释。但是对民航业的运输主体——航空公司却始终未提出SMS的要求，也未对附件11和附件14中SMS的具体内容有详细具体的解释式指导材料出台。

因此，各国“机场界”对SMS的做法可以说是百花齐放、百家争鸣。由于SMS要求里提到的“要求”，其从字面上看大多数与世界各国（包括我国）当时的做法没有什么变化，因此，大多数人认为SMS没什么，新瓶装旧酒，换汤不换药。于是，多数机场重新整理已有的规章、规范、手册，便“建成”了SMS。

直到2006年3月14日，ICAO通过了对附件6《航空器运行》的第30次修订，此次修订通过新增条款“3.2　安全管理”加入了对安全管理要求的规定和可以接受的安全水平的说明材料，明确提出“自 2009 年 1 月 1 日起，作为其安全方案的一部分，各国必须要求经营人执行其所属国接受的安全管理体系”。同时将附件 11 和附件 14 中关于 SMS 的要求也一并统一成了附件 6 中的描述，并提出了明确的实施时间表要求。

2005 年 10 月，ICAO 编写了 Doc 9859 的草案初稿，对 SMS 中可能用到的管理活动、工具做了较为详细的介绍，对 SMS 中要求的内容作了进一步说明。2006 年 3 月，Doc 9859 文件正式出版，出于便于缔约国使用的考虑，对草案版的内容进行了简化，形式进行了调整，采用了便于审计的条款形式。但始终未对 SMS 的组成框架、模式和模板进行清晰、具体、详细的说明，目的是让各国自己根据本国的实际，结合附件中 SMS 的“目标性”“功能性”要求，自己确定 SMS 的模式和组成。于是，世界各国开始了 SMS 的建设。但一开始建设，各国就遇到了许多问题，似乎把 SMS 说明白了的 Doc 9859 更像是一本“理论教科书”“资料汇编”，无法直接使用，对具体实施指导性较弱，因此各国和地区不得不开始探索本国的 SMS 模式。

在各缔约国纷纷开始构建自己的 SMS，但对于 SMS 的框架及构成始终没有一种统一认识的情况下，2007 年 10 月，ICAO 对附件 6 再次进行了修订，修订提案明确指出安全管理体系（SMS）由以下 4 个部分、12 要素构成。

（1）安全政策和目标，包括：

1）管理者承诺与责任；

2）安全职责；

3）对关键安全人员的任命；

4）协调应急预案；

5）SMS 文件记录。

（2）安全风险管理，包括：

1）危险识别；

2）风险评估与缓解。

（3）安全保证，包括：

1）安全绩效监控与测评；

2）变更管理；

3）对 SMS 的持续改进。

（4）安全促进，包括：

1）培训与教育；

2）安全沟通。

相应地，ICAO 对 Doc 9859《安全管理手册》进行了改版，新版《安全管理手册》以 SMS 的 4 个部分为思路介绍了 SMS 的构成，并在此基础上给出了 SMS 实施的阶段性方法，以及国家安全方案（SSP）的框架构成和实施思路。

在新版 Doc 9859 和 ICAO 附件 6 中新增内容的指导下，各缔约国开始对自身实施 SMS 的要求和思路进行调整，以符合 ICAO 的要求。

（六）中国

我国 2002 年体制改革后，在民航运输量快速增长、民航事故率保持不下的双重压力下，从 2004 年也开始探索安全管理的新机制。

2005 年 3 月，加拿大民航局局长到中国民航总局访问，其间介绍了加拿大开展 SMS 的情况和 SMS 的理念，帮助中国民航建立 SMS，由此正式拉开了中国民航开展 SMS 研究的序幕。

2006 年，民航总局将 SMS 建设确立为民航安全“十一五”规划的工作重点之一，设立 6 个专业组，其中航空公司组由民航总局飞行标准司负责，民航总局航空安全办公室负责总体协调。民航行政机关整合各方力量，深入研究国际民航组织有关 SMS 的内涵和要求，向全民航宣传 SMS 的理念。编写 SMS 差异指南材料和指导手册，开展相关培训。选择海航、深航作为 SMS 试点单位。

2007 年 3 月，民航总局颁发了《关于中国民航实施安全管理体系建设的通知》，在全行业进行 SMS 总体框架、系统要素和实施指南等相关知识的培训。并于 10 月正式印发了《中国民航安全管理体系建设总体实施方案》(民航发〔2007〕136 号)，明确了 SMS 的基本要素；提出了 SMS 认可的要求；划分了民航行政机关和民航企事业单位在建立 SMS 过程中的责任，并说明各类民航企事业单位应根据民航行政机关修订的相应规章和咨询通告实施 SMS 建设。

2007 年 11 月，民航总局飞行标准司根据 SMS 的要求提出对《大型飞机公共航空运输承运人运行合格审定规则》(CCAR121) 做相应修订，增加要求航空运营人建立安全管理体系、设立安全总监等条款；编写了相应的咨询通告《关于航空运营人安全管理体系的要求》，并就 CCAR121 修订内容和咨询通告征求各航空公司的意见。

2008 年民航工作会上进一步明确：2008 年是 SMS“全面实施年”，航空公司要重点抓好安全质量管理系统、主动报告机制、飞行数据译码分析系统和风险评估系统的建设。

2008 年 4 月 29 日，正式下发了相应的咨询通告《关于航空运营人安全管理体系的要求》，旨在指导大型飞机公共航空运输承运人和小型航空器商业运输运营人（以下简称“运营人”）建立符合要求的安全管理体系（SMS）。

2008 年，先后出台了《民用机场运行安全管理规定》（民航局令第 191 号，自 2008 年 2 月 1 日起施行）、《机场安全管理体系建设指南》(AC-139/140-CA-2008-1)，对机场建立安全管理体系作出了明确规定和指南。

2008 年起，陆续出台了《关于全面推进民航空管行业 SMS 建设的通知》《中国民航空管系统安全管理办法》《民航空管安全管理体系指导手册》《民航空管风险管理研究报告》《民航空中交通管理系统安全评估办法》以及《空管 SMS 培训手册》等文件，从空管 SMS 的实施策划、实施过程中的技术难题到实施后的评估给出了明确规定。

2009 年，出台了《维修单位的安全管理体系》(AC-145-15)，目的是指导按照 CCAR-145 批准的维修单位建立符合要求的安全管理体系（SMS）。

二、民航安全管理体系（SMS）发展动态

全球民航安全管理体系的建设从“初具雏形”到日渐“羽翼丰满”，在确保民航安全方面发挥着关键作用。当前，安全管理体系（SMS）建设的研究和实践不断更新迭代，信息的互通和共享有利于各方汲取精华，延续并构建具有“特色”适用标签的 SMS。

在系统理论的指导下，SMS 的构建过程得以重塑。应用到民航安全管理领域，打破了单一认知的壁垒，建立了一个以反应性、主动性和预测性为指导的体系循环。SMS 以内在

统一、相互关联和相互促进的整体性问题研究架构为主体，通过制定安全目标和政策、进行安全风险管理、实施安全保证和促进安全等实践措施来推动安全运营。通过分析 SMS 整体与部分以及层次结构的关系，将整个系统作为研究对象，通过四个主要模块实践的循环迭代，不断调整和改进系统的结构和实施过程，使 SMS 逐渐成熟。通过数据分析和持续监督，不断识别、评估和控制航空运输中的风险，提高安全运行的能力和水平。

当今，国内外民航业界积极研究并不断实践先进的体系实施理念和技术革新，为民航业的安全体系研究和应用开拓了新思路。

（一）国际民航组织（ICAO）

ICAO 持续建立国际航行规范和国际民航技术标准，旨在促进全球民航安全和运行的统一、安全和可持续发展。其下属大部分成员国已经全面实施 SMS。2010 年的高级别安全会议（HLSC/2010）提议分两个阶段制定并实施附件 19，即：第一阶段通过整合和重组现有的标准和建议措施（SARPS），制定安全管理的指导手册，并确立 SMS 的标准化实施方案。第二版附件 19 自 2016 年生效，并于 2019 年开始全面实施。第二阶段则要求将 SMS 范围扩展到发动机设计和制造方，并提出了加强对安全数据和安全信息以及其来源保护的要求。此外，在 2018 年发布的第四版 Doc 9859 中提出了依据附件 19 扩大实施 SMS 范围的建议，以确保相关服务提供者按照要求进行安全管理体系的建设。

（二）欧洲航空安全局（EASA）

作为欧洲航空管理的统一机构，欧洲航空安全局（EASA）在制定和执行航空安全方面的规定和标准方面扮演着重要角色。它负责为欧洲航空业制定并推动适用的法规和指导，并监督和监管民航领域的安全工作。欧盟实施条例（EU）No. 2021/1963 于 2021 年生效，对条例（EU）No. 1321/2014 进行了修订，特别关注了维修组织中安全管理体系（SMS）实施内容的修改。修订旨在确保维修组织的 SMS 符合 ICAO 附件 19 以及欧洲标准的要求。

（三）美国

2021 年，美国联邦航空管理局（FAA）发布了修订版《航空安全管理体系要求》（Order VS 8000. 367C），此修订版是基于 2017 年发布的 Order VS 8000. 367B 进行的更新。修订版为航空安全管理部门提供了更为详尽的管理指引，进一步细化了对航空安全领域（AVS）建立安全管理体系（SMS）的要求，并强调了 SMS 与质量管理体系（QMS）之间的互补性。

FAA 于 2021 年颁布的《机场（APR）安全管理体系》（Order 5200. 11A），对机场的安全管理体系（SMS）建设提出了新的指令要求。这次更新的指令包括关于安全保证（SA）流程图和风险矩阵等内容。

为了准确评估 SMS 的成熟度、完善实施准则、衡量绩效和支持 SMS 改进，FAA 在 2022 年发布的《安全管理体系手册》中，强调了基于风险的方式来收集和分析数据的重要性。这种基于风险的方法可以避免仅仅依赖现有合规性标准可能导致的信息遗漏等问题，并解决传统基于法规遵从性分析存在的缺陷，不仅使参与者能够更好地了解安全风险，还促使组织更加注重主动的风险管理和改进，有助于发现潜在问题和瓶颈，并提供评估 SMS 实施成效的指标。

（四）加拿大

自2008年加拿大交通部（TC）发布《安全管理系统发展指南》AC107-001以来，TC一直在为大型复杂行业的安全管理体系提供持续的指导意见。经过多年的积极探索，2019年，TC发布了《民航安全管理体系评估报告》，对民航SMS进行了研究评估并分析了其对航空安全的影响。进一步强调了SMS在风险管理，整合运营和技术系统，以及协调财务和人力资源以确保航空安全方面的重要作用。分析结果表明，相比小型组织，大型组织对SMS能够更有效地应对安全风险，并表现出更高的信任度。报告强调了实施SMS时成熟度的重要性，并指出SMS的有效性取决于系统中应用的复杂性。

（五）英国

2013年，英国民航局（CAA）发布了《针对小型、非复杂组织安全管理体系指南》（CAP1095），强调了组织管理有效性的重要程度，强调安全管理应被视为组织的核心业务。另外，该指南还建议组织实行定制化SMS，即根据组织的规模、性质、复杂性和活动固有的危险和风险来量身定制安全管理系统。这意味着每个组织都需要根据自身情况制定适合的SMS。

2015年，CAA发布了《安全管理体系实施指南》（CAP795）。该指南指导了航空运营商、适航管理机构和维修单位、空中导航服务提供商、机场和培训机构SMS的实施，并强调了安全文化在SMS实施中的重要性。通过建立积极的安全文化，组织能够确保SMS不仅仅是一套流程和程序，而且是成为组织价值观和行为方式的一部分。这将有助于提升人员的安全意识和责任感，从而改善组织的安全绩效。

（六）澳大利亚

澳大利亚民航安全局（CASA）于2020年发布了《安全管理体系评估工具和指南》（CASA-04-1388），针对ICAO的SMS框架展开详细说明，并指导组织机构使用评估工具来评估SMS。该指南详细解释ICAO的SMS框架，并提供了评估SMS的指导，建议组织机构使用评估工具来评估其SMS的有效性。这份指南还提供了SMICG评估工具的示例内容，强调运用PSOE（符合性Present，适宜性Suitable，执行性Operating，有效性Effective）工具以精准评估SMS构成，同时运用PSOE评估SMS实施，并提出改进建议和指导。

2021年，CASA进一步发布了第三版SMS评估工具和指导文件《安全管理系统基础》，其详细介绍了CASA如何使用SMICG评估工具，并鼓励民航组织运用这些评估工具来评估其SMS。

（七）中国

近年来，中国民用航空局（CAAC）持续深化SMS建设。

2018年，发布《民用航空安全管理规定》（CCAR-398），明确要求“民航生产经营单位应当依法建立并运行有效的安全管理体系。相关规定中未明确要求建立安全管理体系的，应当建立等效的安全管理机制”。

2019年，发布了《运输机场安全管理体系（SMS）建设指南》（民航规〔2019〕50号），进一步为运输机场建立和实施安全管理体系（safety management system，SMS）提供规范和指导。

2021年，发布了《民航安全管理体系（SMS）审核管理办法》（民航规〔2021〕12号）和《民航安全管理体系（SMS）审核员培训管理办法》（民航规〔2021〕39号）等文件，明确了对SMS审核工作和审核员管理的具体要求，进一步规范了民航生产经营单位的SMS审核工作。2024年，对上述两个文件进行修订，发布《民航安全管理体系审核管理办法》（民航规〔2024〕39号）和《民航安全管理体系审核员培训管理办法》（民航规〔2024〕4号）。

2024年，修订印发《航空运营人安全管理体系（SMS）建设要求》（民航规〔2024〕15号），旨在指导大型飞机公共航空运输承运人和小型商业运输运营人建立符合要求的安全管理体系。

2024年，发布《民用航空安全管理规定》的征求意见稿，持续推进具有中国特色的民航SMS建设，奋力谱写交通强国建设民航新篇章。

三、民航安全管理体系（SMS）的理论基础

（一）安全管理体系（SMS）最基本的理论

SMS最基本的理论是Reason模型，前提是人是会犯错误的，事故是由多种因素组合产生的。通过风险控制的方法可以阻止事故链的形成，从而避免事故的发生。风险的控制是安全生产的全程控制，包括事前的主动控制、事中的持续监督控制和事后的被动控制。

（二）安全管理体系（SMS）的目的

安全管理体系的目的是向服务提供者提供一种系统性的安全管理做法。它旨在通过以下方面来不断提高安全绩效：查明危险、收集和分析安全数据和安全信息，以及持续评估安全风险。安全管理体系力求在安全风险引发航空事故和征候之前采取主动措施来降低这些风险。它使服务提供者能够有效地管理其活动、安全绩效和资源，同时更深入地了解它们对航空安全的贡献。有效的安全管理体系可向国家证明服务提供者有能力对安全风险进行管理，并为国家一级的有效安全管理提供保障。

四、民航安全管理体系（SMS）的组成框架

ICAO《国际民用航空公约》附件19《安全管理》规定了安全管理体系的实施和维护框架。无论服务提供者的规模和复杂性如何，安全管理体系框架的所有要素都适用。框架的实施应根据组织结构及其活动情况来确定。国际民航组织安全管理体系框架包含以下4个组成部分（组件）和12项要素，如表3-1所示。

表3-1 安全管理体系框架

组成部分	要素
1. 安全政策和目标	1.1 管理层承诺
	1.2 安全问责和责任
	1.3 任命关键安全人员
	1.4 协调制订应急预案
	1.5 安全管理体系文件
2. 安全风险管理	2.1 查明危险
	2.2 安全风险的评估与缓解措施

续表 3-1

组成部分	要素
3. 安全保证	3.1 安全绩效监测与衡量
	3.2 变更管理
	3.3 持续改进安全管理体系
4. 安全宣传	4.1 培训与教育
	4.2 安全信息交流

中国民航在安全管理体系（SMS）的框架上遵循国际民航组织的要求，本书按照《民用航空安全管理规定》（CCAR-398）的框架进行阐述，安全管理体系（SMS）的框架如下：

（1）安全政策和目标，包括：

1）安全管理承诺与责任；

2）安全问责制；

3）任命关键的安全人员；

4）应急预案的协调；

5）安全管理体系文件。

（2）安全风险管理，包括：

1）危险源识别；

2）安全风险评估与缓解措施。

（3）安全保证，包括：

1）安全绩效监测与评估；

2）变更管理；

3）持续改进。

（4）安全促进，包括：

1）培训与教育；

2）安全交流。

需要注意的是：民航局针对航空运营人、运输机场、空管单位、维修单位等分别提出了相应的安全管理体系（SMS）的建设要求，部分要素的描述和子要素归属方面会略有差异。

五、民航安全管理体系（SMS）的运行机理

安全管理体系包括四大支柱和十二个要素。安全政策和目标构成安全管理体系的基本框架和总体要求。安全风险管理通过识别危险源，评价相关的风险，并制定适当的缓解措施。安全保证通过持续监测其遵守国际标准和国家规章的过程，有助于 SMS 按设计运行，并实现预期的安全绩效。安全促进提供了必要的培训和交流。

（一）安全政策和目标

安全政策是民航生产经营单位安全管理理念的具体体现，是安全管理体系设计和有效运转的基础，它的实质是对安全管理体系的总体策划，其体现了安全管理体系的系统性，

即安全管理活动将依照预先确定的计划，并以统一的方式在整个组织持续进行，并且通过改进使体系不断提高。

安全政策明确组织的安全管理理念、对安全的承诺；制定组织的安全目标，并具体规定必要的运行过程、相关资源投入以实现安全目标；明确组织运行安全相关岗位人员的安全责任，包括高层管理人员的安全直接责任和安全管理机构的职责；建立了与安全相关法规和其他要求相符合的方法；提出了制定组织应急救援计划、演练和修订文件化的程序、落实运行安全政策、实现安全目标、制定和修订《安全管理手册》（SMM）等的要求。

安全政策的确定，明确组织安全管理投入的原则和方向，经过对组织有关运行安全风险控制措施所需资源配置的评估，及时调整相关资源的投入，从而确保组织各项运行安全风险控制措施在运行过程中的有效落实。

（二）安全风险管理

风险管理是安全管理体系的核心功能之一，它通过系统的运行过程来实现。有效的风险管理，体现了安全管理的主动性，即强调在发生安全事件并对安全绩效产生不利影响之前，就通过危险源识别和风险控制措施来实施预防的安全管理方法。完整的风险管理包括：系统和工作分析、危险源识别、风险分析、风险评价、风险控制等环节。

风险管理分为两个方面，即对运行需求所实施的风险管理，以及通过监控运行过程对所发现的新危险源和无效控制措施实施的风险管理。

组织要求在产生运行需求时，实施运行前必须对这项运行开展风险管理，识别该项运行中包含的危险源并对其实施风险分析和评估，在此基础上制定风险控制措施，从而为这项运行的实施奠定坚实的安全基础。组织实施闭环的安全管理，其中包含着闭环的风险管理，通过对实际运行状态的监控，及时地发现运行中所包含的新危险源和无效风险控制措施，并及时反馈给各级风险管理机构，对这些新危险源和无效风险控制措施实施及时的闭环风险管理，确保运行中所包含的风险始终处于可接受的状态。

风险管理的结果必须以运行文件的方式予以固化，并向参与运行的人员发布，使他们了解所实施的运行中包含的风险和相应的风险控制措施，严格地按照风险控制措施实施操作，规避风险、确保安全。运行文件同时体现了组织对民航行政机关规章的符合性，也是运行的工作规范，任何运行必须在形成运行文件的基础上才能实施。运行文件必须渗透于运行过程中，全体运行人员都必须严格地按手册操作，做手册领导和手册员工，确保实现规范化、标准化地运行，并使运行质量始终处于标准范围内，保持符合要求的安全运行状态。

风险控制措施可能需要进一步的资源投入，因此在制定相应的风险控制措施时，必须充分考虑和结合现有的及可达到的资源能力。

风险管理的实施必须符合组织的安全政策和目标；风险管理的结果是制定和修订组织安全政策和目标的重要依据。

（三）安全保证

安全保证是组织安全管理体系的核心功能之一。通过建立安全保证功能，可以实现组织对运行安全的闭环管理。运行安全闭环管理的目的是通过及时地提取和分析运行状态的信息，发现组织安全实际绩效和目标绩效之间的偏差，采取及时、有效的措施修正这些偏差，确保组织的运行安全状态始终保持在组织安全目标范围内。组织安全保证功能包括：

信息获取、信息分析、系统评价、安全绩效、预防和纠正措施等环节。

安全保证功能通过信息获取环节，及时、准确地获取组织真实的运行安全状态信息；通过信息分析环节分析组织实际运行安全状态相对于组织运行安全目标的偏差、运行安全状态的趋势、无效的风险控制措施或未被有效执行的风险控制措施、新的危险源等问题；通过系统评价环节确定反馈控制措施，明确所要实施的反馈性风险管理或制定预防和纠正措施；同时评价安全绩效，最终实现安全管理闭环。

民航行政机关在传统的监督管理基础上，通过监督组织的安全管理体系，运用系统安全方法监督、管理组织整体的安全状况。安全保证功能向民航行政机关提供了有效的输出渠道，使得民航行政机关可以从组织的运行过程直接获取运行安全状态信息，对组织规章符合性、安全标准等进行评估；对组织运行系统的执行情况的符合性进行评估，对组织的安全管理体系进行审定和批准。

组织安全管理体系的安全保证功能接收来自民航行政机关的监察、审计结果，并对此进行有效的整改，确保运行结果符合民航行政机关的安全要求；接受来自第三方审计结果，进行有效整改，确保组织运行安全状态符合行业标准要求；接受自我审核审计、管理评审的结果，实施有效整改，确保系统运行的不断改进，从而实现组织安全管理体系的不断提升。

（四）安全促进

安全促进是安全管理体系的基础，其核心功能是建立良好的组织安全文化。在良好的安全文化氛围中，员工自愿地、积极地参与组织安全管理事务，形成由“要我安全”到“我要安全”的转变。安全促进功能包括：安全培训、安全宣传/教育、安全状态信息发布、安全管理沟通等环节。

组织通过安全促进的各个环节实现培育公正、健康、积极的安全文化；提倡严谨、科学、创新的学习文化；构建和谐、平等、公开的沟通文化的目标；不断提高员工的安全意识、法规意识、责任意识，为有效降低人为安全事件的发生奠定基础。

六、民航安全管理体系（SMS）的建设要点

由于航空运营人、运输机场、空管单位、维修单位等安全管理体系（SMS）的建设要求略有差异，本节参照民航局 2024 年 A01 版《安全管理体系（SMS）审核单》的框架进行介绍。

（一）安全政策和目标

1. 管理者承诺

（1）安全政策。民航生产经营单位应制定安全政策管理制度，制度中包含安全政策需征求关键安全人员意见、需征求工会和员工代表的意见，需要主要负责人签署安全政策，安全政策需要在整个单位内被传达、安全政策需要定期评审等内容。

民航生产经营单位应制定符合自身特点的安全政策，安全政策至少应当包括：

1）对安全的承诺，促进积极的安全文化；

2）为实施安全政策提供必要资源的明确声明；

3）安全报告程序；

4）明确指出与航空活动有关的不可接受的行为类型，以及不适用惩戒的情形。

制定安全政策时，应征求关键安全人员、工会和员工代表的意见。

安全政策应当由本单位主要负责人签署发布，在整个单位内传达并得到认同，同时应定期评审，以确保其保持相关性和适用性。

（2）安全目标。民航生产经营单位应在考虑监管方和上级部门要求、本单位安全方针（或愿景）、安全政策、安全风险水平等情况下，制定本单位的安全目标，并将安全目标分解到与安全相关的职能和层级。

制定安全目标时，应征求关键安全人员、工会和员工代表的意见。

安全目标应当构成安全绩效评估与监测的基础，反映本单位的安全承诺以保持或持续改进安全管理体系整体有效性。安全目标应由主要负责人签署发布，在整个单位内进行传达，并定期评审，以确保其保持对于本单位的相关性和适宜性。

（3）安全投入。民航生产经营单位应制定安全投入制度，规定应当具备的安全生产条件所必需的资金、物资、技术、人员的投入，由生产经营单位的决策机构、主要负责人或者个人经营的投资人予以保证。要把用于配备劳动防护用品、进行安全生产教育和培训的经费纳入投入预算中。

民航生产经营单位安全投入设置满足法律、法规、规章和国家标准或者行业标准等规定的安全生产条件。

民航生产经营单位应编制安全投入预算，由本单位决策机构、主要负责人或者个人经营的投资人签发。

2. 安全问责和责任

民航生产经营单位应当依据“党政同责、一岗双责、齐抓共管、失职追责”和“三管三必须”原则，建立健全全员安全生产责任制，明确规定各安全相关机构、岗位的安全责任及相关方的安全责任，并建立安全责任监督检查和考核机制，保证安全责任的落实。

民航生产经营单位应建立健全的安全责任包括但不限于：安全主体责任、党委（党组）主要负责人、单位主要负责人、安全生产分管负责人、分管生产运行或者其他业务负责人、安全管理部门及部门内科室和岗位、生产运行部门及部门内科室和岗位、业务职能和保障部门及部门内科室和岗位、航空安全委员会、工会、从业人员等。安全责任的具体内容要求参见 3. 4 节安全生产责任制。

民航生产经营单位安全主体责任，各机构、各岗位的安全责任应满足法律和民航局相关要求，无缺项。各机构、各岗位之间的安全职责应无重叠、无缺失，描述准确、一致、无歧义。

民航生产经营单位应建立安全责任监督检查和考核机制，明确考核标准，每年对各机构、各岗位的安全责任落实情况进行考核。

3. 任命关键安全人员

（1）安全生产分管负责人。民航生产经营单位应设置有《中华人民共和国安全生产法》所述的“专职安全生产分管负责人”，协助本单位主要负责人履行安全生产管理职责，负责组织建立、实施本单位安全管理体系并保持其有效性，领导安全管理部门和安全管理人员开展日常安全管理工作，组织或参加本单位安全会议，协调和沟通安全问题，负责安全水平的持续监督和定期评估，就安全有关事务提出建议，规划并推动员工安全培训等。同时在手册中明确一条向单位主要负责人进行直接报告的路径。必要时，应当就本单位安全相关事宜与民航行政机关或应急管理部门进行协调沟通。

安全生产分管负责人应具备以下方面的知识和能力：安全管理或者质量管理经历，本单位所提供产品或服务方面的运行经验，具有分析和解决单位安全相关问题的能力和技巧，接受过安全管理相关理论和实践的培训，具有较强的沟通能力和表达能力等。

（2）安全管理部门的设置及安全管理人员配备。民航生产经营单位应按相关要求设置安全管理部门或配备专职的安全管理人员，安全管理部门的岗位设置应与其单位的规模和安全风险等相适应，安全管理部门或专职安全管理人员应保持独立性，不直接参与本单位的运行生产，其职责的履行不会导致利益冲突。

安全管理人员应具备以下方面的知识或能力：安全管理或者质量管理经历，本单位所提供产品或服务方面的运行经验，具有分析和解决单位安全相关问题的能力和技巧，接受过安全管理相关理论和实践的培训，具有较强的沟通能力和表达能力等。

建议民航生产经营单位建立安全管理人员的岗位能力胜任标准，每年对安全管理人员的履职能力、工作意愿等方面进行考核测评。

4. 应急预案的协调

民航生产经营单位应制定本单位的应急管理制度，包括职责、针对本单位或者部门可能发生的事故/征候及其他航空紧急情况制定和保持应急预案、应急预案与其他单位/部门的应急预案良好协调、应急培训、应急演练、应急预案评审及适时修改、记录保存等要求。应急管理制度应与单位或部门的运行业务、运行规模、复杂程度和人员能力相适应，与安全风险管理、隐患排查治理之间应建立顺畅的接口、协调制度，不存在冲突或者不一致。

民航生产经营单位应针对可能出现的航空事故、征候以及其他航空紧急情况制定和保持应急预案。应急预案明确应急响应责任人、监测、信息报告、应急响应、应急处置的具体程序和措施/原则、由授权人员签署等。内外部、各层级应急预案之间应良好协调，不存在重叠、不一致以及缺失。

民航生产经营单位应制订应急培训计划，开展应急培训，提高相关人员应急处置能力，保存培训记录。

民航生产经营单位应制订应急演练计划，开展应急演练，及时总结分析，保存演练记录。

民航生产经营单位应当配备应急处置设备设施以及其他必需物资，并确保其始终处于完好、适用状态。

民航生产经营单位应根据组织机构、运行环境、应急物资储备等变化，以及应急演练、应急处置等情况，评审、按需修改应急预案。

5. 安全相关文件

安全相关文件包括民航生产经营单位的安全管理手册、安全管理记录以及国家和民航行政机关发布的安全管理相关法律、法规、规范性文件等相关安全文件。

（1）安全相关文件。民航生产经营单位应建立安全相关文件管理制度，规定文件的编制、审核、批准、修订、标识、分发、处置等管理要求。

民航生产经营单位应制定并保存 SMS 手册，手册包括系统描述、安全政策和目标、SMS 的要求、SMS 的过程与程序，以及有关 SMS 过程和程序的职责、权力和问责制。SMS

手册可以单独成册，也可以和其他手册合并成册。对安全管理体系边界予以明确的系统描述，至少包括单位的组织机构、业务流程、可能涉及的设施设备、运行环境、规章制度和操作规程以及接口的描述，并在上述内容发生变更时及时修订。

安全相关文件应在发布前对其进行审核、批准。应定期评审安全相关文件，并根据评审情况按需修订安全相关文件。对于作废的安全相关文件应进行标识或者销毁等处置。各类安全相关文件之间应衔接顺畅，不存在重叠或缺失，与单位或部门的运行业务、规模、复杂程度和人员能力相适应。相关人员在需要的场合和时机，可获得安全相关文件的适用版本。

民航生产经营单位应建立安全相关外来文件管理制度，规定外来文件的识别、分发、转化等管理要求。

民航生产经营单位应定期收集、获取安全相关外来文件，按照制度要求分发、转化为本单位或部门文件。

（2）安全相关记录。民航生产经营单位应制定安全相关记录管理制度，包含所需保存记录的类型、记录的标识、记录的贮存、记录的保护、记录的检索、记录的保留、记录的处置等管理要求。

安全相关记录管理制度与报告、法定自查、审核、监督检查、风险分级管控、隐患排查治理、变更管理、安全培训与教育等其他制度之间应建立顺畅的接口、协调制度，不存在冲突或者不一致。与单位或部门的运行业务、规模、复杂程度和人员能力相适应。

民航生产经营单位应按照记录的标识、记录的贮存、记录的保护、记录的检索、记录的保留、记录的处置等要点实施 SMS 的运行记录管理。

SMS 的运行记录至少包括安全报告、安全风险管理、隐患排查治理、安全绩效管理、SMS 审核、安全教育与培训、调查、变更管理、航空安全委员会、监督检查、SMS 管理评审等记录。

（二）安全风险管理

1. 危险源识别

民航生产经营单位应建立健全安全风险管理制度，该制度应当包括对安全风险管理的职责分工、危险源识别、风险分析和风险评价、风险控制过程，以及安全风险管理台账等管理要求，安全风险管理制度应符合民航安全风险分级管控和隐患排查治理双重预防工作机制的要求。

民航生产经营单位应制定并保持识别与其航空产品或服务有关危险源的制度（可包含在安全风险管理或者安全风险管理制度中），制度中应包括危险源的启动时机、职责、危险源识别的方法、危险源识别的要求、记录保存等。危险源识别制度明确综合使用被动和主动的方法。危险源识别的启动时机包含收到报告、法定自查、审核、事件调查、监督检查等发现新的危险源。危险源识别制度与安全风险评价、报告、法定自查、审核、事件调查、监督检查等其他制度之间应建立顺畅的接口、协调制度，不存在冲突或者不一致。危险源识别制度明确涉及跨部门或跨科室的风险分级管控启动时机、组织方法、过程步骤、记录要求等。与单位或部门的运行业务、运行规模、复杂程度和人员能力相适应。

民航生产经营单位应按照制度要求，综合使用被动和主动的方法，识别危险源并描述危险源可能导致的后果。

民航生产经营单位对重大危险源应专门登记建档，进行定期检测、评估、监控，并制定应急预案，告知从业人员和相关人员在紧急情况下应采取的应急措施。按国家有关规定将本单位重大危险源及有关管控措施、应急措施报所在的地方人民政府应急管理部门和所在地监管局备案，并抄报所在地地区管理局。

2. 安全风险评价和控制

民航生产经营单位应制定安全风险分析、风险评价和控制制度（可包含在安全风险管理或者安全风险管理制度中），明确相关要求，以数据统计或者其他科学方法为基础设定风险可接受准则。

民航生产经营单位应明确安全风险分级标准，包括可能性、严重性和风险等级的标准，以及不同风险等级的管理层级及措施要求。风险分级评价中被列为“不可接受”的风险，或者被列为“缓解后可接受”但相关控制措施多次出现失效的风险被定义为重大风险，明确“多次”的标准；体现了对于重大危险源和重大风险，由主要负责人组织相关部门制定风险控制措施及应急预案；对于其他缓解后可接受风险，由安全管理部门负责组织相关部门制定风险控制措施。

对于涉及安全相关承包、承租单位的安全风险，应建立畅通的风险告知渠道以及风险协同管控制度。

民航生产经营单位针对已识别的危险源，按照制度要求进行风险分析、评价与控制。风险控制措施制定过程中考虑合规性要求，做到分析剩余风险的可能性、严重性和风险值，对可能存在的剩余风险进行风险评价，确保剩余风险可接受。安全风险控制措施体现为新增或者修改制度或程序、软硬件系统、培训大纲等，并落实到单位的规章制度中。

民航生产经营单位应当通过培训教育、安全会议和活动等方式，共享危险源及控制措施等信息，告知从业人员和相关人员在紧急情况下应采取的应急措施。

民航生产经营单位应当落实安全风险控制措施，跟踪验证措施的落实情况和效果，并通过安全保证持续监测安全风险管理的有效性。

民航生产经营单位应建立安全风险管控台账，对已识别危险源进行统计分析、查找、与历史不安全事件的关联（触发记录）、历史修订记录、入库日期、修订日期、修订次数、控制措施的跟踪复查记录等动态管理。应当定期对危险源清单（安全风险分级管控台账）信息进行数据分析，以发现共性或趋势性问题。

（三）安全保证

1. 安全绩效监测与衡量

（1）安全检查。民航生产经营单位应制定本单位或者部门的安全检查的制度，包括启动时机、职责、检查要求、发现问题的闭环管理、记录保存等要求。安全检查制度与调查、安全风险管理、安全隐患排查治理、安全绩效管理等其他制度之间应建立顺畅的接口、协调制度，不存在冲突或者不一致，与单位或部门的运行业务、运行规模、复杂程度和人员能力相适应。

民航生产经营单位的安全检查工作可与隐患排查治理、法定自查等融合开展，结果互认。

民航生产经营单位安全检查内容或检查单应能涵盖本单位的主要运行过程、重大安全风险、重大安全隐患、重复性违章违规安全隐患、风险控制措施失效的安全隐患等要点。

民航生产经营单位应制定检查计划，检查计划内容应包括检查对象、检查内容、实施人、检查时间等。

民航生产经营单位应按照制度开展安全检查，详细记录每个检查项目的符合或者不符合的情况，而不是描述“符合”或者“不符合”的结果。

民航生产经营单位应配备专职或兼职的安全检查人员，其能力、精力投入能够满足安全检查工作要求。

安全检查发现的问题应体现在安全隐患清单或者危险源清单中，制定的隐患治理措施和安全风险控制措施体现为新增或者修改制度或程序、软硬件系统、培训大纲等，对措施的落实情况和效果进行跟踪验证和闭环管理。

民航生产经营单位的安全检查结果能够客观地反映本单位的实际安全状况。

民航生产经营单位应当定期对安全检查发现问题开展数据分析，以发现并解决共性和趋势性问题。

民航生产经营单位应当记录并保存安全检查相关工作，包括检查计划、检查单、发现问题及纠正预防措施等。

（2）自愿报告。民航生产经营单位应制定本单位的自愿报告制度，明确自愿报告的管理职责、员工自愿报告的职责、报告途径、管理流程，以及自愿报告奖惩、减免责制度等要求，制度中应明确自愿报告信息中个人识别信息保护的程序及方法，明确通过自愿报告途径反馈的可以免于或减免处罚的行为类别或清单。

自愿报告制度与调查、安全风险管理、安全隐患排查治理、安全绩效管理等其他制度之间应建立顺畅的接口，不存在冲突或者不一致。

民航生产经营单位的自愿报告途径应多样、便捷，便于员工进行自愿报告。

针对自愿报告发现的问题应体现在安全隐患清单或者危险源清单中，制定的隐患治理措施和安全风险控制措施体现为新增或者修改制度或程序、软硬件系统、培训大纲等，对措施的落实情况和效果进行跟踪验证和闭环管理。

民航生产经营单位对自愿报告实施了奖惩或减免处罚措施。

民航生产经营单位应按照规定记录并保存自愿报告相关信息，包括但不限于自愿报告信息、反馈信息、措施记录、整改措施落实记录、闭环管理记录、奖惩记录、减免处罚记录等。

民航生产经营单位应定期对收集的自愿报告信息按照类别开展统计分析，发现共性问题和趋势性问题。

（3）内部审核（评估）。SMS 审核分为专项审核和综合性审核，前者指对被审核单位的部分部门、部分业务链条或 SMS 部分模块进行的审核，后者指对被审核单位各管理层、安全管理部门、主要生产运行部门和业务职能部门的全要素审核。

民航生产经营单位应制定单位的 SMS 内部审核制度，明确 SMS 内部审核的职责、频次、内容、实施流程、发现问题的闭环管理、审核记录等要求。SMS 内部审核制度应与调查、安全风险管理、安全隐患排查治理、安全绩效管理等其他制度之间建立了顺畅的接口、协调制度，不存在冲突或者不一致，应与单位的运行业务、运行规模、复杂程度和人员能力相适应。

民航生产经营单位应建立本单位的 SMS 内部审核检查单，内部审核检查单应内容全面，涵盖运行和安全管理方面的审核内容，以确定相关法规的符合性，政策和程序的符合性，安全风险控制措施的有效性，纠正措施的有效性，SMS 的有效性，安全相关承包、承租单位的管理工作开展情况等。

民航生产经营单位应按照本单位所规定的 SMS 内部审核职责分工、内容、实施流程实施内部审核。安全管理部门应当至少每年组织开展一次覆盖安全管理部门、各生产运行部门和各业务职能部门的 SMS 内部审核。

实施 SMS 内部审核前应制定内审计划和检查单，重点考虑安全关键环节、以往审核结果和曾经实施的风险控制措施等。SMS 内部审核的检查单应具有可追溯性，体现为检查单的记录具体描述每一个检查项目的符合或者不符合的情况，而不是描述“符合”或者“不符合”的结果。

内部审核发现的问题应体现在安全隐患清单或者危险源清单中，制定的隐患治理措施和安全风险控制措施体现为新增或者修改制度或程序、软硬件系统、培训大纲等，对措施的落实情况和效果进行跟踪验证和闭环管理。

民航生产经营单位应明确或配备专职或兼职的内部审核人员。SMS 内部审核人员的能力、精力投入应满足 SMS 内部审核工作要求。

民航生产经营单位应按照规定记录并保存 SMS 内部审核相关记录，包括但不限于内审计划、检查记录、问题清单、措施记录、整改措施落实记录、闭环管理记录等。

（4）事件调查。事件调查的目的是查明不安全事件的原因，提出安全建议，防止类似事件再次发生。

民航生产经营单位应制定本单位事件调查制度，明确相关职责分工、事件等级标准、实施流程、发现问题的闭环管理等要求。事件调查制度应与安全检查、报告、安全风险管理、安全隐患排查治理等其他制度之间建立顺畅的接口、协调制度，不存在冲突或者不一致，与单位的运行业务、运行规模、复杂程度和人员能力相适应。

民航生产经营单位应按照所有规定的启动时机启动事件调查，按照职责分工，对不安全事件实施调查，形成调查报告及结论。调查可通过多种形式和手段开展，包括但不限于现场勘察、人员访谈、数据分析/仿真、事件推演、实验验证、小组讨论等。

调查结论应包括明确的原因、调查结论和建议，事件原因分析及调查结果应切实发现深层次安全问题，包括人员、技术、设备、管理、运行环境等。

民航生产经营单位应明确或配备本单位专职或兼职的事件调查人员，且事件调查人员满足民航行政机关规定的资质要求，单位的事件调查人员的能力、精力投入应满足事件调查工作要求。实施调查时，应实事求是、客观公正地实施调查工作，保证调查质量，未经授权不得对外泄露事件调查情况。事件调查应当保持独立性、公正性，与事件有直接利害关系的人员不得参加调查工作。

民航生产经营单位应配备事件调查设备、工具，符合民航行政机关要求，并满足实际工作需要。

事件调查的问题应体现在安全隐患清单或者危险源清单中，制定的隐患治理措施和安全风险控制措施体现为新增或者修改制度或程序、软硬件系统、培训大纲等，对措施的落实情况和效果进行跟踪验证和闭环管理。

民航生产经营单位应当向内部相关部门和人员及时发布事件调查、分析结果，总结经验教训，防止类似事件重复发生。

民航生产经营单位应当定期统计分析通过事件调查发现的问题，发现并解决多发、共性和趋势性问题。

民航生产经营单位应当记录并保存事件调查相关工作，包括航空器相关信息、运行相关信息、相关人员的资质信息和问询记录、相关证据资料、问题整改措施落实及跟踪验证记录等。

涉及民用航空器事故和征候调查，相关单位及个人应当按照《民用航空器事件技术调查规定》（CCAR-395）积极协助和配合调查。

（5）安全信息综合分析及管理。安全信息综合分析范围包含内部信息和外部信息。内部安全信息主要包括但不限于安全检查、事件调查、SMS 审核、安全报告、运行信息等日常运行过程和安全管理活动产生的各类信息。外部安全信息包括但不限于：ICAO 有关运行安全的文件、手册和程序；国家有关安全的法律、法规及各类通知、通报；民航行政机关发布的有关运行安全的规章、规范性文件、标准及事件调查报告、安全研究报告、安全预警、安全通告、民航行政机关监察信息等；所在地省、市政府有关安全生产的法规、规章及通知、通报；其他国际、国内组织、机构或媒体有关运行安全的理论、经验教训和研究动态等。

民航生产经营单位应制定本单位的安全信息综合分析及管理制度，明确安全信息分析的职责、信息来源、分析方法、分析频次、发现问题的闭环管理等要求。安全信息综合分析及管理制度应与安全风险管理、安全隐患排查治理等其他制度之间建立顺畅的接口、协调制度，不存在冲突或者不一致，与单位或部门的运行业务、运行规模、复杂程度和人员能力相适应。

民航生产经营单位应按照制定的分析频次开展安全信息综合分析，形成安全信息综合分析及管理报告。安全信息综合分析应采用系统、科学的分类法，包括但不限于：事件类型分类、原因类型分类、事件等级分类、责任归属分类等。综合分析应评价或识别：本单位及各部门的安全运行情况；各项安全管理工作的开展情况；安全风险控制措施是否落实，是否达到预期目标；新危险源或隐患；必要的系统变更和 SMS 需要改进的方面等。

安全信息综合分析发现的问题，应进行闭环管理。

安全信息综合分析发现的共性、趋势性安全问题应客观反映本单位的实际安全状况。

民航生产经营单位应配备规定数量的专职或兼职的安全信息综合分析及管理人员，其能力、精力投入应与安全信息工作要求相匹配。

民航生产经营单位应当记录并保存安全信息综合分析和系统评价相关工作，包括收集的信息、统计分析发现的问题、采取的管理措施等。

（6）安全绩效管理。安全绩效监测通过安全绩效指标体系的建立和持续监测，评估航空运营人的运行风险、安全目标实现情况、SMS 有效性以及风险控制措施的有效性。安全绩效监测信息的来源包括安全报告、事件调查、数据分析、安全信息综合分析和系统评价，以及 SMS 审核、安全检查、法定自查等，同时还包括安全研究、人员访谈/问卷调查等方式。

民航生产经营单位应制定本单位的安全绩效管理制度，明确安全绩效管理的职责、指标建立、指标监控、预警处理、闭环管理等要求。安全绩效管理制度应与安全检查、报告、内部审核、风险分级管控、安全隐患排查治理等之间建立顺畅的接口、协调机制，不存在冲突或者不一致，与单位或部门的运行业务、运行规模、复杂程度和人员能力相适应。

民航生产经营单位应按照本单位安全绩效指标建立、指标监控、预警处理、闭环管理、指标更新完善等要点开展安全绩效管理。

民航生产经营单位应设立本单位或本部门安全绩效指标、指标的目标值、预警值、行动计划等要点。

安全绩效指标应涵盖本单位安全管理关键事项、安全运行关键环节、安全薄弱环节等。安全绩效指标应类别全面，包括高后果指标、低后果指标安全管理类指标和安全基础类指标。

安全绩效指标体系应与本单位的安全目标相关联，能够支撑本单位安全目标的实现。

民航生产经营单位应可采用的安全绩效指标设定方法包含但不限于：正向分析法、反向分析法、SMS 要素法、系统要素法、统计分析法等。

民航生产经营单位应当明确安全绩效指标的目标值和预警规则。安全绩效指标的目标值应以历史数据为依据，并充分考虑运行量、运行环境、安全保障能力及可预期的变化。各安全绩效指标的预警规则选择、预警值设置应科学、合理，与目标值设置相一致。

民航生产经营单位应当确定每个安全绩效指标的监测信息来源和监测频次要求，并持续对安全绩效目标的实现情况、安全绩效指标的趋势进行监测。

针对安全绩效指标预警的问题，应通过 SMS 按照安全风险管理和隐患排查治理的原则进行闭环管理。安全绩效触发警告的问题应体现在安全隐患清单或者危险源清单中，制定的隐患治理措施和安全风险控制措施应体现为新增或者修改制度或程序、软硬件系统、培训大纲等。

民航生产经营单位应定期对安全绩效指标体系开展评审、修订，不断优化安全绩效指标体系。

民航生产经营单位应配备专职或兼职的安全绩效管理人员，其能力、精力投入应满足安全绩效管理工作要求。

民航生产经营单位安全绩效指标监测结果，应切实预警安全问题，符合本单位的实际安全状况，能够准确反映单位的安全状况。

民航生产经营单位应当记录并保存安全绩效评估和监测的相关工作，包括安全绩效指标体系、安全绩效监测、针对预警采取的管理措施等。

（7）安全隐患排查治理。民航生产经营单位应制定本单位的安全隐患排查治理的制度（可包含在双重预防机制的制度中），包括职责分工、安全隐患排查、重大安全隐患治理、一般安全隐患治理和安全隐患排查治理台账等要求。安全隐患排查治理制度已经纳入 SMS 的管理体系要求之中，且符合民航安全风险分级管控和隐患排查治理双重预防工作机制管理规定的要求。安全隐患排查治理制度应明确以下要点：

1）明确立整立改或制定等效措施等方法确保可能导致风险失控的安全隐患“动态清零”。

2）规定安全检查、报告、法定自查、SMS 审核、调查以及配合行政检查等安全隐患排查方式。

3）规定对于排查出来的风险控制措施失效或弱化产生的一般安全隐患，治理过程中回溯到“风险控制”环节对风险控制措施进行审查和调整。

4）规定对于涉及组织机构、政策程序调整等需要较长时间的风险控制措施，采取临时性安全措施将安全风险控制在可接受范围，且上述类型的风险控制措施制定后，重新回到“系统描述”，按需开展变更管理，并分析和评价剩余风险可接受后方可转入系统运行环节。

5）规定对于重大安全隐患及时停止使用相关设施、设备，局部或者全部停产停业，并立即报告所在地监管局，抄报所在地地区管理局。重大安全隐患回溯到“系统描述”环节进行梳理，按照“安全风险分级管控”要求启动安全风险管理，制定治理方案。

6）明确“重复性违规违章行为”中的“重复性”的判定方法或标准。

7）明确主要负责人组织制定并实施重大安全隐患治理方案，落实责任、措施、资金、时限和应急预案，消除重大安全隐患。

8）明确已经完成整改闭环的安全隐患可标记关闭，不再统计在本单位安全隐患总数内，但安全管理的数据库以及判定重复性、顽固性安全隐患的对比资料，应当长期保存，不得随意篡改或删除。

安全隐患排查治理制度应与安全检查、审核、事件调查、法定自查、风险管理等其他制度之间建立顺畅的接口、协调制度，不存在冲突或者不一致，与单位或部门的运行业务、运行规模、复杂程度和人员能力相适应。

民航生产经营单位安全隐患排查治理应按照相应的安全隐患排查治理制度的要点或程序实施。

安全隐患排查治理内容能够涵盖主要运行过程、运行过程主要的安全隐患以及需要验证的风险管控措施。发现的安全隐患应描述准确，符合民航安全风险分级管控和隐患排查治理双重预防工作机制管理规定对其界定的内涵。

将符合《民航重大安全隐患判定标准（试行）》（局发明电〔2023〕912 号）的重大安全隐患均界定为本单位重大安全隐患，并纳入本单位安全隐患清单。重大安全隐患按要求建立专门的信息档案，包括重大安全隐患的治理方案、复查验收报告以及报送情况等各种记录和文件。

建立安全隐患排查治理台账，长期保留安全隐患信息，以做重复性、顽固性隐患对比分析。

安全隐患排查治理按规定通过职工大会或者职工代表大会、信息公告栏等方式向从业人员通报。

2. 变更管理

变更管理是系统、主动地识别由于自身的扩张、精简和现有系统、设备、程序、产品和服务的变化以及新设备或程序的引入等所带来的危险源，并对危险源进行安全风险评价和控制的过程，以保证将变更带来的安全风险控制在可接受水平。

民航生产经营单位应制定并保持变更管理制度，该制度包括启动时机、职责、界定变更的目的、时间安排、变更内容、界定受影响的组织机构/设施设备/过程、识别与变更有关的危险源、启动风险分级管控、制定行动计划、签署变更、跟踪验证和记录保存等要求。变更管理制度可以确定可能影响与其航空产品或服务有关的安全风险程度的变化情况，并识别和管理这些变化可能产生的安全风险，明确对每一类变更全面负责、签署变更计划的负责人。

变更管理的启动时机至少包括引进新技术或设备、运行环境的变化、关键人员的变动、人员配置水平的显著变化、安全监管要求的变化、组织机构的重大改组、物理变化（如新的设施或基地、机场布局变化等）等。

变更管理制度应与安全风险管理、安全隐患排查治理等其他制度之间建立顺畅的接口、协调制度，不存在冲突或者不一致，与单位或部门的运行业务、运行规模、复杂程度和人员能力相适应。

民航生产经营单位应按制度中规定启动时机识别变更，在变更启动前，识别与变更有关的危险源，启动风险分级管控，由负责变更的负责人签署变更计划。在变更启动后，实施后续保证计划。针对变更应进行相应的新增或者修订、完善制度、设备设施更新等，确保因变更制定的风险控制措施等均修订进入现有的制度或者程序。

民航生产经营单位应当记录并保存变更管理相关工作，包括变更的内容、危险源识别和控制等。

3. 持续改进 SMS

民航生产经营单位应当保持或持续改进 SMS 的整体有效性。通过对 SMS 进行全面评价，实施必要的改进措施。针对安全绩效管理、安全检查、事件调查、SMS 审核（含内审和外审）、安全信息综合分析和系统评价、隐患排查治理、变更管理等工作中发现的 SMS 存在的问题或不足，民航生产经营单位应当按照各项工作的具体要求，实施必要的 SMS 改进措施。

此外，民航生产经营单位应当定期开展 SMS 管理评审，以确保其持续的适宜性、充分性和有效性，并实现安全目标。

民航生产经营单位应制定本单位的 SMS 管理评审制度，明确 SMS 管理评审的职责、频次、输入、输出、SMS 管理评审流程及方法、闭环管理等要求。制度应明确：

（1）SMS 管理评审前全面收集安全信息，包括：安全生产责任制监督考核情况、应急管理情况、法定自查和规章制度管理情况、安全检查/报告/审核/事件调查/安全相关承包、承租单位管理/安全信息综合分析情况、安全目标和安全绩效管理信息、安全风险管理情况、安全隐患排查治理情况、安全教育与培训情况、安全投入需求等。

（2）SMS 管理评审的结论包括：运行安全问题、SMS 实施总体情况、SMS 实施取得的成绩、SMS 实施中存在的问题和不足、SMS 改进措施等。措施应关注以下方面：调整安全政策和目标；调整安全岗位、责任设置；调整安全管理程序及过程；调整安全管理的资源投入等。

民航生产经营单位应严格按照 SMS 管理评审制度，每年至少开展一次 SMS 管理评审，应当由主要负责人主持，安全相关部门的领导参加。针对 SMS 管理评审发现的问题，应体现在安全隐患清单或者危险源清单中，制定的隐患治理措施和安全风险控制措施体现为新增或者修改制度或程序、软硬件系统、培训大纲等，对措施的落实情况和效果进行跟踪验证和闭环管理。

SMS 管理评审的输出应纳入本单位年度安全工作任务中。

民航生产经营单位应当记录并保存 SMS 管理评审相关工作，包括评审的计划、评审材料、评审会议纪要、评审报告、采取的措施等。

（四）安全促进

1. 安全生产教育与培训

培训和教育保证各级人员具备必要的安全生产知识，熟悉有关的安全生产规章制度和安全操作规程，掌握本岗位的安全操作技能，了解突发事件应急处理措施，以及自身在安全生产方面的权利和义务。

民航生产经营单位应制定本单位或部门的安全生产教育和培训制度，明确定期开展培训需求分析、职责分工、对象、内容、教员管理、培训质量管理等内容。安全生产教育和培训制度应与安全风险管理和安全隐患排查治理之间建立顺畅的接口、协调制度，不存在冲突或者不一致，与单位或部门的运行业务、运行规模、复杂程度和人员能力相适应。

民航生产经营单位应定期开展安全生产教育和培训需求分析，内容包括明确每个安全相关岗位所需的知识和胜任能力，以及分析当前每个安全相关岗位能力与所需知识和能力之间的差异。

民航生产经营单位应制定本单位针对公司负责人、部门负责人、安全相关管理人员、一线员工等所有安全相关岗位的安全生产教育和培训初始、复训大纲。大纲内容应满足法律、法规以及民航相关文件要求。

民航生产经营单位应制定年度安全生产教育和培训计划，实施开展各项安全生产教育和培训。

民航生产经营单位应开展安全生产教育和培训教员管理和安全生产教育和培训质量管理。

民航生产经营单位应建立培训档案，保留培训课件、培训考核、培训签到等台账。

民航生产经营单位应建立全员的安全生产教育和培训档案。

2. 安全沟通

（1）安全沟通。民航生产经营单位应制定本单位的安全沟通制度，明确安全沟通的职责、内容、频次、方式、途径、对象等内容。需要沟通的安全相关信息包括：本单位及行业的安全政策、安全目标、安全风险、运行信息、事件信息、安全统计分析信息、安全案例、安全经验教训、安全提示、安全管理信息、运行程序变化、安全相关变更等。

安全沟通制度应与安全风险管理、安全隐患排查治理等其他制度之间建立顺畅的接口、协调制度，不存在冲突或者不一致，与单位或部门的运行业务、运行规模、复杂程度和人员能力相适应。

民航生产经营单位应建立便捷、可行的安全沟通方式或途径，方便相关安全人员获取安全信息，包括但不限于：会议、培训、新闻通信、通知、公告、邮件、微信等。日常通过多种渠道或媒介开展安全信息沟通、交流，各级员工能够便捷、及时地了解、获取相关安全信息。

民航生产经营单位应明确或配备本单位专职或兼职的安全沟通人员，其能力、精力投入满足安全沟通工作要求。

安全沟通相关记录应具有可追溯性，包括但不限于各类安全信息、发布渠道、安全沟通监督检查记录等。

（2）安全作风。民航生产经营单位应制定本单位的安全作风管理相关制度，与单位的运行业务、运行规模、复杂程度和人员能力相适应。

民航生产经营单位应建立安全从业人员典型工作作风问题清单，清单内容至少涵盖民航行政机关相关规范性文件的要求。

民航生产经营单位应严格按照安全作风制度开展安全作风建设。

通过安全作风建设，在单位内部形成遵章守纪的安全文化。

七、民航安全管理体系（SMS）的审定和外部审核要求

（一）安全管理体系（SMS）审定

SMS 审定是民航生产经营单位在申请运行许可阶段接受民航行政机关运行合格审定时有关 SMS 的许可事项。民航局各业务司局负责按照如下规章和规范性文件对民航生产经营单位 SMS 实施审定管理和持续监督，并接受民航局安委会指导和监督：《大型飞机公共航空运输承运人运行合格审定规则》（CCAR-121）、《运输机场运行安全管理规定》（CCAR-140）、《民用航空空中交通管理运行单位安全管理规则》（CCAR-83）和《民用航空器驾驶员学校合格审定规则》（CCAR-141）及其相关规范性文件。

（二）安全管理体系（SMS）外部审核

1. 一般要求

SMS 审核是对特定民航生产经营单位 SMS 运行过程中开展的侧重成熟度和效能的评估，旨在促进 SMS 的持续应用、持续完善和效能提升。基于覆盖范围不同，SMS 审核分为专项审核和综合性审核，前者指对被审核单位的部分部门、部分业务链条或 SMS 部分模块进行的审核，后者指对被审核单位各管理层、安全管理部门、主要生产运行部门和业务职能部门的全要素审核。基于承办机构和审核人员不同，SMS 审核分为内部审核和外部审核，前者由特定民航生产经营单位自行组织实施，后者由局方组织实施或特定民航生产经营单位委托具备条件的第三方机构实施。

SMS 的综合性审核范围应至少覆盖各管理层、安全管理部门、主要运行部门和业务领域，审核内容应包含 SMS 所有要素，包括但不限于《SMS 审核检查单》中的内容。特定民航生产经营单位可将《SMS 审核检查单》中涉及法律、法规、规章和规范性文件要求的内容录入法定自查事项清单，特定民航生产经营单位对《SMS 审核检查单》中已录入法定自查事项清单的内容开展的 SMS 内审结果和法定自查结果可在同一年内互相代替。

民航局负责行业 SMS 审核工作的监督和管理，包括：

（1）制定 SMS 审核员培训大纲，建立行业 SMS 审核员库并向行业公布；

（2）按照工作部署，组织实施或授权地区管理局组织实施 SMS 外审；

（3）指导 SMS 审核工作的实施；

（4）组织对行业 SMS 审核质量实施监督。

各地区管理局对辖区 SMS 审核开展情况进行监督。

民航行政机关根据行业安全形势以及安全工作需要，视情对特定民航生产经营单位组织实施 SMS 外审。

2. 与法定自查评价的关系

特定民航生产经营单位当年计划组织实施 SMS 外审的，该单位“法定自查工作评价”可作为 SMS 外审的一部分，与 SMS 外审同步进行、分头开展，由符合条件的第三方机构

实施。

对于 SMS 审核或法定自查发现的安全隐患或者危险源，应按照《民航安全风险分级管控和隐患排查治理双重预防工作机制管理规定》的要求进行治理或者控制。

3. 外部审核频次

SMS 的全面外审的推荐频次不低于每 5 年 1 次。《运输机场安全管理体系（SMS）建设指南》（民航规〔2019〕50 号）要求：外部审核每五年至少开展一次，由民航行政机关或具备条件的第三方机构承办实施。《航空运营人安全管理体系（SMS）建设要求》（民航规〔2024〕15 号）要求：SMS 外审推荐频次不低于每 5 年 1 次，由民航行政机关或具备条件的第三方机构承办实施；《民航空管安全管理体系（SMS）审核管理办法》（AP-83-TM-2017-01）要求：SMS 持续审核程序分为自评价、地区管理局评价和现场审核三个阶段。管理局评价计划应当确保 5 年内覆盖全部空管运行单位，对年度 SMS 评审报告或日常表现反映出风险管控能力不足的单位应当增加审核频次。

4. 第三方审核机构和审核员要求

SMS 审核组织单位可委托第三方机构承办 SMS 外审，承办机构应满足覆盖特定民航生产经营单位相关部门综合性审核的基本人数要求（至少具备 7 名 SMS 外审审核员，其中至少含 3 名资深 SMS 外审审核员）。

担任 SMS 外审审核员应至少满足以下条件：

（1）按民航局发布的 SMS 审核员培训大纲要求参加初始培训并考核合格。2 年内未作为主要审核员参加 SMS 外审审核的，再参与实施 SMS 外审前应重获此项培训经历并考核合格。

注：主要审核员指审核组成员中排前五名或担任审核组内某个专业小组组长的人员（如果分组，审核组最多分为五个小组）。

（2）具有一定的组织、协调、沟通和管理能力。

（3）在航空安全管理、飞行运行、适航维修、运行控制、机场管理、空中交通管理、航空运输管理或航空器设计、制造等专业领域具有 3 年以上工作经历，具备较高专业素质；相关工作经历 6 年以上，获得 SMS 外审审核员资格后作为主要审核员，3 年内参加过外审工作 3 次（含）以上的人员，可申请成为资深 SMS 外审审核员。

（4）民航局认为必要的其他条件。

SMS 审核员及其他参与人员应实事求是、客观公正、廉洁自律，具有保密意识，对审核过程中涉及的被审核单位敏感信息或被审核单位要求保密的信息，严禁泄露或传播。

SMS 审核组织单位和受委托的第三方机构应负责本单位 SMS 审核员管理，确保资质符合要求。一旦发现审核员存在徇私舞弊、弄虚作假、有失公正、违反审核纪律等不良行为，应终止其 SMS 审核工作，并将相关信息及时上报民航局。

民航局可对 SMS 审核报告进行抽查，根据抽查情况监督管理 SMS 审核机构、SMS 审核员和审核情况。

5. 工作程序

（1）审核准备。SMS 审核组织单位或受委托的第三方机构应首先确定被审核单位或部门的规模、审核范围、专业特点等，有针对性地选择 SMS 外审审核员组建审核组、设置专业审核小组，并任命审核组长和专业小组组长。

SMS 外审审核组应至少包含五名 SMS 外审审核员，其中审核组长应由资深 SMS 外审审核员担任，审核组中承办机构内部审核员占比应不低于 60%。

局方组织的 SMS 外审，审核组组长也可由民航局、地区管理局根据监管工作需要指定。

专业审核小组的设置应考虑审核员的相关专业知识和技能等业务背景。

SMS 审核组应制定审核方案，至少包括以下内容：

1）审核目的，包括持续监督 SMS 有效性，在规章符合性的基础上评估 SMS 成熟度，以促进 SMS 的持续改进和效能提升，并为局方安全监管提供决策参考等。

2）被审核单位应明确被审核的部门或业务模块，审核内容应明确审核的 SMS 模块或要素。

3）审核计划，包括提交 SMS 相关资料和文件审核的时间，现场审核期间的工作计划，以及与被审核单位确认审核报告初稿、完成审核报告终稿的时间。

4）审核方法，明确审核过程中将采用的审核方法，如查阅手册程序、台账记录、相关管理工具或系统，下发调查问卷、开展访谈，并明确访谈、问卷的人员要求和场地要求等。

5）明确资料提交的时间、方式等，需事先提交的 SMS 相关资料应至少包括：单位总体介绍，包括规模、运行量、员工数量、组织架构等；SMS 总体情况，包括成效和存在的问题，安全管理机构设置、职责分配和人员配备情况，单位安全管理相关手册、规章制度，部门工作手册中安全管理相关内容，单位和运行部门危险源清单和安全隐患清单，单位和运行部门安全绩效指标，单位和运行部门安全培训大纲、培训档案；近 2 年安委会会议纪要、不安全事件信息及调查报告、年度工作报告、年度安全工作报告；近 2 年接受局方行政检查相关文件、资料；与本次 SMS 审核相关的其他资料。

6）审核组联系人，以及审核过程中的其他必要事宜。

在确定审核方案后，SMS 审核组织单位应以书面形式通知被审核单位或部门。被审核单位或部门接到 SMS 审核方案后，应指定联络员与审核组对接，做好各项准备工作。

SMS 审核组织单位或受委托的第三方机构应按照《SMS 审核检查单》开展审核。同时，在充分考虑被审核单位业务内容、运行规模等特点的基础上可增加专项审核。

（2）文件审核。被审核单位或部门应按照 SMS 审核方案的要求，向 SMS 审核组提交现行有效的相关资料。

SMS 审核组应在现场审核前依据审核检查单完成文件审核，重点关注：是否建立 SMS 相关的制度、程序；制度、程序是否符合 SMS 建设要求且要素齐全、科学合理；制度、程序是否与被审核单位或部门的规模、复杂性相一致；各层级的制度、程序是否相互关联且一致。

（3）现场审核。SMS 审核组应制定详细的现场工作计划，明确现场审核期间的工作、时间安排，包括审核时间、审核内容、审核地点、联络员等内容，保证审核按时、有序完成。

SMS 审核组应召开准备会，就以下事项进行沟通：现场审核计划，被审核单位或部门提交的审核资料、近 2 年的重要信息和数据、文审发现、典型案例、其他必要信息等。

SMS 审核组和被审核单位或部门应召开 SMS 审核启动会，明确审核方案、现场审核计划、审核组成员及分工、各部门对接人及其他相关事项。

SMS 审核组在文件审核的基础上，按照 SMS 审核检查单，SMS 外审审核员对被审核单位或部门 SMS 各项工作的实施、质量、效果情况进行审核并详细记录，必要时留存重要证据性材料。

SMS 审核组应每日召开沟通会，总结当日审核情况，研究解决审核中出现的问题，推动审核工作顺利开展。

现场审核结束后，SMS 审核组应与被审核单位或部门召开审核情况通报会。

现场审核中如果发现被审核单位存在重大安全隐患，被审核单位和承办审核的机构应立即按照《民航安全风险分级管控和隐患排查治理双重预防工作机制管理规定》的流程主动上报。

（4）审核报告编写。SMS 审核组应在现场审核结束后 20 个工作日内汇总审核结果、完成报告初稿，并发送被审核单位进行确认，同时报 SMS 审核组织单位；被审核单位应在收到报告初稿后 10 个工作日内进行反馈；SMS 审核组在收到反馈后 5 个工作日内，将报告终稿提交 SMS 审核组织单位，并书面说明初稿与终稿的主要修改内容。

SMS 审核报告应包含以下内容：

1）审核工作概况，包括：审核开展情况、审核组成员、审核方式及内容等；

2）SMS 建设实施总体情况，从安全政策和目标、安全风险管理、安全保证、安全促进四个模块，以及文件符合性（P）、适用性（S）、执行性（O）、有效性（E）四个方面分别进行概述；

3）SMS 建设实施具体情况，从单位和部门两个层面，依据审核检查结果详细论述 SMS 各要素建设、实施和效果情况，注明相关的证据性材料，并提出改进建议；

4）符合条件的第三方机构实施的法定自查工作评价情况（如有）。

SMS 审核组在编制审核报告时应遵循以下原则：

1）审核报告中的陈述应以客观事实为基础；

2）审核结论应客观、公正，对审核结果和建议的阐述应简明扼要。

（5）审核整改。被审核单位应在收到审核报告终稿后 10 个工作日内，总结自身 SMS 建设的经验和不足，制定整改计划。整改计划应包括问题、具体措施、实施期限、责任部门等内容。

1）对于民航局、地区管理局组织的 SMS 外审，由被审核单位所在地地区管理局或者授权监管局负责后续整改计划的跟踪，并由管理局填写《SMS 审核发现问题整改情况备案表》将整改情况报民航局。

2）对于特定民航生产经营单位或其他单位组织的 SMS 内审或外审，由被审核单位负责后续整改计划的跟踪，并填写《SMS 审核发现问题整改情况备案表》将整改情况报所在地监管局，抄报所在地管理局。

（6）审核记录管理。SMS 审核组织单位负责相关资料的保存，包括审核通知、审核方案、审核检查单、审核报告（至少包括初稿、终稿及终稿主要修改内容的书面说明）、整改计划及整改情况备案表等。

SMS 审核相关资料的电子版档案应采取防篡改处理并长期保存；纸质版档案应至少留存 2 年。

(7) 审核质量监督管理。SMS 审核组织单位应在审核报告终稿完成后 15 个工作日内，向“民航安全管理体系（SMS）审核管理系统”提交审核相关信息和材料，包括：审核通知、审核方案、审核报告（至少包括初稿、终稿及终稿主要修改内容的书面说明）、整改计划及整改情况备案表（至少每 3 个月更新一次，直至整改完成）等。

民航局指导行业提升 SMS 审核质量，并组织对行业 SMS 审核质量实施监督管理，相关审核数据作为差异化精准监管的参考。

各地区管理局、监管局对辖区 SMS 审核开展情况进行监督。

八、民航安全管理体系建设实施存在的问题与对策分析

（一）存在问题分析

任何一种管理工具都不是放之四海而皆准的，安全管理体系（SMS）作为一种管理工具也是如此，由于文化理念、管理模式、企业规模不同，安全管理体系（SMS）在不同类型、不同规模企业中发挥的效能也不同，虽然安全管理体系（SMS）建设对中国民航的安全发展起到非常重要的作用，但在实际运行中，还存在顶层设计不完善、与生产运行结合不充分等问题，总结为以下九个方面：

(1) 安全责任体系不健全。各单位能够根据国家法律法规以及民航规章和相关要求建立健全各级安全生产责任制，但是在安全职责的全面性方面还存在不足，与《安全生产法》《关于落实民航安全责任的管理办法》等法律法规中的要求相比，有部分内容缺失。根据《安全生产法》第二十二条的要求，生产经营单位应当建立相应的机制，加强对全员安全生产责任制落实情况的监督考核，保证全员安全生产责任制的落实。但目前各单位的考核工作，主要是基于安全目标完成情况的考核，针对安全责任落实的考核工作，尚未完全开展。

(2) 安全文件体系不完善。各单位能够以《运行总手册》/《机场使用手册》和《安全管理手册》为依托，建立并实施安全管理体系。各运行部门将安全管理相关要素和内容纳入部门管理手册中，落实各项安全管理工作要求。但在单位《安全管理手册》《部门手册》的编写中，还存在“适宜性、充分性、有效性”不足的问题，具体表现为：手册内容与国家法律法规、民航现行规章和规范性文件不符；同一本手册中内容前后冲突；不同手册之间内容冲突；手册内容过于宏观，可操作性不足；缺少对外来文件，尤其是各类法律法规、规章、标准规范的管理；各项安全工作记录管理不规范、可追溯性差等问题。

(3) 安全目标与绩效指标体系不健全。各单位能够根据民航局和上级单位要求，制定年度安全目标，并层层签订安全目标责任书，直至岗位。但在安全目标的制定和分解、安全绩效指标的制定、安全目标与安全绩效指标的衔接、安全绩效指标的监测和预警等方面还存在不足。具体表现为：安全目标的层次性不足，高后果型指标多、低后果/行为型指标少，指标之间的因果关系不明确；安全目标/安全指标的选择不合理，与本单位的核心风险不匹配，安全目标/安全指标的完成情况不能反映企业的安全管理效能；安全目标/安全指标值设置不合理，“0”和“100%”的绝对值较多，无法体现持续改进的安全管理理念；安全目标的逐级分解不充分，下一级指标的完成不能保证上一级指标的完成；安全绩效指标监测手段不充分，无法获取真实的绩效指标值；安全绩效指标预警后未及时调整安全行动计划等。总体上说，大部分单位在安全绩效管理方面都比较薄弱，安全绩效监测还

难以起到预测和管控风险的作用。

（4）风险管理效能不充分。各单位能够建立风险管理程序，开展定期、动态的风险管理工作，建立风险数据库，对识别到的危险源进行持续监控，但在时效性上还存在一定不足，具体表现在：辨识危险源时，由于相关人员对危险源辨识和风险分析评价的相关知识掌握不牢，对本系统/专业的工作流程不熟悉，影响了危险源辨识和风险分析评价的质量，对部分关键危险源未辨识到位；制定的风险控制措施缺乏针对性，不能有效缓解风险；在制定风险控制措施后，对风险控制措施落实情况以及风险控制措施有效性的跟踪验证不充分，存在“提供的佐证材料无法证明措施已经落实、措施落实即被认可为有效”的情况；风险管理与安全保证未有效衔接，风险管理程序中明确了启动条件，比如行业发生不安全事件后、公司内部的重要变更等，但实际上在出现相关情形时，并未启动风险管理工作；验证有效的风险控制措施的未进行固化，没有将风险管理的结果用于指导运行，出现风险数据库和实际运行“两层皮”的现象。

（5）监督审核闭环管理需要进一步加强。各单位均建立了较为完善的监督审核机制，开展各类监督、审核、调查工作，发现运行过程中存在的各类问题。但是在审核中也发现，对监督审核发现问题的闭环管理还存在一定不足，具体表现在：针对问题的系统原因分析不够深入，制定的措施不能从根源上解决问题，部分问题重复发生，未建立系统原因分析模型，大部分人员不了解如何开展系统性原因分析；整改措施的有效性需要进一步提升，部分措施还使用“加强”“提升”等宽泛的描述，无法落实；问题统一输出的机制不健全，对自愿报告、监督检查、事件调查等过程发现的问题，通常各自建立清单，没有做统一的汇总，在后续的统计分析中，无法从总体上反映单位的安全趋势；对双重预防机制的理解不到位，未将发现的全部问题纳入隐患库。

（6）安全信息收集与应用不充分。随着 SMS 工作的进一步深入开展，各单位收集到的各类运行安全信息数量正在迅速增长，这是 SMS 能够得以持续、有效运转的基础。但是在开展“信息获取和分析”的工作环节中，还是存在着不少问题，比如：由于缺少相应机制，很多单位自愿报告收集的信息数量较少。另外，由于分析能力、工作经验的限制，现有的安全信息分析工作，更多地关注在不安全事件信息、隐患信息的统计上，很多有价值的运行安全信息没能得到深入的分析，隐藏在信息表象背后的诸多系统性原因没能真正地分析出来，许多问题还仅仅停留在就事论事的阶段，这也就影响了后期的系统评价以及采取及时、有效的安全措施。民航广泛运用的数据分析方法是建立在“因果关系”基础之上的，强调的是从结果中查找原因，吸取教训，加以改善。目前，对于安全数据的分析受到人员能力、传统思维和科技支撑等多因素的限制，成为安全管理中较为突出的短板。

（7）安全培训体系不完善。各单位均建立了安全教育培训制度，开展安全教育培训。但总体来说，对民航行政机关有强制要求的资质类培训，能够很好地实施，但在公司内部培训上，还存在很大不足，具体表现为：安全教员队伍不健全，缺少安全培训教员的准入、培养、考核机制；安全培训大纲需要进一步完善和细化，由于民航行政机关政策调整，民航行政机关安全培训大纲内容进行了修订，但各单位普遍未按民航行政机关最新文件进行调整；培训方式需要进一步规范，目前很多单位的安全培训，采用下发学习资料自学的形式较多，培训效果无法保证，需要对培训内容进一步梳理，区分培训方式；安全培训效能不足，通过审核过程中的交流发现，部分人员尤其是运行部门的专兼职安全管理人员，还存在对安全管理体系相关知识掌握不充分的情况。

（8）关键安全人员的管理机制不健全。人是运行的根本，专业人员的技能水平决定着运行的质量。在安全管理体系的建设和运行中，各项工作都需要专业的人员开展，至少应包括以下人员：风险管理人员、事件调查员、安全监察/审核员、安全教员，根据企业规模，可以对一名安全管理人员进行多项工作的授权。但从目前各单位的实际情况看，对这几类人员的准入、培训、培养机制均存在不足，没有建立准入标准、也未进行授权。除参加必要的民航行政机关的资质类培训外，未针对公司内部相关工作流程进行专项培训，特别是在运行部门从事相关工作的人员，参加培训的机会很少。

（9）应急管理体系建设不完善。各单位均明确了应急管理工作的组织架构，建立了应急预案体系，但在应急管理工作的系统性上还存在一定不足，具体表现为：应急管理部门和其他各业务部门之间的职责存在交叉或不清晰，特别是在空防安全、公共卫生、网络安全等各类应急工作中，职责不够明晰；应急预案体系不健全，应急预案的可操作性不足；在各运行部门，部门级预案与公司级的预案衔接性不足，且基本未独立成册，在发生突发事件时，查找和使用不便；在应急预案编制时，未进行风险分析评估工作；应急演练频次不足，与应急预案中的要求不符；应急演练和应急处置的台账管理不规范；在应急演练和实际应急处置后未及时启动应急预案的修订。

（二）提高安全管理体系（SMS）效能的对策

安全管理工作从来不是一蹴而就的，在安全管理体系建设实施中，应不断提高安全信息驱动的风险控制能力，不断提高安全生产保障能力，建立符合运行实际的安全管理信息网络，持续培育良好的安全文化，基于以上理念，建议各民航单位从以下几个方面着手。

一是健全安全责任体系：贯彻落实《安全生产法》以及民航局《关于落实民航安全责任的管理办法》，完善各层级、各岗位全员安全生产责任制，厘清责任边界，形成《安全责任清单》《安全履职清单》《岗位风险清单》；将各级安全责任的落实情况纳入安全生产考核，建立层层落实的责任考核机制，强化“四个责任”的落实；深化基层安全责任分解落实，实现安全责任渗透到系统的各个要素、组织的各个单元、管控的各个环节，责任落实确保横向到边、纵向到底。

二是完善安全文件体系：按照国家法律法规以及民航相关规章和规范性文件，持续完善公司《安全管理手册》，确保制度体系持续符合行业最新要求和运行实际；建立以《运行总手册》/《机场使用手册》为引领，《安全管理体系手册》《航空安保方案》《应急救援手册等》专项手册为支撑，《部门手册》为抓手，《岗位手册》为根基的安全体系架构，夯实安全运行基础。逐步推进手册结构化，建立风险控制措施与手册条款之间的关联关系，确保验证有效的风险控制措施及时固化到手册程序中。

三是完善安全风险管理体系：用系统方法管理安全的理念，完善风险管理机制，培育相关人员的风险管理意识，使之具有开展风险管理工作的能力，提升运行单位分析信息、研判状态、管控风险的主动性，增强运行单位自我诊断、自我改善、自我提高的能力。结合行业案例分析、借鉴行业经验、立足本单位实际，确定核心风险，分析导致风险事件的多重前置因素，研究各因素之间的相关度，构建风险预警模型。基于核心风险，完善安全绩效指标体系，合理选择目标值和预警值，扩展安全绩效指标监测方式，更加全面、准确、动态地掌握安全态势。

四是提升安全监督能力：培养素质过硬的安全监察队伍，明确监察人员的资格、准入、培训等要求。系统落实安全生产的主体责任、监管责任和岗位责任，逐层防范风险，逐级消除安全隐患，使安全链条始终处于良性运行状态，确保板块安全运行持续平稳、安全可控。

五是强化闭环管理：加强各类管控措施落实的跟踪验证工作，保证制定的管控措施得到切实落实，跟踪管控措施的有效性，确保措施能够有效解决各类问题；关注风险管理和安全保证两大组件的闭环，一方面通过安全监察等方式，验证风险控制措施是否有效落实，另一方面，通过持续的信息收集与分析，发现新的危险源、改进现有的风险控制措施。

六是完善安全教育培训体系：完善安全教育培训大纲，明确各级人员的安全教育培训要求，包括培训内容、方式、课时、考核要求、复训要求等。同时，丰富安全教育培训的手段和方式，搭建资源共享、运用灵活的平台，建立一支安全教育培训内部师资队伍，提高安全教育培训质量。加大对安全教育培训质量的把控，注重对培训效果的跟踪。强化专业人员能力建设，科学规划专业人员梯队建设，确保专业队伍数量与发展规模和速度相匹配。

七是推进安全文化建设：完善现有的安全政策，建立安全免责（自愿信息报告）评估机制，重点体现实事求是、公平公正公开的原则，以安全政策为导向，积极倡导资源信息报告，打造积极的企业安全文化，通过建立员工安全档案、长效安全评优制度以及相配套的奖励机制，营造积极的安全文化，以先进的文化引导广大员工的行为。开展形式多样的安全活动，通过建立"安全论坛""安全沟通"等机制，拓展渠道、广开言路，让员工积极参与到安全文化的建设中来，通过"观念、制度"的灌输以及"行为、环境"的影响，在潜移默化中强化安全意识，形成积极向上的安全文化氛围。

八是深化安全管理信息平台建设：安全管理信息平台是单位安全管理体系的信息化，所以在开展信息平台建设前，应开展基础研究，理清各项业务的职责与流程，理清各业务流程之间的输入输出关系，形成标准化的业务流程、标准化的字段以及标准化的分类方式等；充分利用大数据技术，研究更精准、更实时的风险预警方式；利用开源模型，建设交互的手册管理系统。

第二节　民航生产经营单位安全生产规章制度建设

安全生产规章制度是生产经营单位贯彻国家有关安全生产法律法规、国家和行业标准，贯彻国家安全生产方针、政策的行动指南，是生产经营单位有效防范生产、经营过程安全风险，保障从业人员安全健康、财产安全、公共安全，加强安全生产管理的重要措施。

安全生产规章制度是指生产经营单位依据国家有关法律法规、国家和行业标准，结合生产经营的安全生产实际，以生产经营单位名义颁发的有关安全生产的规范性文件，一般包括规程、标准、规定、措施、办法、制度、指导意见等。

一、安全生产规章制度体系构建的必要性和原则

民航属于重要复杂的安全行业，遵守并符合安全生产及民航有关的法律、法规等要

求，同时，结合法律法规的要求和自身生产运行实际，建立健全本单位安全生产规章制度和操作规程，开展本单位法定自查工作，是民航单位的主体责任之一。

（一）建立健全安全生产规章制度的必要性

（1）是民航生产经营单位的法定责任。民航生产经营单位是安全生产的责任主体，《安全生产法》第四条规定：生产经营单位必须遵守本法和其他有关安全生产的法律、法规，加强安全生产管理，建立健全全员安全生产责任制和安全生产规章制度，加大对安全生产资金、物资、技术、人员的投入保障力度，改善安全生产条件，加强安全生产标准化、信息化建设，构建安全风险分级管控和隐患排查治理双重预防机制，健全风险防范化解机制，提高安全生产水平，确保安全生产。

《中华人民共和国劳动法》第五十二条规定：用人单位必须建立、健全劳动安全卫生制度，严格执行国家劳动安全卫生规程和标准，对劳动者进行劳动安全卫生教育，防止劳动过程中的事故，减少职业危害。《中华人民共和国突发事件应对法》第二十二条规定：所有单位应当建立健全安全管理制度，定期检查本单位各项安全防范措施的落实情况，及时消除事故隐患；掌握并及时处理本单位存在的可能引发社会安全事件的问题，防止矛盾激化和事态扩大；对本单位可能发生的突发事件和采取安全防范措施的情况，应当按照规定及时向所在地人民政府或者人民政府有关部门报告。

（2）是民航生产经营单位落实主体责任的具体体现。根据《国务院关于进一步加强企业安全生产工作的通知》的工作要求："……坚持'安全第一、预防为主、综合治理'的方针，全面加强企业安全管理，健全规章制度，完善安全标准，提高企业技术水平，夯实安全生产基础；坚持依法依规生产经营，切实加强安全监管，强化企业安全生产主体责任落实和责任追究，促进我国安全生产形势实现根本好转。"生产经营单位的主体责任包括：物质保障责任、资金投入责任、机构设置和人员配备责任、安全生产规章制度制定责任、教育培训责任、安全管理责任、事故报告责任、应急救援责任等。因此，建立健全安全生产规章制度是生产经营单位落实主体责任的具体体现。

（3）是民航生产经营单位安全生产的重要保障。安全风险来自生产经营活动过程之中，只要生产、经营活动在进行，安全风险就客观存在。客观上需要民航生产经营单位对运行过程、设备设施、人员操作进行系统分析、评价，制定出一系列的操作程序和安全控制措施，以保障民航生产经营单位生产、经营合法、有序、安全地运行，将安全风险降到最低。在长期的生产经营活动过程中积累的大量风险辨识、评价、控制技术，以及不安全事件的积累，是探索和驾驭安全生产客观规律的重要基础，只有形成民航生产经营单位的规章制度才能够得到不断积累，有效继承和发扬。

（4）是民航生产经营单位保护从业人员安全与健康的重要手段。国家有关保护从业人员安全与健康的法律法规、行业规章标准等在一个民航生产经营单位的具体实施，只有通过单位的安全生产规章制度体现出来，才能使从业人员明确自己的权利和义务。同时，也为从业人员遵章守纪提供标准和依据。建立健全安全生产规章制度可以防止民航生产经营单位管理的随意性，有效地保障从业人员的合法权益。

（二）安全生产规章制度建设的原则

（1）"安全第一、预防为主、综合治理"的原则。"安全第一、预防为主、综合治理"是我国的安全生产方针，是我国经济社会发展现阶段安全生产客观规律的具体要求。安全第一，就是要求必须把安全生产放在各项工作的首位，正确处理好“安全与发展、安全与效益、安全与正常、安全与服务”之间的关系。预防为主，就是要求民航生产经营单位建立安全生产规章制度，通过危险源识别、风险等级评价、管控措施制定，有效管控安全风险。通过安全生产规章制度的实施，践行“安全隐患零容忍”，规范人员行为、消除物的不安全状态，实现安全生产的目标。综合治理，就是要在管理上综合采取组织措施、技术措施，落实民航生产经营单位的主体责任、主要负责人的领导责任、员工的岗位责任，各负其责，齐抓共管。

（2）主要负责人负责的原则。我国安全生产法律法规对生产经营单位安全生产规章制度建设有明确的规定。《安全生产法》第二十一条明确规定：建立健全并落实本单位全员安全生产责任制，加强安全生产标准化建设；组织制定并实施本单位安全生产规章制度和操作规程等，是生产经营单位主要负责人的职责。安全生产规章制度的建设和实施，涉及生产经营单位的各个环节和全体人员，只有主要负责人负责，才能有效调动和使用生产经营单位的所有资源，才能协调好各方面的关系，规章制度的落实才能够得到保证。

（3）系统性原则。民航属于多用户的复杂系统，安全风险存在于生产运行之中。安全生产规章制度的建设，应按照安全系统工程的原理，涵盖生产运行的全过程、全员、全方位。

（4）规范化标准化原则。民航生产经营单位安全生产规章制度的建设应实现规范化和标准化管理，以确保安全生产规章制度建设的严密、完整、有序。按照系统性原则的要求，建立完整的安全生产规章制度体系。建立安全生产规章制度起草、审核、发布、教育培训、执行、反馈、持续改进的组织管理程序；每一个安全生产规章制度编制，都要做到目的明确、流程清晰、标准准确，具有可操作性。

二、安全生产规章制度建设的依据

安全生产规章制度以安全生产法律法规、民航规章和规范性文件、国家和行业标准、地方政府的法规和标准为依据。民航生产经营单位安全生产规章制度是一系列法律法规在生产经营单位生产、经营过程中具体贯彻落实的体现。

安全生产规章制度建设的核心就是风险管理。通过对危险源的辨识与控制，才能提高规章制度建设的目的性和针对性，保障安全生产。同时，民航生产经营单位要积极借鉴相关事件教训，及时修订和完善规章制度，防范类似事故的重复发生。

随着安全系统工程理论研究的不断深化，安全管理的方法和手段也日益丰富，如民航安全管理体系（SMS）、安全生产标准化、职业安全健康管理体系、合规管理体系等的建立，也为民航生产经营单位安全生产规章制度的建设提供了重要依据。

有效的安全生产规章制度如图 3-2 所示。

三、安全生产规章制度体系建设

（一）安全生产规章制度的范畴

目前我国还没有明确的安全生产规章制度分类标准。从广义上讲，安全生产规章制度应包括安全管理和安全技术两个方面的内容。在长期的安全生产实践过程中，生产经营单位按照自身的习惯和传统，形成了各具特色的安全生产规章制度体系。按照安全系统工程

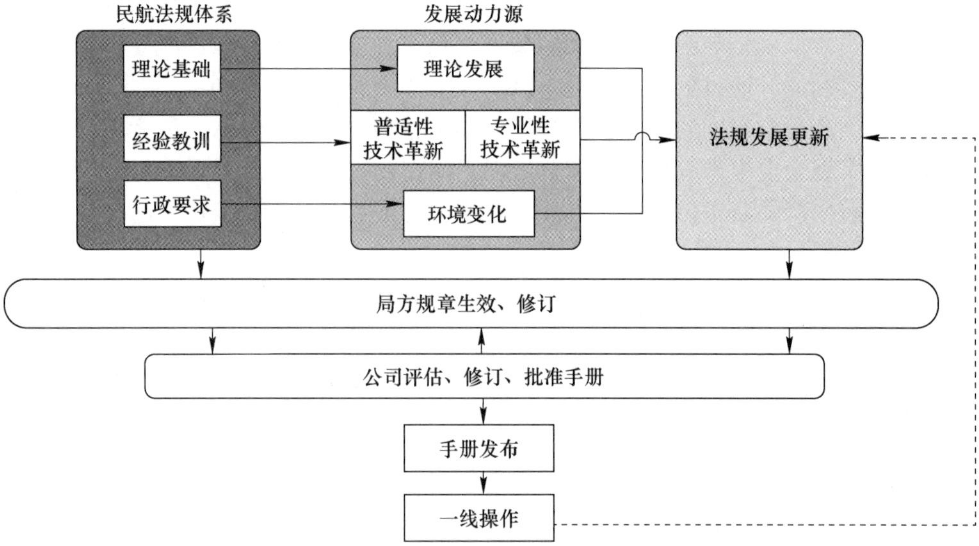

图 3-2 安全生产规章制度发展更新与安全生产实践的关系

和人机工程原理建立的安全生产规章制度体系，一般把安全生产规章制度分为 4 类，即综合管理、人员管理、设备设施管理、环境管理；按照标准化工作体系建立的安全生产规章制度体系，一般把安全生产规章制度分为技术标准、工作标准和管理标准，通常称为“三大标准体系”；按照职业安全健康管理体系建立的安全生产规章制度，一般包括手册、程序文件、作业指导书。

在民航领域，以大型公共航空运输企业为例，广义的安全生产规章制度应包括以《运行手册》为总领的安全文件体系，《运行手册》由合格证持有人制定，并经运行合格证及其运行规范颁发单位审定的，用于规定或指导合格证/许可证持有人日常安全运行所必需的相关资料。对于运输机场而言，广义的安全生产规章制度则是包括以《机场使用手册》为总领的安全文件体系。所以，对于民航行业来说，安全生产规章制度体系也即是运行标准体系。

所有安全生产规章制度均应当满足相关法律法规、民航规章、规范性文件的要求，安全生产规章制度可独立制定，也可纳入各类手册中。

（二）安全生产规章制度体系建设方式

目前除大型公共航空运输企业根据规章要求，设立“由飞行、维修、签派和客舱安全等专业人员组成，负责协调各业务部门有关运行的事项，办理运行合格审定的有关事宜，负责手册的分发、更改和报批工作，保持其有效性外”的运行管理机构外，其他类型的民航生产经营单位没有明确的设置运行标准管理部门的要求，实际也极少有单位设置专门的运行标准管理部门。安全生产规章制度体系的建设还需要进一步推进，建议的建设方式包括以下几个方面。

1. 总体框架——做好顶层设计

结合单位规模、运行特点、现有管理模式、业务分类、手册标准情况制定分类原则。例如：根据公司生产运行特点，分为 M 类：运行安全、飞行安全、空防安全、应急管理、信息安全等；根据公司管理层级，分为N级：集团级、公司级、部门级、岗位级等。对于安全法律法规和公司手册进行分类管理，分级权限设置。

2. 设置机构——明确管理职责

设置专门的手册管理机构，配备专业的手册管理人员，负责手册的全面管理工作，建立手册管理制度、明确手册管理职责、规范手册结构、对手册进行合规审核、监督和考核手册执行等职责，推动民航生产经营单位建立完善的安全生产规章制度体系。

3. 梯度推行——实施层层递进

结合安全生产规章制度系统上线进度和手册拆解进度，逐步实现各阶段性功能，完成安全生产规章制度体系的持续升级。例如：(1) 第一阶段：线上查阅、业务审核、领导审批。实现法律法规、制度手册的电子版查阅，线上的修订审核批注等初步功能。(2) 第二阶段：模块拆解、任务分派、手册编写。实现安全生产规章制度和公司手册的模块化拆解，将安全生产规章要求对应到具体的手册章节。实现线上任务指派，在系统中完成手册的结构化编写。(3) 第三阶段：统筹汇总、统计汇总、一键合成。在系统中实现安全生产规章和手册的编辑汇总，数据汇总查询，在系统中可以生成各安全生产规章要求对应的手册章节。(4) 第四阶段：民航行政机关对标、业务融合、条款锁定。实现对安全生产规章的条款锁定，在公司制度和手册体系中建立规章符合性清单。在规章更新后，可以快速索引到适用的手册条款并评估修订。将安全生产规章制度体系进行切片化管理和条款对标也是进一步适应国际标准化发展的需要。

4. 操作便利——便于一线使用

单位的安全生产规章制度系统应方便生产一线人员使用，才会具有强大的生命力。系统的建立是为了让工作更加便利，流程更加完整，通过系统实现人工无法实现的数据统计、数据调用、接口关联等功能。安全生产规章制度系统需要与一线的实际工作紧密结合，实现在工作中使用系统，使用系统完成工作，减轻一线的工作负担，有效防控一线的安全风险。

5. 成果转化——展现方式多样

随着科技的进步发展，规章制度的管理和普及方式也多种多样。安全生产规章制度在计算机端、PAD端、手机端都可以开发使用系统，满足员工在不同场景的工作需求，通过线上系统，实现从安全生产规章制度到生产一线的落地。

6. 优秀案例：南航运行标准体系建设框架

南航的手册管理体系框架为“一个平台、两级手册、三大分类、四级管理、五项任务”。

(1) 一个平台。手册管理平台是公司集中管理和发布各类手册的信息系统，与办公OA系统对接，具有手册上报、会签、审核、签发、发布、查询、阅读、下载、报表统计、反馈意见等功能。所有手册均须经过合规审核后发布于手册管理平台，将手册管理平台打造成公司的“内部法规”库。

手册管理平台移动端应用软件为“南航手册”APP，便于公司领导与员工随时随地查阅手册，是手册员工落地的重要技术支撑。

(2) 两级手册。公司级手册为第1级手册，是按照规定程序制定并发布，规范公司各项经营管理行为、对公司具有全局性影响和长期约束力的公司总体运营规章文件。公司级手册分为总册和分册，总册是公司在该业务上唯一的纲领性的政策文件，经股东会/董事会/总经理办公会审批签发，严格统一内容和格式要求；分册是对总册中涉及各业务板块具体执行要求的规范性文件，经公司分管领导（必要时报总经理办公会）审批签发，内容、形式要求不限。

部门级手册文件为第 2 级手册，是各公司、业务运营各单位、总部职能各部门为贯彻公司总体运营规章文件制定的规范部门日常经营运行管理行为，并按程序报经所在单位总经理办公会批准后方可实施的规范性手册文件的总称。

公司级手册将外部的法律法规内化到企业内部的各项经营业务，对公司具有全局性约束；部门级手册是公司级手册的内化与细化，是实现手册员工管理目标的关键。

（3）三大分类。手册按照类型分为公司治理类手册、运行管理类手册、基础管理类手册。

（4）四级管理：

1）手册批准机构及签发人：按照法律规定并根据公司授权，手册根据层级及性质不同由不同级别管理人员或决策机构批准签发。

2）手册责任单位和控制单位：责任单位负责手册的制定、修改和执行监督等全流程日常管理；控制单位负责组织协调各手册责任单位进行手册编制、修订、宣贯等工作。

3）手册主管部门：负责手册的全面管理工作，建立手册管理制度、明确手册管理职责、控制手册信息平台、对手册进行合规审核、监督和考核手册执行。

4）手册管理员：负责本单位手册工作职责的落实和组织协调工作，对手册进行形式和内容上的审核把关，负责手册文件在手册管理平台的上传、流转、发布等工作。

（5）五项任务：

1）手册生命周期管理：手册酝酿计划、手册制定、手册发布、手册复核、手册修订和废止；

2）手册文化宣贯与培训：常态化宣贯、集中宣贯、专项活动；

3）手册管理与执行考评：开展手册考评、考评结果运用；

4）手册质量管理：手册质量管理机制建立、手册专家组组建、手册质量管理工作保障；

5）手册管理数字化提升：手册管理平台建设、手册结构化、手册数字化转型。

（三）安全生产规章制度体系的内容

安全生产规章制度体系的内容与单位类型紧密相关，不同类型的单位建设要求差异较大，而且都数量庞大。以国内某大型航空公司为例，该公司的公司级手册共 38 套，1600 余份文件；部门级手册 73 套，3 万余份文件。本节仅列举顶层手册的具体内容要求。

1. 大型公共航空运输企业

大型公共航空运输企业的安全生产规章制度体系以《运行手册》为总领，内容应包括以下几个部分。

（1）概述：

1）与飞行运行有关人员工作内容和责任的说明，包括：机组成员和飞行签派员在飞行起始、持续、改航和终止阶段的职能；

2）飞行签派和运行控制，包括：适用的签派协调、飞行控制、飞行跟踪程序、在冲突地区及附近运行风险的管理等；

3）航路飞行、导航和通信程序，包括：当任何所需的特定设备不工作或者无法提供服务时，签派或者放行飞机继续飞行；

4）有关机组成员疲劳管理的信息和政策；

5）机载导航设备清单，其中包含与基于性能导航区域内的运行有关的任何规定；

6）适用于远程导航程序、延程运行（EDTO）的发动机失效程序和备降机场的选择与使用；

7）应持续保持无线电监听的情况；

8）确定飞行最低高度的方法；

9）确定机场运行最低标准的方法；

10）乘客在机上时实施燃油加注的安全预防措施；

11）地面操作的安排和程序；

12）机长发现有事故发生后使用的搜寻和救援程序；

13）不同类型运行中飞行机组指挥权接替次序的指定；

14）对所要装载的燃油与滑油量计算的具体说明，其中考虑到运行中的所有情况，包括在航路上释压和一台或者多台动力装置失效的可能性；

15）应当使用氧气的情况和按照《大型飞机公共航空运输承运人运行合格审定规则》规定确定的氧气携带量；

16）重量与平衡控制方面的操作指示；

17）地面除冰、防冰操作的实施和控制方面的操作指示；

18）空中交通服务飞行计划的填写规范，运行飞行计划的内容和使用方法；

19）飞行各阶段的标准操作程序（SOP）；

20）关于正常检查单的使用及其使用时机的操作指示；

21）离场应急程序；

22）保持高度意识和使用自动或者飞行机组高度喊话的操作指示；

23）在仪表气象条件下使用自动驾驶仪与自动油门的操作指示；

24）关于空中交通管制许可的确认与接受的操作指示，特别是针对那些许可中包含有超越障碍物许可的情况；

25）离场与进近简令；

26）用于熟悉空域、航路和机场的程序；

27）稳定进近程序；

28）贴近地面时的大下降率限制；

29）开始或者继续仪表进近所需的条件；

30）实施非精密进近程序（NPA）、有垂直引导的进近程序（APV）和精密进近程序（PA）的操作指示；

31）夜间与仪表气象条件下，仪表进近与着陆运行中的飞行机组职责分配和机组成员工作负荷管理的程序；

32）避免可控飞行撞地的操作指示与训练要求，以及近地警告系统的使用政策；

33）避免空中相撞和使用空中交通防撞系统（ACAS）的政策、操作指示、程序和训练要求；

34）关于拦截民用飞机方面的信息和操作指示；

35）对准备在 15000 m（49000 ft）以上运行的飞机，还需要有关资料；

36）安全管理体系的详细内容；

37）与危险品航空运输活动相关的程序和培训方案（含未获得危险品航空运输许可的合格证持有人）；

38）安保方面的操作指示及指南；

39）根据安保部门相关规定制定的搜查程序检查单，该检查单必须包括在发现爆炸物或者可疑物时所采取适当行动步骤的指南以及有关飞机上最低风险爆炸位置（如适用）的资料；

40）航空人员健康管理与健康促进的规定与程序；

41）航空食品卫生规定与程序；

42）飞机环境卫生、消毒和卫生防疫的规定与程序，突发公共卫生事件处置预案；

43）电子飞行包（EFB）管理要求和程序（如适用）；

44）电子导航、近地警告等数据管理程序；

45）根据《大型飞机公共航空运输承运人运行合格审定规则》第 121.533 条制定的飞机追踪程序；

46）使用平视显示器（HUD）或者等效显示器、增强视景系统（EVS）、增强飞行视景系统（EFVS）、合成视景系统（SVS）和/或组合视景系统（CVS）等设备的说明和培训要求。

（2）飞机运行信息：

1）飞机型号审定限制和运行限制；

2）飞行机组使用的正常、非正常和应急程序及有关检查单；

3）所有发动机工作时爬升性能的操作指示和信息；

4）供飞行前和飞行中制定计划使用的飞行计划数据，包含不同的推力、功率和速度设定情况下的数据；

5）所用每个机型的最大侧风和顺风分量限制，以及在考虑了阵风、低能见、跑道道面状况、机组经历、自动驾驶使用、非正常或者紧急情况或者其他有关运行因素影响时，对这些限制数值进行的缩减；

6）重量与平衡计算方面的操作指标和数据；

7）飞机装载和载荷固定方面的操作指示；

8）可供每一型号飞机运行人员和飞行机组所使用的包括与该型号飞机运行有关的正常、非正常和应急程序以及该飞机各系统和所用检查单的详细信息在内的飞机操作手册，手册的设计还需符合人的因素要求；

9）供所用机型和经批准的特殊运行使用的最低设备清单和外形缺损清单，其中包含与基于性能导航区域内的运行有关的任何规定；

10）应急和安全设备的检查单和使用说明；

11）应急撤离程序，包括与机型相关的程序、机组协调、紧急情况下机组成员的指定位置和紧急情况下每个机组成员的职责；

12）客舱乘务员所使用的正常、非正常和应急程序，以及与此有关的检查单和必需的飞机系统信息，并且包括一个用于解释这些程序是供飞行机组成员和客舱乘务员之间协调使用的说明；

13）用于不同航路的救生和应急设备清单，以及在起飞前验证其工作正常的必要程序，包括确定所需氧气量和可用量的程序；

14）供幸存者使用的地空目视信号说明。

（3）航路和机场：

1）航路信息指导，用于确保飞行机组每次飞行都能够获得适用于该运行的通信设施、助航设备、机场、仪表进近、仪表进场和仪表离场方面的信息以及承运人认为正确实施飞行运行所必需的其他信息；

2）每一所飞航路的最低飞行高度；

3）可能用作目的地机场或者备降机场的每个机场的运行最低标准；

4）确定使用平视显示器（HUD）或者等效显示器、增强视景系统（EVS）、增强飞行视景系统（EFVS）、合成视景系统（SVS）和/或组合视景系统（CVS）等设备的仪表进近机场运行最低标准的说明；

5）在进近或者机场设施降级的情况下机场运行最低标准的提高；

6）符合规章要求的所有飞行剖面的必需信息。

（4）训练。《大型飞机公共航空运输承运人运行合格审定规则》N 章规定的，包含相应地面训练、飞行训练（如适用）等详细内容的飞行机组成员、客舱乘务员和飞行签派员的训练大纲，以保证参加训练的人员在上岗前对于所担负的工作接受了充分的训练。

示例：某航运行类手册体系框架如图 3-3 所示。各级手册具体内容在此不再赘述。

2. 运输机场

运输机场的安全生产规章制度体系以《机场使用手册》为总领，内容应包括：

（1）总则。主要包含手册编制目的、手册适用范围、手册编制与管理（职责、编制与生效、发放与使用、动态管理）等内容。

（2）安全管理体系。主要包含机场安全管理体系概述、安全政策和目标、安全风险管理、安全保证和安全促进等内容。

（3）机场运行程序和安全管理要求。

1）机场及部分设施关闭（含临时关闭）和恢复运行程序。主要包含机场相关部门职责、实施机场及部分设施关闭（含临时关闭）的情形、信息传递程序、现场确认程序、批准程序、实施程序、机场恢复运行程序、航空情报原始资料提供程序等内容。

2）机场地面车辆和人员跑道侵入防范管理。主要包含跑道侵入防范工作目标、组织机构和职责、人员培训和考核、防范措施和应急预案等内容。

3）飞行区场地管理。主要包含飞行区场地管理工作目标、组织机构和职责、人员培训和考核、巡视检查、场地维护、道面综合评价和场地管理工作评估等内容。

4）目视助航设施管理。主要包含目视助航设施管理工作目标、组织机构和职责、运行要求、人员培训和考核、巡视检查方案、维护方案、目视助航设施综合评估和管理工作评估等内容。

5）低能见度运行程序。主要包含机场低能见度运行小组构成和职责、低能见度运行

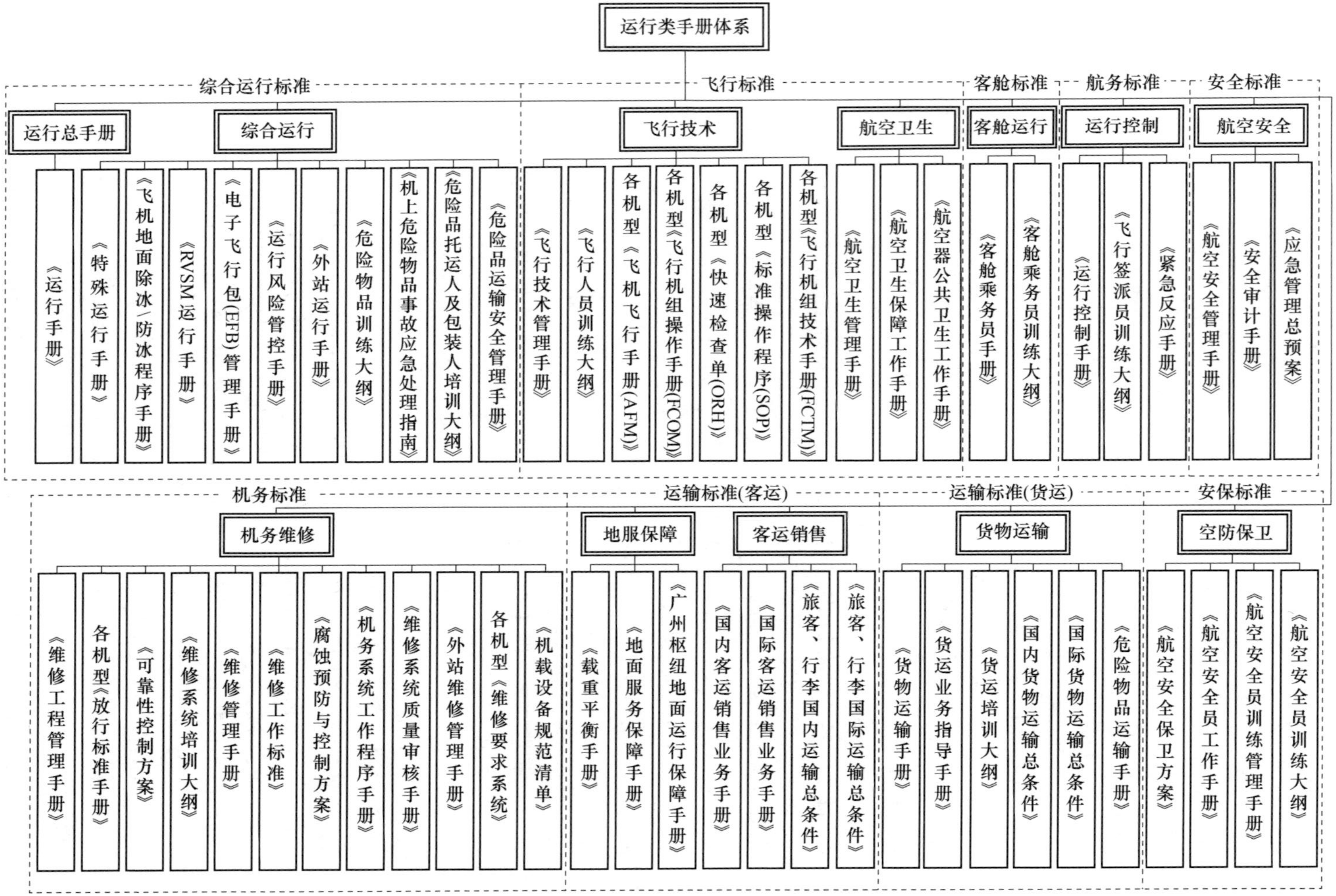

图3-3 某航空公司运行类手册体系框架图

工作程序、安全评估、运行程序紧急中断及恢复、多跑道低能见度运行要求等内容。

6）机场净空保护管理。主要包含机场净空管理工作目标、组织机构和职责，机场净空保护区域图、机场障碍物限制面图的制作、更新及备案规定，机场净空巡视检查方案等内容。

7）机场电磁环境管理。主要包含电磁环境管理部门组织架构与职责、电磁环境保护区域的巡视检查等内容。

8）机场外来物防范管理。主要包含外来物防范目标和政策、管理委员会组织机构与职责，外来物预防、巡查与发现、移除、信息管理，外来物防范管理工作评估与持续改进等内容。

9）机场鸟击及动物侵入防范管理。主要包含机场鸟击及动物侵入防范目标、理念和原则，机场运行和鸟击及动物侵入防范基本情况，组织机构和职责，人员培训和考核，生态环境调研，环境治理和机构间协调，巡视和驱除，鸟击及动物侵入事件确认报告，鸟类和其他动物活动情况信息收集、分析和利用，鸟击及动物侵入防范工作评估等内容。

10）机坪运行管理。主要包含机坪运行管理委员会组织机构与职责、机坪运行管理、机坪设施设备管理、人员管理、监督检查等内容。

11）机场控制区内车辆及驾驶人员管理。主要包含机场控制区车辆及驾驶员管理部门组织架构与职责、车辆管理、车辆驾驶员管理、违章处理等内容。

12）场道除冰雪管理。主要包含机场除冰雪管理委员会组织机构与职责、预案的启动程序、信息传递程序和通信方式、作业程序、设备故障的应急处置程序、设备及物资储备清单等内容。

13）机场不停航施工管理。主要包含施工管理部门职责、不停航施工管理等内容。

14）通信导航监视及气象设施设备管理。主要包含机场飞行区内通信导航监视及气象设施设备的运行管理及维护要求，并对设施设备的场地保护管理提出要求。

15）运行安全信息管理。主要包含机场基础信息、与机场使用相关的航空情报原始资料、与机场运行安全相关的事件信息、安全生产建议等与安全生产有关的信息的提供及上报和日常通报。

（4）应急救援管理。主要包含应急救援指挥中心等部门的组织结构和职责、应急救援预案管理（含编制、审核、备案、修订管理）、应急救援指挥设备管理、消防及应急救护设施设备管理、残损航空器搬移管理等内容。

（5）飞行程序和运行最低标准管理。主要包含飞行程序和运行最低标准的管理部门与职责、拟定和报批要求、修改和优化要求等内容。

（6）机场危险品航空运输管理。主要包含危险品航空运输组织机构和职责、管理要求等内容。

（7）机场航空安全保卫管理。主要包含航空安保组织机构、职责和管理要求等内容。在列明机场航空安全保卫方案名称，阐述与航空安全保卫方案的关系，及航空安全保卫方案符合《民用运输机场航空安全保卫方案示范大纲》相关要求的前提下，内容可部分指向航空安全保卫方案，明确机场航空安全保卫方案作为手册附件一同报送审查。

（8）机场资料。包含跑道与升降带、滑行道、机坪、障碍物、空中交通管制设施、目视助航设施，旅客航站楼、货运航站楼及其他建筑物（含地下工程）的说明，救援与消防、安全保卫和安全检查设施及设备的说明，公用、供油、供电设施的说明，环境保护设施，机场建设史等机场资料。

（9）机场附图。包含机场位置图、机场总体布置图、机场总平面图规划图（包括现状图和机场远期总平面图规划图）、机场净空保护区域图、机场障碍物限制面图、机场管网综合图。

各机场在《机场使用手册》的基础上，制定细化的各类手册制度，在此不再赘述。

（四）安全管理类规章制度的内容要点

安全管理类规章制度，是安全生产规章制度体系中的重要内容，是民航生产经营单位安全管理总的指导性文件。本节按照民航安全管理体系（SMS）框架要求编写，同时融合重预防工作机制、法定自查等工作要求，列举典型安全管理类规章制度的内容要点。

1. 安全政策和目标

（1）安全政策管理程序。应明确：安全政策的制定、审核、批准、发布、传达、评审与修订等内容。

（2）安全目标管理程序。应明确：安全目标的制定、审核、批准、发布、分解、传达、监控与测量、评审与修订等内容。

（3）安全生产责任制。应明确：民航生产经营单位的主体责任，各级领导、各职能部门、管理人员及各岗位的安全生产责任、权利和义务等内容；安全责任落实情况监督考核机制；安全责任追究方法等。

安全生产责任制属于安全生产规章制度范畴。通常把安全生产责任制与安全生产规章制度并列来提，主要是为了突出安全生产责任制的重要性。安全生产责任制的核心是清晰安全管理的责任界面，解决“谁来管，管什么，怎么管，承担什么责任”的问题，安全生产责任制是生产经营单位安全生产规章制度建立的基础。其他的安全生产规章制度，重点是解决“干什么，怎么干”的问题。

（4）合约方管理制度。应明确：民航生产经营单位发包或出租时，相关资质审查、各方的安全责任、安全生产管理协议、统一协调与管理、现场的安全检查与督促整改等内容；在同一作业区域内存在两个以上生产经营单位同时进行生产经营活动可能危及对方安全的，明确安全生产管理协议、各自安全生产管理职责、安全风险管控措施和安全隐患治理措施、指定专职安全管理人员进行安全检查与协调等内容。

（5）安全管理人员管理程序。应明确：安全管理人员的能力要求、评估、聘用、考核、培训（复训）、续聘、解聘等内容。

（6）应急管理程序。应明确：明确生产经营单位的应急管理部门，预案的制定、发布、演练、修订和培训，应急资源管理等；总体预案、专项预案、现场处置方案、应急预案操作手册等。

（7）安全文件管理程序。应明确：安全文件的编制、审核、批准、修订、标识、分发、处置等内容。

（8）安全记录管理程序。应明确：记录的类型、标识、贮存、保护、检索、保留、处置等内容。

2. 安全风险管理程序（可包含在双重预防工作程序中）

应明确：系统描述、风险管理的启动时机、危险源识别、风险分析、风险评价准则、风险控制、持续监控、记录管理、与其他程序的衔接等内容。

3. 安全保证

（1）安全检查程序。应明确：检查类型、检查人员、检查事项、检查计划、检查实施、不合格项控制、整改措施制定、措施落实、跟踪验证、与风险管理程序、隐患排查治理等程序的衔接等。

实施法定自查工作与安全管理体系（SMS）融合的单位，可将法定自查的工作要求融合到安全检查程序中，安全检查程序涵盖所有要点的，无需单独制定法定自查工作制度。

为统一问题输出与处理，建议将不合项的控制与后续整改流程合并到隐患排查治理程序中。

（2）安全信息管理程序。应明确：安全信息的类型与来源，自愿报告的途径与处理流程，强制报告的范围、时限、报告途径与处理流程，安全信息的分析与应用，安全信息的保护，与风险管理、隐患排查治理等其他程序的衔接等内容。

（3）安全管理体审核管理程序。应明确：内部审核的人员管理、审核单管理、审核计划、审核组、审核方案、审核实施、审核报告、发现问题的闭环处理、记录管理等；外部审核的频次与组织等内容。

（4）事件调查程序。应明确：民航生产经营单位调查员管理、内部差错标准、调查层级、调查启动、调查组、调查实施、原因分析方法、调查报告编写、发现问题的闭环管理、与风险管理和隐患排查治理等程序的衔接等内容。

（5）安全绩效管理程序。应明确：安全绩效指标建立、安全绩效指标目标值的确定、预警方法的选择、预警值的确定、安全绩效指标监控、预警处理、闭环管理、绩效改进等内容。

（6）隐患排查治理程序。应明确：隐患分级，隐患排查治理的方式，隐患治理基本流程，治理措施的制定、审批、落实、跟踪验证，隐患治理的问责机制，隐患挂牌督办，持续改进，隐患通报，台账，与其他程序的衔接等内容。

（7）数据分析与系统评价程序。应明确：数据来源、数据收集与分析、数据处理、系统评价方法、数据分析与系统评价的输出、记录管理等内容。

（8）变更管理程序。应明确：变更时机、变更层级、变更实施、与风险管理程序的衔接等内容。

（9）管理评审程序。应明确：管理评审的启动、评审的输入和输出、评审计划、评审准备、评审会召开、评审报告编写与发布、问题闭环处理、记录管理等内容。

4. 安全促进

（1）安全生产教育培训程序。应明确：培训类型、培训需求分析、培训大纲、培训计划、培训实施、效果评价、质量监督、教员管理、课件及题库管理、档案管理等内容。

（2）安全沟通程序。应明确：沟通的内容、沟通的频次、沟通的方式、沟通的途径、沟通的对象等内容。

（3）作风建设管理办法。应明确：安全作风问题负面清单、量化评价标准、作风问题认定程序、监督整改闭环、宣传教育、考核、记录管理等内容。

（4）安全奖惩制度。应明确：民航生产经营单位安全奖惩的原则，奖励或处分的种类、额度等。

四、安全生产规章制度的管理

（1）起草。根据民航生产经营单位安全生产责任制，由负责安全生产管理部门或相关职能部门负责起草。起草前应对目的、适用范围、主管部门、解释部门及实施日期等给予明确，同时还应做好相关资料的准备和收集工作。规章制度的编制，应做到目的明确、条理清楚、结构严谨、用词准确、文字简明、标点符号正确。

（2）会签或公开征求意见。起草的规章制度，应通过正式渠道征得相关职能部门或员工的意见和建议，以利于规章制度颁布后的贯彻落实。当意见不能取得一致时，应由分管领导组织讨论，统一认识，达成一致。

（3）审核。制度签发前，应进行审核。一是由民航生产经营单位负责法律事务的部门进行合规性审查；二是专业技术性较强的规章制度应邀请相关专家进行审核；三是安全奖惩等涉及全员性的制度，应经过职工代表大会或职工代表进行审核。

（4）签发。标准操作程序（SOP）、作业文件等技术性较强的安全生产规章制度，一般由分管相应运行业务的领导签发，涉及全局性的综合管理制度应由生产经营单位的主要负责人签发。需经民航行政机关批准的手册，应报民航行政机关审批，经审批后方可实施。

（5）发布。民航生产经营单位的规章制度，应采用固定的方式进行发布。纳入各级手册的，按照手册的修订流程发布，也可以采用红头文件形式等发布。发布的范围涵盖应执行的部门、人员。有些特殊的制度还应正式送达相关人员，并由接收人员签字。

（6）培训。新颁布的安全生产规章制度、修订的安全生产规章制度，应组织进行培训，操作程序类规章制度还应组织相关人员进行考试。

（7）反馈。应定期检查安全生产规章制度执行中存在的问题，或建立信息反馈渠道，及时掌握安全生产规章制度的执行效果。

（8）持续改进。生产经营单位应每年制定规章制度制定、修订计划，并应公布现行有效的安全生产规章制度清单。对安全操作规程类规章制度，除每年进行审查和修订外，每3~5年应进行一次全面修订，并重新发布，确保规章制度的建设和管理有序进行。

五、安全生产规章制度的合规性管理

合规性管理是指安全生产规章制度要符合国家法律法规、规章以及其他规范性文件的要求。生产经营单位要建立获取、识别、更新法律法规和其他要求的渠道，保证单位的安全生产规章制度符合相关法律法规和其他要求，并定期评价对适用法律法规和其他要求的遵守情况，切实履行生产经营单位遵守法律法规和其他要求的承诺。

（一）安全生产规章制度合规性管理流程

（1）明确职责。民航生产经营单位要明确具体部门负责国家相关法律法规、民航规章和其他要求的识别、获取、更新和保管；主要负责人负责组织对安全生产规章制度合规性进行评价和修订；各职能部门负责传达给员工并遵照执行。

（2）法律法规和其他要求的获取。民航生产经营单位定期从国家执法部门和相关网站咨询或认证机构获取相关法律法规、民航规章、规范性文件、标准和其他要求的最新版本，及时跟踪法律法规和其他要求的最新变化。

（3）安全生产规章制度的修订与培训。根据获取的各类法律法规、标准和其他要求，民航生产经营单位主要负责人要组织及时修订安全生产规章制度，确保与法律法规和其他要求相符合。民航生产经营单位要及时组织员工对新修订的安全生产规章制度进行培训，使员工落实在日常的生产经营活动中。

（4）合规性的评价。民航生产经营单位定期组织对适用的法律法规和其他要求遵循的情况进行合规性评价，包括民航生产经营单位遵循法律法规和其他要求的情况，民航生产经营单位制定的安全生产规章制度合规性情况，员工执行法律法规、其他要求的情况和安全生产规章制度情况等。

（二）法定自查工作介绍

民航生产经营单位通过建立法定自查工作制度，开展法定自查工作，持续保持安全生产规章制度的合规性。

1. 法定自查的定义

法定自查，是法定要求的符合性自查的简称，指民航生产经营单位以监管事项库为基础建立法定自查事项清单，并利用法定自查事项清单，采取技术、管理措施，持续检查、监控生产经营过程各要素、各环节，落实作为民航安全管理体系核心的风险分级管控和隐患排查治理制度要求，及时纠正偏差、消除隐患，主动符合适用的民用航空相关法律、法规、规章、行政规范性文件、标准等要求的活动。

2. 法定自查工作的背景意义

为贯彻落实习近平总书记关于民航安全工作系列重要指示批示精神，强化民航生产经营单位的安全生产主体责任，提升民航生产经营单位自律意识和合规水平，确保民航持续安全、高质量发展，自 2015 年开始，民航局在行业推行法定自查工作。法定自查工作制度是民航行业监管模式改革的五项制度之一，是民航单位落实安全生产主体责任的有效抓手。

民航局推行法定自查工作，主要是聚焦企业的主体责任的落实，员工岗位责任的履行。法定自查的根本是要求行业各责任主体落实其法定职责，执行法定程序标准，核心是要求行业各责任主体通过安全生产自查、经营运行自查、内部管理自查、程序标准自查、行为规范自查等对标对表，最终目的是通过自查自纠，实现合规操作、合规运行，形成保证行业安全运行的内生机制。

3. 法定自查工作的基本要求

为规范民航单位法定自查工作的开展，2017 年 12 月，民航局下发了《关于民航单位法定自查有关问题的通告》，该文件从法定自查的范围、目的、工作要求、工作程序等方面作出了明确的要求，该文件有效期两年。2019 年 12 月，该文件有效期届满时，民航局重新下发了《关于民航单位法定自查有关问题的通告》。随着法定自查工作的逐步深入推进以及新《安全生产法》的发布，2022 年，民航局制定了《民航单位法定自查工作规范》（民航规〔2022〕51 号），法定自查工作由自愿转变为强制，民航行政机关由关注形式转变为关注效能。同时，在《民航单位法定自查工作规范》的基础上制定《法定自查工作指南》。《法定自查工作指南》为部分法定自查工作要求设置了提升性工作标准，相关工作标准均非强制性要求，用于对民航生产经营单位法定自查工作水平的评价，所列标准的达成情况是评价法定自查工作水平高低的重要指标。法定自查的工作要求主要包括以下几个方面：

（1）法定自查制度。民航生产经营单位应当建立健全法定自查制度，从制度层面保障法定自查工作有效开展。

（2）法定自查机构和人员。民航生产经营单位应当确保有机构和人员承担法定自查职责，从机构和人员层面保障法定自查工作有效开展。

（3）法定自查事项清单。民航生产经营单位应当根据适用的法律、行政法规、规章、行政规范性文件、国家标准、行业标准等要求，在对标监管事项库的基础上，结合自身生产经营运行特点和实际情况确定法定自查事项，明确法定自查要求，形成本单位法定自查事项清单，并持续提升法定自查事项清单编制水平。

（4）法定自查计划。民航生产经营单位应当编制自查计划，并依据法定自查事项清单的更新和实际运行情况调整，以计划的针对性、科学性来提升法定自查效能。

（5）法定自查实施和闭环。民航生产经营单位应当按照制定的法定自查计划实施法定自查，针对所发现的问题进行归类，视情开展组织系统原因分析，制定有效的整改措施并跟踪验证，使法定自查工作形成闭环。

（6）案卷整理。自查任务完成后，民航生产经营单位应当对自查过程中形成的案卷进行整理，确保法定自查案卷完整真实，具有可追溯性。

（7）数据分析与应用。民航生产经营单位应当汇总分析法定自查的相关数据，按要求收集并报送相关内容，同时利用数据分析结果指导法定自查工作优化、改进，持续提升法定自查工作水平。

（8）管理要求。民航生产经营单位应当每年自行或委托第三方机构对自身法定自查工作情况进行评价，自评的范围包括法定自查制度完善程度、法定自查各要素和环节运行质量、法定自查对运行安全的保障效能，《法定自查工作指南》所列标准的达成情况等，评价结果用于优化、改进法定自查工作。

4. 法定自查与安全管理体系（SMS）的融合

民航生产经营单位推行的法定自查作为隐患排查的一种手段，实施时可融入自身管理体系所需的各类检查、审核和审计之中，在制度、机构、人员、文件、实施等要素和环节上互联互通、有效合并实施、结果互用互认，提高管理系统性和效率。具体融合路径在3.6节中详述。

第三节　安全生产投入

一、安全生产投入的含义及性质

安全活动是以投入一定的人力、物力、财力为前提的。我们把投入安全活动的一切人力、物力和财力的总和称为安全（生产）投入。安全，很大程度上是为生产服务的：首先安全保护了人，而人是生产中最重要的生产力因素；其次，安全维护和保障了生产资料和生产的环境，使技术的生产功能可得以充分发挥。因此，安全对经济的增长和经济的发展具有一定的作用，我们应把安全活动看成一种有生产意义的活动，一种能带来经济效益的活动。只有确保安全合规，企业才能往更高质量、更大规模发展。相反，那些只顾短期利益而“因陋就简”的企业，只要出事故，往往“一失万无”。所以，我们把对安全的投入也称作安全投资或者安全资源。在应急管理部发布的《企业安全生产费用提取和使用管理办法》（财资〔2022〕136号）的解读文件中，对安全生产投入给出了明确的定义：安全生产投入是一个广义范畴，指为确保安全生产所需的条件，提升安全生产水平进行的资金投入。

因此，在安全活动实践中，安全专职管理人员的配备、安全与卫生技术措施的投入、安全设施维护、保养及改造的投入、安全教育及培训的花费、个体劳动防护及保健费用、事故援救及预防、事故伤亡人员的救治花费等，都是安全生产投入。而事故导致的财产损失、劳动力的工作日损失、事故赔偿等，非目的性（提高安全活动效益的目的）的被动和无益的消耗，则不属于安全生产投入的范畴。

二、对安全生产投入的要求

（一）法律的要求

安全生产作为国家的一项重要政策和社会活动，必须投入一定的资源才能够正常进行。安全生产投入是安全生产的必要条件之一。

《安全生产法》第四条规定：生产经营单位必须遵守本法和其他有关安全生产的法律、法规，加强安全生产管理，建立健全全员安全生产责任制和安全生产规章制度，加大对安全生产资金、物资、技术、人员的投入保障力度，改善安全生产条件，加强安全生产标准化、信息化建设，构建安全风险分级管控和隐患排查治理双重预防机制，健全风险防范化解机制，提高安全生产水平，确保安全生产。第二十三条规定：生产经营单位应当具备的安全生产条件所必需的资金投入，由生产经营单位的决策机构、主要负责人或者个人经营的投资人予以保证，并对由于安全生产所必需的资金投入不足导致的后果承担责任。《安全生产法》从法律层面规定了生产经营单位对安全生产投入的责任，由公司主要负责人对安全生产所需的资金负责，如果由于安全生产投入不足导致安全事故发生，企业主要负责人将承担相应的法律责任。

（二）民航规章的要求

民航作为国家重要的交通运输方式之一，企业的安全生产投入也是安全运行的必要保证。《民用航空安全管理规定》（CCAR-398）第十八条规定，民航生产经营单位应当保证本单位安全生产投入的有效实施，以具备国家有关法律、行政法规和规章规定的安全生产条件。安全生产投入至少应当包括以下方面：

（1）制定完备的安全生产规章制度和操作规程；

（2）从业人员安全教育和培训；

（3）安全设施、设备、工艺符合有关安全生产法律、行政法规、标准和规章的要求；

（4）安全生产检查与评价；

（5）重大危险源、重大安全隐患的评估、整改、监控；

（6）安全生产突发事件应急预案、应急组织、应急演练，配备必要的应急器材、设备；

（7）满足法律、行政法规和规章规定的与安全生产直接相关的其他要求。

《民航企业安全保障财务考核办法》（CCAR-246）第四条规定：民航企业应当保证安

全生产必需的资金投入，确保本单位具有法律法规、国家标准和行业标准规定的安全生产条件。同时，要求每年对民航企业的安全保障的财务情况进行考核。考核的范围包括获得民航行政机关颁发的经营许可证和运行合格证，并且能够独立核算的公共航空运输企业即航空公司；获得民航行政机关颁发的民用运输机场使用许可证，并且能够独立核算的民用运输机场即民用机场。从安全保障能力、安全保障程度和财务信用三个方面设置考核指标，按照考核指标与安全生产的关联度赋予权重，计算综合得分。考核满分为十分，考核按照综合得分将等级分为优秀、良好、合格和不合格。综合得分低于六分的企业评定为不合格，综合得分六分（含）以上至八分的企业评定为合格，综合得分八分（含）以上至九分的企业评定为良好，综合得分九分及以上的企业评定为优秀。考核不合格的企业应在接到整改通知后一个月内制定整改方案，在规定时间内完成整改，并将整改情况报民航地区管理局。民航地区管理局对考核不合格企业整改后情况进行复核，并将复核情况上报民航局。

（三）运输航空差异化监管的要求

民航生产经营单位企业的安全保障投入是民航行政机关差异化监管的指标之一。根据《运输航空公司差异化精准监管实施办法（试行）》（民航发〔2024〕6号），安全保障财务考核情况属于二级指标，9（含）分以上，加2分；8（含）~9分，加1分；7（含）~8分，扣0.5分；6（含）~7分，扣1分；6分以下，扣1.5分。通常民航行政机关监管会重点关注“小、散、变、转、欠”的企业，即小规模、散运行、变股权、转基地、欠投入的企业。对于欠投入的公司，民航行政机关可以采取进驻式监管；严格管控公司运行规模；根据公司安全生产投入情况限制运行航空器的数量。通过严格的行政管控，以确保公司在运行的航空器没有过多保留故障，有足够的设备设施和航材投入；确保公司在岗人员稳定，薪酬正常发放；确保公司经营环境良好，与行业协议单位维持良好的关系。民航行政机关通过对重点企业的有效监管，确保整个民航业的安全生产正常有序。

三、安全生产投入的来源

一个国家的安全生产投入的来源与分类，是由该国的经济体制、管理体制、财政税收和分配体制等多种因素决定的。各国的情况不同，其安全投资的来源和类别也不同。对于我国的生产经营单位，安全投资的来源主要有：

（1）在工程项目中预算安排。包括安全设备、设施等内容的预算费用。如我国一直执行的“三同时”基建费。

（2）国家相关部门根据各行业或部门的需要，给企业按项目管理的办法下拨安全技术专项措施费。

（3）企业按年度提取的安全技术措施经费，不同的行业有不同的做法。

（4）作为企业生产性费用的投入，支付从事安全或劳动保护活动的需要。如劳动保护防护用品的费用，必需的事故破坏维修、防火防汛等费用。

（5）企业从利润留成或福利费中提取的保健、职业工伤保险费用。

安全生产投入资金具体由谁来保证，应根据企业的性质而定。一般说来，股份制企业、合资企业等安全生产投入资金由决策机构（董事会）予以保证；一般国有企业由主要负责人（厂长或者总经理）予以保证；个体工商户等个体经济组织由投资人予以保证。上述保证人承担由于安全生产所必需的资金投入不足而导致事故后果的法律责任。

四、关于安全生产费用的有关政策

（一）安全生产费用的提取

为了建立企业安全生产投入长效机制，加强安全生产费用管理，保障企业安全生产资金投入，维护企业、职工以及社会公共利益，财政部会同国家发展改革委、原安全监管总局等部门，出台并持续修订关于安全生产费用的有关政策。

2004 年以来，财政部会同国家发展改革委、原安全监管总局等部门，为落实《国务院关于加强安全生产工作的决定》（国发〔2004〕2 号），先后制定并实施了《煤炭生产安全费用提取和使用管理办法》（财建〔2004〕119 号）、《关于调整煤炭生产安全费用提取标准，加强煤炭生产安全费用使用管理与监督的通知》（财建〔2005〕168 号）、《烟花爆竹生产企业安全费用提取与使用管理办法》（财建〔2006〕180 号）和《高危行业企业安全生产费用财务管理暂行办法》（财企〔2006〕478 号）。这些办法的制定和实施，对于高危行业企业提升安全生产能力发挥了重要作用。

随着形势的变化，《国务院关于进一步加强企业安全生产工作的通知》（国发〔2010〕23 号）指出要“建立企业提取安全费用制度”，并提出要“借鉴煤矿提取安全费用的经验，在条件成熟后，逐步建立对高危行业生产企业提取安全费用制度。企业安全费用的提取，要根据地区和行业的特点，分别确定提取标准，由企业自行提取，专户储存，专项用于安全生产”。

2012 年 2 月 14 日，财政部、原国家安全监管总局联合印发了《企业安全生产费用提取和使用管理办法》（财企〔2012〕16 号），明确了安全生产费用提取、使用和监督管理等工作的要求，对保证安全生产费用的投入发挥了重要作用。该办法规定我国境内直接从事煤炭生产、非煤矿山开采、建设工程施工、危险品生产与储存、交通运输、烟花爆竹生产、冶金、机械制造、武器装备研制生产与试验（含民用航空及核燃料）的企业以及其他经济组织需要按照规定标准提取安全生产费用，并在成本中列支，专门用于完善和改进企业或者项目安全生产条件。同时，提出了安全生产费用应按照“企业提取、政府监管、确保需要、规范使用”的原则进行管理。

2022 年 11 月 21 日，为贯彻安全发展新理念，推动企业落实主体责任，加强企业安全生产投入，根据《中华人民共和国安全生产法》等法律法规，财政部、应急部对 2012 年印发的《企业安全生产费用提取和使用管理办法》（财企〔2012〕16 号）进行了修订，印发了《企业安全生产费用提取和使用管理办法》（财资〔2022〕136 号），对“煤炭生产企业，非煤矿山开采企业，石油天然气开采企业，建设工程施工企业，危险品生产与储存企业，交通运输企业，冶金企业，机械制造企业，烟花爆竹生产企业，民用爆炸物品生产企业，武器装备研制生产与试验企业，电力生产与供应企业及其他经济组织等”10 多个领域的安全生产费用提取的标准做了规定。

在民航行业，2020 年，民航局发布了《民航专业工程安全生产费用管理办法（试行）》（民航规〔2020〕5 号），明确了民航专业工程新建、改建、扩建等建设项目安全生产费用的管理。第五条规定，建设单位在编制民航专业工程概（预）算时，应当结合工程实际，以建筑安装工程费用为计算基数，费率原则上不低于 1.5%，单独计列安全生产费用。其他方面尚未有明确的安全生产费用的提取标准。民航安全生产经营单位根据实际情况，编制本单位年度安全生产费用预算。

(二) 安全费用的使用范围

《企业安全生产费用提取和使用管理办法》(财资〔2022〕136号) 第五条规定，企业安全生产费用可由企业用于以下范围的支出：

(1) 购置购建、更新改造、检测检验、检定校准、运行维护安全防护和紧急避险设施、设备支出 [不含按照“建设项目安全设施必须与主体工程同时设计、同时施工、同时投入生产和使用”(以下简称“三同时”) 规定投入的安全设施、设备]；

(2) 购置、开发、推广应用、更新升级、运行维护安全生产信息系统、软件、网络安全、技术支出；

(3) 配备、更新、维护、保养安全防护用品和应急救援器材、设备支出；

(4) 企业应急救援队伍建设 (含建设应急救援队伍所需应急救援物资储备、人员培训等方面)、安全生产宣传教育培训、从业人员发现报告事故隐患的奖励支出；

(5) 安全生产责任保险、承运人责任险等与安全生产直接相关的法定保险支出；

(6) 安全生产检查检测、评估评价 (不含新建、改建、扩建项目安全评价)、评审、咨询、标准化建设、应急预案制修订、应急演练支出；

(7) 与安全生产直接相关的其他支出。

在安全生产费用使用方面存在界定划分不清、列支存在争议等问题，结合“完善和改进企业或者项目安全生产条件、降低安全隐患或事故风险”等原则，合理判断、规范列支。

民航行政机关按照《民航企业安全保障财务考核办法》(CCAR-246) 要求对民航企业的安全保障的财务情况进行考核时，对公共航空运输企业和运输机场安全支出的范围进行界定。

公共航空运输企业安全支出范围：

(1) 安全技术、安全检查管理部门人工成本及开展安全管理费用等发生的相关费用；

(2) 飞行、机务、运控等主要安全人员的培训支出；

(3) 备发、机务设备及维修航材的折旧或摊销；

(4) 飞机及配套设备日常维修、维护支出 (采取自修的企业含机务人工成本)；

(5) 飞行、机务、运控技术研发支出。

运输机场安全支出范围：

(1) 安检、公安、消防、医疗急救人员的人工成本及其开展安全管理发生的相关支出；

(2) 机务、运控、安检、公安、消防、医疗急救人员的培训支出；

(3) 安检、消防设备及特种车辆的折旧或摊销；

(4) 机场飞行区设施设备日常维修、维护支出；

(5) 机务、运控、安检技术研发支出。

民航生产经营单位在编制费用预算时，可综合考虑，通过财务部门和安全生产相关部门共同制定安全生产投入的细化分类，合理规划安全生产投入的使用，将资源投入到最需要的方面，落实“具备安全生产条件所必需的资金、物资、技术、人员投入”的安全生产主体责任。

以航空公司为例，安全生产投入可参考如下的分类法：

（1）安全技术投入。例如，特种车辆、梯架等设备设施的购买，飞机系统改装升级等。

（2）安全管理活动投入。例如，安全生产宣传教育培训，安全检查与检测，自愿报告的奖励，安全评估、SMS 审核、咨询，安全信息系统建设等费用。

（3）应急准备费用。例如，应急救援队伍所需应急救援物资储备、人员培训，配备、更新、维护、保养安全防护用品和应急救援器材、设备支出，应急预案制修订、应急演练支出等。

（4）个人工作防护用品。例如，机务人员维修服装、工作鞋、工作耳塞、手套等。

（5）职业病诊治费。例如，涉及飞机雷达维修、油箱修理、长期高原运行等产生相关职业病的诊治费用。这是一种被动的投入。

（6）保健投入。例如，夏季防暑降温津贴、机组特殊航线补贴、心理咨询费等。

（7）辅助设施投入。例如，员工休息室、员工活动场所等。

（8）事故处理费用。指发生事故或严重不安全事件后的救援、事件调查、人员赔偿等资金投入。这也是一种被动的投入。

（9）修复投入。指对事故或严重不安全事件损坏的设备及设施的修理或重新购买涉及的费用。这种投入与设备的主动升级改造存在区别。设备设施的升级改造是一种主动的预期型投资，而修复投入是被动的事后型投资。

（10）与安全生产直接相关的其他支出。

五、安全生产管理组织保障

（一）安全生产管理组织保障内容及通用要求

生产经营单位的安全生产管理必须有组织上的保障，否则安全生产管理工作就无从谈起。组织保障主要包括两方面：一是安全生产管理机构的保障；二是安全生产管理人员的保障。

安全生产管理机构是指生产经营单位中专门负责安全生产监督管理的内设机构。安全生产管理人员是指在生产经营单位从事安全生产管理工作的专职或兼职人员。在生产经营单位专门从事安全生产管理工作的人员则是专职安全生产管理人员。在生产经营单位既承担其他工作职责，同时又承担安全生产管理职责的人员则为兼职安全生产管理人员。

《安全生产法》第二十四条规定：矿山、金属冶炼、建筑施工、运输单位和危险物品的生产、经营、储存、装卸单位，应当设置安全生产管理机构或者配备专职安全生产管理人员。前款规定以外的其他生产经营单位，从业人员超过一百人的，应当设置安全生产管理机构或者配备专职安全生产管理人员；从业人员在一百人以下的，应当配备专职或者兼职的安全生产管理人员。

《民用航空安全管理规定》（CCAR-398）第十七条规定，民航生产经营单位应当依法建立安全生产管理机构或者配备安全生产管理人员，满足安全管理的所有岗位要求。

（二）特定民航生产经营单位安全管理机构设置要求

1. 航空公司的安全管理机构设置

民航局下发的《大型飞机公共航空运输承运人运行合格审定规则》（CCAR-121R8）

第 121.43 条（g）中规定：合格证持有人应当设立独立于运行的安全监督机构，在安全总监的直接领导下，负责安全水平的持续监督和定期评估；调查安全相关事件；就安全有关事务提出建议和组织员工安全教育等。

一般来说，在航空公司，设置安全总监作为公司分管安全的领导，协助公司主要负责人管理安全工作，直接向公司主要负责人汇报工作。安全总监作为建立并保持安全管理体系的负责人兼协调人，需要独立于运行系统之外，并向主要负责人汇报。航空公司设置安全监察部作为安全管理机构，牵头负责安全管理体系的建设和航空安全委员会的常设机构。安全监察部作为安全总监的分管部门，与其他运行部门通常保持独立管理，履行公司的安全风险管理、安全监督检查、安全审核、事件调查等工作。航空公司的安全监察部一般设有飞行、维修、航务、客舱等专业监察人员，负责对接公司各单位的安全管理工作。

2. 运输机场的安全管理机构设置

运输机场对于安全管理机构的设置并没有明确规章要求，但在《运输机场安全管理体系（SMS）建设指南》（民航规〔2019〕50 号）3.1.2.6 中对安全管理部门的职责作出了规定，安全管理部门重点负责机场安全目标和规划措施的拟定；负责安全管理体系的运行管理；负责机场安全信息的搜集、分析并经整理后发布；负责机场的整体安全监督与审核；监督各部门的安全绩效；负责筹备和召集机场安全管理委员会会议并提出工作建议；与各部门、各类人员建立便捷的沟通方式，畅通信息渠道；组织相关部门针对风险度较大的危险源进行分析；审查安全建议的有效性，适时提出安全工作建议，并监督落实。安全管理部门所有安全管理人员，应按照相关要求经过专门培训，取得相应资质。安全管理部门应按照《中华人民共和国安全生产法》配备专职安全管理人员，运行管理和保障部门应选配适量的专职或兼职安全管理人员，形成相对独立的专、兼职相结合的安全管理人员队伍。

3. 空管单位的安全管理机构设置

《民用航空空中交通管理运行单位安全管理规则》（CCAR-83）第十一条规定，民航空管运行单位应当根据下列要求设置运行安全管理部门或者配备安全管理人员。从业人员超过 150 人（含）的，应当设置专门的安全管理部门；从业人员少于 150 人的，应当按照不小于 50∶1 的比例设置专职安全管理人员；从业人员少于 50 人的，应当至少有一名专职或兼职的安全管理人员。民航空管运行单位安全管理部门或安全管理人员负责本单位的安全管理体系的组织与实施工作。

4. 维修单位的安全管理机构设置

《维修单位的质量安全管理体系》（民航规〔2022〕18 号）7.3 中规定，维修单位需要设置质量安全部门作为维修单位的安全管理机构。质量安全部门除作为质量安全管理委员会的办公室外，还应当至少包括以下专项质量安全管理工作职责：组织编制维修管理手册并根据民航法规和本单位实际情况的变化持续更新；对具体实施维修管理手册中各项政策的管理程序进行审核和批准；对维修质量安全关键人员进行岗位资格评估和授权；对各部门的工作规范性进行定期内部审核；对各类外协单位的评估；建立事件和危害信息报告系统，包括自愿报告；组织开展质量调查，包括对维修质量和差错事件的调查；建立基于数据收集、分析的风险管理系统，并对突出和重点风险进行管控。

为保证落实上述专项职责的相对独立性，维修单位不应当对质量安全部门赋予与生产进度和效益直接关联的职责。

（三）民航对于安全生产管理人员的要求

在目前的民航规章中，除了空管单位，其他单位对于安全管理机构的安全管理人员数量并没有强制要求。不同的民航生产经营单位，由于理念、定位不同，对安全管理人员的配备差异很大，在部分机场单位，安全管理部门还承担着空防安全、服务、标准、应急管理等职责。同为千万级以上的机场，安全管理部门中从事安全管理工作的人数有的二十余人，有的不足五人。

在安全管理人员能力方面，目前民航局通过实施安全管理人员培训和考核的方式进行安全管理人员资质管理。对于未按时通过培训和考核的人员，将无法继续从事安全管理工作。但由于教育背景、工作背景以及单位培养机制的不同，安全管理人员能力差异较大，尤其是运行部门中负责安全管理工作的人员，在时间精力、业务能力方面都存在不足，无法实现公司安全管理理念和方法在一线的有效承接和延伸，这也是制约安全管理体系（SMS）在一线落地的重要原因之一。

目前民航针对飞行、机务、航务人员都建立了统一的技术职称评聘体系，但针对安全管理人员尚未制定技术评聘体系。部分机务、航务人员从事安全管理工作以后，技术职称就中断，难以延续评聘，对人员的技术通道发展形成瓶颈。

所以目前，研究民航行业安全生产管理人员的配备标准、安全生产管理人员的能力标准以及安全管理人员的职业前景，对提高民航生产经营单位的安全管理效能极为重要。

第四节　安全生产责任制

一、建立安全生产责任制的目的和意义

安全生产责任制是按照以人为本，坚持“安全第一、预防为主、综合治理”的安全生产和安全生产法规建立的生产经营单位各级负责人员、各业务部门、各职能部门及其工作人员、各岗位人员在安全生产方面应做的事情和应负的责任加以明确规定的一种制度。

建立安全生产责任制的目的：一方面是增强生产经营单位各级负责人员、各职能部门及其工作人员和各岗位人员对安全生产的责任感；另一方面是明确生产经营单位中各级负责人员、各职能部门及其工作人员和各岗位人员在安全生产中应履行的职能和应承担的责任，以充分调动各级人员和各部门在安全生产方面的积极性和主观能动性，确保安全生产。

建立安全生产责任制的重要意义主要体现在两个方面。一是落实我国安全生产方针和有关安全生产法规和政策的具体要求。《安全生产法》第二十二条明确规定：生产经营单位的全员安全生产责任制应当明确各岗位的责任人员、责任范围和考核标准等内容。生产经营单位应当建立相应的机制，加强对全员安全生产责任制落实情况的监督考核，保证全员安全生产责任制的落实。二是通过明确责任使各类人员真正重视安全生产工作，对预防事故和减少损失、进行事故调查和处理、建立和谐社会等具有重要作用。

生产经营单位是安全生产的责任主体，生产经营单位必须建立安全生产责任制，把“管行业必须管安全、管业务必须管安全、管生产必须管安全”的原则从制度上固化。这

样，安全生产工作才能做到事事有人管、层层有专责，领导干部和广大职工分工协作、共同努力，认真负责地做好安全生产工作，保证安全生产。

二、安全生产责任制的基本要求

建立一个完善的安全生产责任制的总的要求是：坚持“党政同责、一岗双责、齐抓共管、失责追责”，横向到边、纵向到底，并由生产经营单位的主要负责人组织建立。建立的安全生产责任制具体应满足如下要求：

（1）必须符合国家安全生产法律法规和政策、方针的要求。

（2）与生产经营单位管理体制协调一致。

（3）要根据本单位、部门、班组、岗位的实际情况制定，既明确、具体，又具有可操作性，防止形式主义。

（4）由专门的人员与机构制定和落实，并应适时修订。

（5）应有配套的监督、检查等制度，以保证安全生产责任制得到真正落实。

三、安全生产责任制的主要内容

安全责任制的内容主要包括两个方面。一是纵向方面，即从上到下所有类型人员的安全生产职责。在建立责任制时，可首先将本单位从主要负责人一直到岗位从业人员分为相应的层级；然后结合本单位的实际工作，对不同层级的人员在安全生产中应承担的职责作出规定。二是横向方面，即各业务部门、各职能部门（包括党、政、工、团）的安全生产职责。在建立责任制时，可按照本单位各部门的设置，分别对其在安全生产中应承担的职责作出规定。

（一）党委主要负责人的安全生产职责

党的十八大以来，以习近平同志为核心的党中央对安全生产高度重视。“党政同责、一岗双责、齐抓共管、失职追责”“管行业必须管安全、管业务必须管安全、管生产经营必须管安全”等重要指示批示，对地方党政领导干部的安全生产责任提出了明确要求。2018 年 4 月，中共中央办公厅、国务院办公厅印发了《地方党政领导干部安全生产责任制规定》，其中第五条规定，地方各级党委主要负责人安全生产职责主要包括：

（1）认真贯彻执行党中央以及上级党委关于安全生产的决策部署和指示精神，安全生产方针政策、法律法规；

（2）把安全生产纳入党委议事日程和向全会报告工作的内容，及时组织研究解决安全生产重大问题；

（3）把安全生产纳入党委常委会及其成员职责清单，督促落实安全生产“一岗双责”制度；

（4）加强安全生产监管部门领导班子建设、干部队伍建设和机构建设，支持人大、政协监督安全生产工作，统筹协调各方面重视支持安全生产工作；

（5）推动将安全生产纳入经济社会发展全局，纳入国民经济和社会发展考核评价体系，作为衡量经济发展、社会治安综合治理、精神文明建设成效的重要指标和领导干部政绩考核的重要内容；

（6）大力弘扬生命至上、安全第一的思想，强化安全生产宣传教育和舆论引导，将安全生产方针政策和法律法规纳入党委理论学习中心组学习内容和干部培训内容。

《中华人民共和国安全生产法》（2021 年修订版）进一步强化了党委的责任，明确安全生产工作坚持中国共产党的领导。生产经营单位党委负责人安全生产职责的确定可参考执行。

（二）全员安全生产责任制

一般来说，在建立全员安全生产责任制时，在纵向方面应包括下列几类人员。

1. 生产经营单位主要负责人

生产经营单位主要负责人是本单位安全生产的第一责任者，对安全生产工作全面负责。《安全生产法》第二十一条明确规定，生产经营单位的主要负责人对本单位安全生产工作负有下列职责：

（1）建立健全并落实本单位全员安全生产责任制，加强安全生产标准化建设；

（2）组织制定并实施本单位安全生产规章制度和操作规程；

（3）组织制定并实施本单位安全生产教育和培训计划；

（4）保证本单位安全生产投入的有效实施；

（5）组织建立并落实安全风险分级管控和隐患排查治理双重预防工作机制，督促、检查本单位的安全生产工作，及时消除生产安全事故隐患；

（6）组织制定并实施本单位的生产安全事故应急救援预案；

（7）及时、如实报告生产安全事故。

生产经营单位可根据上述 7 个方面，结合本单位实际情况对主要负责人的职责作出具体规定。

2. 生产经营单位其他负责人

生产经营单位其他负责人的职责是协助主要负责人做好安全生产工作。不同的负责人分管的工作不同，应根据其具体分管工作，对其在安全生产方面应承担的具体职责作出规定。生产经营单位可以设置专职安全生产分管负责人，协助本单位主要负责人履行安全生产管理职责。

3. 安全生产管理人员

安全生产管理人员的职责为：

（1）组织或者参与拟定本单位安全生产规章制度、操作规程和生产安全事故应急救援预案；

（2）组织或者参与本单位安全生产教育和培训，如实记录安全生产教育和培训情况；

（3）组织开展危险源辨识和评估，督促落实本单位重大危险源的安全管理措施；

（4）组织或者参与本单位应急救援演练；

（5）检查本单位的安全生产状况，及时排查生产安全事故隐患，提出改进安全生产管理的建议；

（6）制止和纠正违章指挥、强令冒险作业、违反操作规程的行为；

（7）督促落实本单位安全生产整改措施。

4. 生产经营单位各部门负责人及其工作人员

各部门都会涉及安全生产职责，须根据各部门职责分工作出具体规定。各部门负责人的职责是按照本部门的安全生产职责，组织有关人员做好本部门安全生产责任制的落实，并对本部门职责范围内安全生产工作负责；各部门的工作人员则是在本人职责范围内做好有关安全生产工作，并对自己职责范围内的安全生产工作负责。

5. 班组长

班组长在生产经营单位的安全生产工作中确实扮演着关键的角色。他们不仅是本班组安全生产工作的全面负责人，更是安全生产法律法规和规章制度的直接执行者。

6. 岗位从业人员

岗位从业人员对本岗位的安全生产负直接责任。岗位从业人员对本岗位的安全生产负直接责任。岗位从业人员的主要职责是接受安全生产教育和培训，遵守有关安全生产规章和安全操作规程，遵守劳动纪律，不违章作业。

（三）生产经营单位的安全生产主体责任

生产经营单位的安全生产主体责任是指国家有关安全生产的法律法规要求生产经营单位在安全生产保障方面应当执行的有关规定，应当履行的工作职责，应当具备的安全生产条件，应当执行的行业标准，应当承担的法律责任。主要包括以下内容：

（1）设备设施（或物质）保障责任。包括具备安全生产条件；依法履行建设项目安全设施“三同时”的规定；依法为从业人员提供劳动防护用品，并监督、教育其正确佩戴和使用。

（2）资金投入责任。包括按规定提取和使用安全生产费用，确保资金投入满足安全生产条件需要；按规定建立健全安全生产责任保险制度，依法为从业人员缴纳工伤保险费；保证安全生产教育培训的资金。

（3）机构设置和人员配备责任。包括依法设置安全生产管理机构，配备安全生产管理人员；按规定委托和聘用注册安全工程师或者注册安全助理工程师为其提供安全管理服务。

（4）规章制度制定责任。包括建立、健全安全生产责任制和各项规章制度、操作规程、应急救援预案并督促落实。

（5）安全教育培训责任。包括开展安全生产宣传教育；依法组织从业人员参加安全生产教育培训，取得相关上岗资格证书。

（6）安全生产管理责任。包括主动获取国家有关安全生产法律法规并贯彻落实；依法取得安全生产许可；定期组织开展安全检查；依法对安全生产设施、设备或项目进行安全评价；依法对重大危险源实施监控，确保其处于可控状态；及时消除事故隐患；统一协调管理承包、承租单位的安全生产工作。

（7）事故报告和应急救援责任。包括按规定报告生产安全事故，及时开展事故抢险救援，妥善处理事故善后工作。

（8）法律法规、规章规定的其他安全生产责任。

四、民航领域的安全生产责任

2015 年 12 月 30 日，民航局下发了《关于落实民航安全生产管理责任的指导意见》（民航发〔2015〕133 号），明确了民航各单位应当严格落实安全生产“四个责任”（安全生产主体责任是根本，领导责任是关键，岗位责任是基础，监管责任是保证），也规范了民航生产经营单位安全生产责任体系建设的要点。

2023 年，为进一步指导民航安全管理体系建设，推动安全责任体系与双重预防机制的有机融合，推进民航安全生产领域“四个责任”落实，民航局下发了《关于落实民航安全责任的管理办法》（民航规〔2023〕51 号），《关于落实民航安全生产管理责任的指导意见》（民航发〔2015〕133 号）同时作废。该办法明确了中华人民共和国境内依法设立从事民用航空生产经营活动的单位、民航行政机关的民航安全责任体系建设和实施。

民航生产经营单位包括从事民用航空活动的独立法人单位以及其他组织。“其他组织”是指合法成立、有一定的组织机构和财产，但又不具备法人资格的组织，包括法人依法设立并领取营业执照的分支机构。

责任包含两层含义：一是指应当履行的职责和义务；二是指未履行或未正确履行职责和义务时应当承担的不利后果。

（一）民航生产经营单位的安全主体责任❶

民航生产经营单位的安全主体责任包括但不限于：守法合规、安全生产投入、健全责任制、应急管理、事故预防、安全检查、信息管理、事件调查、教育培训和接口管理等方面责任。

（1）守法合规责任。遵守安全生产有关的法律、法规、规章等要求，建立健全本单位安全生产规章制度和安全操作规程，实施本单位法定自查工作。

（2）安全生产投入责任。具备安全生产条件所必需的资金投入，安排用于配备劳动防护用品、进行安全生产教育和培训的经费，满足法律、法规、规章和国家标准或者行业标准等规定的安全生产条件，并设置所需的安全管理部门，配备专兼职安全管理人员。

（3）健全责任制责任。建立健全并落实本单位全员安全生产责任制，明确各岗位的责任人员、责任范围和考核标准等内容；建立相应的机制，加强对全员安全生产责任制落实情况的监督考核，保证全员安全生产责任制的落实；开展本单位安全责任追究。

（4）应急管理责任。建立应急管理体系，制定针对性的、与相关方有效衔接的应急预案，定期组织演练；建立应急救援和应急值守机制，配备相应物资，对员工进行应急教育和培训。

（5）事故预防责任。构建并实施安全风险分级管控和隐患排查治理双重预防机制，及时消除安全隐患，有效防范化解安全风险。

（6）安全检查责任。经常性检查本单位安全生产状况；对检查发现的安全问题立即处理；不能处理的，应当及时报告本单位有关责任人，有关责任人应当及时处理；如实记录检查及处理情况。

（7）信息管理责任。及时、如实报告事故、征候和其他一般事件等安全信息，不得瞒报、谎报或迟报。将本单位重大危险源及有关安全措施、应急措施报有关地方人民政府应急管理部门和有关部门备案；向所在地监管局（运行办）报告本单位重大风险控制情况和重大安全隐患排查治理情况。告知员工和相关人员在紧急情况下的应急措施；向员工告知作业场所和工作岗位存在的危险因素、防范措施及事故应急措施，以及安全隐患排查治理情况。

（8）事件调查责任。按规定或授权开展或参与事件调查。调查过程，应当查明原因，

❶ 引自《关于落实民航安全责任的管理办法》（民航规〔2023〕51 号）。

提出安全建议，防止类似事件再次发生。

（9）教育培训责任。制定安全生产教育和培训大纲及计划，对所有从业人员进行安全生产教育和培训，确保其得到培训并能胜任其安全责任；建立安全生产教育和培训档案。

（10）接口管理责任。在同一作业区域内存在两个以上生产经营单位同时进行生产经营活动，可能危及对方民航安全的，应当签订安全生产管理协议，明确各自安全生产管理职责、安全风险管控措施和安全隐患治理措施，并指定专职安全管理人员进行安全检查与协调；民航生产经营单位对承包经营项目、承租经营场所的单位的民航安全工作负有统一协调、管理的职责，应当与影响本单位生产安全的承包、承租单位签订安全生产管理协议，明确各方安全生产管理职责，并对承包、承租单位定期进行安全检查，发现安全问题的，应当及时督促整改；委托承包单位、承租单位提供安全生产技术、管理服务的，民航安全的责任仍由本单位负责。

按要求建有SMS的民航生产经营单位，其主体责任至少还应包含如下内容：

（1）建立、实施与本单位的规模、范围及其航空产品或服务的复杂性相适应的SMS，开展相应的审核和管理评审，持续改进本单位SMS，从而加强安全生产标准化；

（2）制定、评审并有效地沟通传达本单位的安全政策和安全目标，建立与本单位运行类型、规模和复杂程度相适应的安全绩效指标和安全绩效目标，监测本单位安全绩效，验证安全风险管控的有效性和安全目标的达成情况；

（3）识别可能影响其航空产品或者服务有关的变化情况，制订行动计划，开展变更管理；

（4）建立内外部安全沟通渠道和机制，通过沟通确保SMS运行的有效性。

（二）民航生产经营单位的全员安全生产责任制

民航生产经营单位的全员安全生产责任制指民航生产经营单位通过定岗位、定人员、定安全责任，加强教育培训、强化管理考核和严格奖惩等方式，建立起的安全生产工作“层层负责、人人有责、各负其责”的责任制度和工作体系。民航生产经营单位应当将本单位安全主体责任中的各项内容自上而下进行分解，逐步建立健全本单位的全员安全生产责任制。通过落实全员安全生产责任制，最终落实民航生产经营单位的安全主体责任。

1. 建立要求[1]

（1）民航生产经营单位的全员安全生产责任制应当明确界定整个单位安全责任的分工，包括单位主要负责人、单位党委（党组）主要负责人、专职安全生产分管负责人、单位其他负责人（包括单位分管生产运行或者其他业务负责人，以及其他单位层级领导），以及下设安全管理部门、生产运行部门、职能和保障部门、工会等各部门及部门下设岗位的安全责任。

（2）民航生产经营单位的全员安全生产责任制应当结合单位类型、规模、性质特点，以及组织架构和内部运行管理模式，依据不同岗位的性质、特点和具体工作内容，覆盖民航生产经营单位所有层级、所有部门和所有岗位。

（3）民航生产经营单位应当将法律、法规、规章、规范性文件等各类法律规定中安全相关的法定职责和义务逐级分解到部门、分解到岗位，并纳入本单位的全员安全生产责任

---

[1] 引自《关于落实民航安全责任的管理办法》（民航规〔2023〕51号）。

制之内。

（4）民航生产经营单位不得为推卸责任而增设管理层级、设置“防火墙”。不同层级的部门和岗位的安全责任应当符合法律、法规、规章和规范性文件等要求，且简明扼要、内容完整、表述清晰、更新及时，避免职责之间的冲突。

（5）民航生产经营单位内部应当根据实际，围绕安全责任履职情况，建立内容全面、易于理解、操作性强的安全责任考核标准，并根据不同层级、不同部门、不同业务属性（与安全生产的关联程度）而有所区分，促进积极的安全文化。

“建立健全”与“组织建立健全”在责任体系中有所区别，前者更加强调亲力亲为、亲自审批、亲自把关。

2. 民航生产经营单位安全责任清单样例[1]

（1）单位主要负责人的安全责任。民航生产经营单位主要负责人是本单位安全生产第一责任人，对本单位安全生产工作全面负责，其安全责任至少包括：

1）对实施和保持本单位有效的 SMS 负责，组织制定并批准本单位的安全政策和安全目标；

2）建立健全并落实本单位全员安全生产责任制，加强安全生产标准化建设；

3）组织制定并实施本单位安全生产规章制度和操作规程；

4）组织制定并实施本单位安全生产教育和培训计划，推动安全作风建设和安全文化建设；

5）保证本单位安全生产投入的有效实施；

6）组织建立并落实安全风险分级管控和隐患排查治理双重预防工作机制，督促、检查本单位的安全生产工作，及时消除安全隐患；

7）组织制定、实施并签署本单位的生产安全事故应急救援预案；

8）及时、如实报告生产安全事故，发生事故时立即组织抢救，在事故调查处理期间不得擅离职守；

9）召集本单位安全生产委员会、SMS 管理评审。

其中 1）和 9）是建有 SMS 的民航生产经营单位主要负责人的安全责任。

（2）单位党委（党组）主要负责人的安全责任。对于设有党委（党组）的民航生产经营单位，其党委（党组）主要负责人安全责任至少包括：

1）落实党中央、国务院关于加强安全生产工作的方针、政策和决策部署；

2）将安全生产工作纳入党委（党组）重要议事日程，定期听取安全生产工作汇报，研究安全生产工作，解决安全生产工作中的重大问题；

3）加强安全管理组织机构和干部队伍建设；

4）把安全生产纳入领导干部考核体系，建立健全领导干部考核体系，作为对各级领导干部考核的重要内容；

5）将安全生产宣传教育纳入党的思想宣传工作，引导广大从业人员全面参与、主动支持安全生产工作，开展全员安全生产活动和安全作风、文化建设、充分发挥安全文化的引领和推动作用；

---

[1] 引自《关于落实民航安全责任的管理办法》（民航规〔2023〕51 号）。

6）领导纪检机构调查处理安全工作中的失职和腐败问题，落实对党员干部的责任追究。

（3）专职安全生产分管负责人的安全责任。对于设有专职安全生产分管负责人的民航生产经营单位，其安全责任至少包括：

1）协助主要负责人履行安全生产管理职责，向单位主要负责人提供安全生产管理事宜方面的建议等；

2）领导本单位安全管理部门和安全管理人员开展安全生产管理工作，其他法律法规另有规定的，从其规定；

3）组织建立、实施本单位 SMS 并保持其有效性；

4）组织或者参加本单位安全会议，协调和沟通单位的安全问题；

5）必要时，就本单位安全相关事宜与民航行政机关或应急管理部门进行必要的协调和沟通。

其中 3）是建有 SMS 的民航生产经营单位专职安全生产分管负责人的安全责任。

“专职安全生产分管负责人”源于《中华人民共和国安全生产法》（2021 年修订版）中的非强制性岗位。主要负责人可以直管本单位安全管理部门，也可以设置“专职安全生产分管负责人”协助履行安全生产管理职责。“专职安全生产分管负责人”在不同单位可能称谓不同，可以与 Doc 9859（第 4 版）9.3.6 SMS 中的“（首席）关键管理人员”为同一个人，从而同时满足分管安全管理部门的独立性和向主要负责人的直接报告路径的要求。“专职安全生产分管负责人”与 SMS 中的“（首席）关键管理人员”也可以不是同一个人，例如由安全管理部门负责人作为本单位 SMS 的“（首席）关键管理人员”，同时在手册中明确一条向单位主要负责人进行直接报告的路径。需要注意的是，根据《运输机场安全管理体系（SMS）建设指南》（民航规〔2019〕50 号）3.1.3 的规定，安全经理如果需要安全管理部门主要负责人担任，须经所在地区管理局备案。

（4）单位分管生产运行或者其他业务负责人的安全责任。民航生产经营单位分管生产运行或者其他业务负责人对职责范围内的安全生产工作负责，其安全责任至少包括：

1）按照“三管三必须”，对职责范围内的安全生产工作负责；

2）组织分管领域的安全生产检查，及时消除安全隐患；

3）组织制定分管领域跨部门危险源的风险控制措施和跨部门安全隐患的整改措施；

4）组织开展分管领域的安全生产教育和培训，参与事件调查处理；

5）组织分管领域开展应急救援演练。

专职安全生产分管负责人的任命应当不导致与安全管理的任何利益冲突。因此同时分管安全管理部门和生产运行部门（或其他职能部门）的负责人不属于《中华人民共和国安全生产法》（2021 年修订版）中的“专职安全生产分管负责人”，属于第五条所述的“其他负责人”。该管理模式可能会导致安全管理部门履职时的额外压力和公正性。

（5）安全管理部门的安全责任。安全管理部门以及安全管理人员，其安全责任至少包括：

1）组织或者参与拟定本单位安全生产规章制度、操作规程和生产安全事故应急救援预案；

2）组织或者参与本单位安全生产教育和培训，如实记录安全生产教育和培训情况，组织开展安全作风和文化建设；

3）组织开展危险源识别、风险分析和评价分级，拟定或者组织其他业务部门拟定相关安全风险控制措施，督促落实本单位重大危险源、重大风险的安全管理措施；

4）组织或者参与本单位应急救援演练；

5）检查本单位的安全生产状况，及时排查安全隐患，提出改进安全生产管理的建议；

6）如实记录本单位安全隐患排查治理情况，并向从业人员通报；

7）制止和纠正违章指挥、强令冒险作业、违反操作规程的行为；

8）督促落实本单位安全生产整改措施。

《中华人民共和国安全生产法》（2021 年修订版）中要求的“安全生产管理机构”应当是企业内部设立的独立主管安全生产管理事务的部门，且该部门的所有人员均属于专职安全生产管理人员，均应当参加局方认定的安全培训并考核合格。通常，民航生产经营单位中的“安监、航安、安质、安管”等部门本质上都是“安全生产管理机构”，企业在组织架构中如将除此以外的其他部门划定为“安全生产管理机构”，则须确保该部门的所有人员由具备条件的安全培训机构实施并考核合格。

《中华人民共和国安全生产法》（2021 年修订版）中要求运输单位设置安全管理部门或者配备专职安全管理人员。如果民航生产经营单位未配备安全管理部门，那么“安全管理部门的安全责任”将由该单位所配备的专职安全管理人员履行。

（6）生产运行部门的安全责任。生产运行部门的安全责任至少包括：

1）制定并实施本部门安全生产规章制度、操作规程，遵守本单位安全生产规章制度和操作规程；

2）组织或者参与制定生产安全事故应急救援预案；

3）建立健全并落实本部门全员安全生产责任制；

4）开展本部门危险源识别、风险评价和风险控制工作，制定本部门职责范围内的风险控制措施；

5）检查本部门的安全生产状况，及时排查治理本部门职责范围内的安全隐患，制定本部门职责范围内的安全隐患整改措施，如实记录本部门安全隐患排查治理情况，并向本部门从业人员通报；

6）开展本部门安全生产教育和培训，如实记录安全生产教育和培训情况，开展本部门安全作风和文化建设；

7）组织或者参加本单位应急救援演练；

“生产运行部门”指民航生产经营单位内部所从事的工作直接影响民航安全的部门。

（7）业务职能和保障部门的安全责任。业务职能和保障部门的安全责任通常包括：

1）建立健全并落实本部门全员安全生产责任制，制定职责范围内安全生产规章制度或操作规程，遵守本单位安全生产规章制度和操作规程；

2）组织或者参与制定生产安全事故应急救援预案；

3）组织或参与本单位安全风险管理工作，制定本部门职责范围内的风险控制措施；

4）及时排查治理本部门职责范围内的安全隐患，制定本部门职责范围内的安全隐患整改措施，如实记录本部门安全隐患排查治理情况并向本部门从业人员通报；

5）组织或参与本单位安全生产教育和培训，如实记录安全生产教育和培训情况；

6）组织开展或参与本单位应急救援演练。

“业务职能和保障部门”指除安全管理部门、生产运行部门、工会之外的部门，如飞行技术管理、机务工程管理等业务主管部门，以及人力资源、财务、市场、后勤等其他部门。

（8）工会的安全责任。工会的安全责任至少包括：

1）依法对安全生产工作进行监督，依法组织职工参加本单位安全生产工作的民主管理和民主监督，协助和督促企业依法落实工会在职工安全生产方面的知情权、参与权、监督权和紧急避险权；

2）对本单位制定或者修改有关安全生产的规章制度，提出意见；

3）有权依法参加事故调查，向有关部门提出处理意见，并要求追究有关人员的责任；

4）发现单位违章指挥、强令冒险作业或者发现安全隐患时，有权提出解决的建议；

5）有权要求纠正生产经营单位违反安全生产法律、法规的行为，侵犯职工合法权益的行为；

6）发现危及职工生命安全的情况时，有权向单位建议组织职工撤离高危场所。

此外，民航生产经营单位应当在此基础上将其他适用的法律、法规、部门规章、规范性文件等对相应部门或机构安全责任的要求，以及本单位所有安全主体责任分解的安全责任一并纳入本单位相应的岗位或机构的安全责任。比如，法定自查的工作职责、作风建设等。

3. 全员安全生产责任制的落实

全员安全生产责任制应当落实到本单位的规章制度、操作规程，以及各层级人员的责任清单和实际工作之中。以主要负责人“组织制定并实施本单位安全生产教育和培训计划”的法定职责为例，该职责不仅应当体现在单位主要负责人的安全责任中，还应当体现在该单位的安全生产教育和培训管理相关的规章制度和工作之中。

示例：某单位安全生产责任及职责见表 3-2。

表 3-2　某单位安全生产责任及职责

安全责任	具体职责
对实施和保持本单位有效的 SMS 负责，组织制定并批准本单位的安全政策和安全目标	（1）建立 SMS 或等效的安全管理机制，并确保其有效运转； （2）由主要负责人签发的安全政策； （3）由主要负责人签发的安全目标； （4）将安全生产标准化与 SMS 有机融合
建立健全并落实本单位全员安全生产责任制，加强安全生产标准化建设	（1）主持审议、审定并签发全员安全生产责任制； （2）单位的全员安全生产责任制已经覆盖所有职能、所有层级和所有职工，且与相关制度保持一致，无职责交叉、空缺等； （3）每年至少组织开展一次对全员安全生产责任制落实情况的考核，推动全员安全生产责任制的落实
组织制定并实施本单位安全生产规章制度和操作规程	（1）明确不同层级安全生产规章制度和操作规程的制定流程； （2）组织开展对本单位安全生产规章制度和操作规程落实情况的监督检查

续表 3-2

安 全 责 任	具 体 职 责
组织制定并实施本单位安全生产教育和培训计划，推动安全作风建设和安全文化建设	（1）组织编制本单位年度安全生产教育和培训计划（可编制专门的安全生产教育和培训计划，也可以把安全生产教育和培训内容纳入单位职工安全生产教育和培训计划）； （2）确保本单位安全生产教育和培训计划实施的人、财、物等资源，督促相关部门按计划开展培训工作； （3）按要求参加法定安全生产教育培训
保证本单位安全生产投入的有效实施	（1）确保安全资源的有效配置，设置安全管理部门、配备专兼职安全管理人员； （2）组织编制本单位年度安全生产费用预算； （3）组织对安全生产费用使用统计情况进行跟踪检查
组织建立并落实安全风险分级管控和隐患排查治理双重预防工作机制，督促、检查本单位的安全生产工作，及时消除安全隐患	（1）组织建立符合行业要求和本单位运行实际的安全风险分级管控和隐患排查治理双重预防工作机制； （2）确保本单位管控安全风险和治理安全隐患所需的人、财、物等资源投入； （3）组织开展对安全风险分级管控和隐患排查治理双重预防工作机制落实情况的监督检查； （4）带队对本单位重大安全隐患排查整治情况开展检查，及时掌握、消除重大安全隐患； （5）每年至少组织和参加一次综合安全检查，组织分析检查中发现的突出或系统性问题，确定整改措施，及时消除隐患； （6）督促开展综合、季节性、专项等安全检查
组织制定、实施并签署本单位的生产安全事故应急救援预案	（1）组建应急领导机构并担任主要负责人； （2）组织制定本单位生产安全事故应急预案； （3）组织编制本单位年度生产安全事故应急预案演练计划； （4）确保应急资源（资金、设备、设施、物资、人员等）的有效配置； （5）发生突发事件后，应按照职责启动预案，组织应急处置和救援
及时、如实报告生产安全事故，发生事故时立即组织抢救，在事故调查处理期间不得擅离职守	（1）收到事故报告后，按规定迅速向地方政府和上级单位报告事故情况，签发事故快报； （2）组织成立工作组，开展应急处置工作； （3）配合有关部门对事故的调查处理
召集本单位安委会、SMS 管理评审	（1）担任本单位安委会主任； （2）参加本单位安委会会议并就安全生产工作进行部署要求； （3）参加本单位 SMS 管理评审会

4. 全员安全生产责任制的公示

民航生产经营单位应当在适当位置，或者以体现在本单位或者部门的手册等形式，对本单位全员安全生产责任制进行长期公示。公示的内容主要包括：所有层级、部门和岗位的责任人员、安全责任、安全责任考核标准等。

5. 全员安全生产责任制的教育培训

民航生产经营单位应当将全员安全生产责任制教育培训工作纳入年度安全生产教育和

培训计划，对所有职工进行全员安全生产责任制教育培训，并将相关教育培训情况等如实记录在安全教育培训档案中。

全员安全生产责任制教育培训的主要内容至少包括该岗位应当履行的职责和义务，未履行或未正确履行职责和义务时应当承担的不利后果，并了解与自身履职密切相关的部门或岗位的责任。

6. 全员安全生产责任制的监督考核

民航生产经营单位应当建立全员安全生产责任制落实的监督考核机制，由主要负责人牵头、相关部门人员组成监督考核领导机构，自上而下监督并定期考核本单位全员安全生产责任制的落实情况，并协调处理全员安全生产责任制执行中的问题。主要负责人安全责任的考核由其上级单位实施。

全员安全生产责任制落实情况的监督考核机制出自《安全生产法》要求，侧重于安全责任的履职考核。民航生产经营单位应当成立或指定已有的组织机构作为本单位全员安全生产责任制的监督考核领导机构，该机构可包括安全管理、人力、财务、法务等相关部门。民航生产经营单位可将安全责任考核与安全生产奖惩措施挂钩，如对履职较好对航空安全作出贡献的部门或者岗位给予奖励。

（三）民航生产经营单位的安全领导责任

民航生产经营单位主要负责人是本单位安全生产第一责任人，对本单位的安全生产工作全面负责；党委（党组）主要负责人对党委（党组）职责范围内的安全生产工作全面负责。民航生产经营单位的其他负责人（如各生产经营单位分管运行、分管维修、分管财务等公司级副职领导）对职责范围内的安全生产工作负责。民航生产经营单位可以设置“专职安全生产分管负责人”，协助主要负责人履行安全生产管理职责。

根据国务院安委会“十五条硬措施”，单位主要负责人通常指生产经营单位法定代表人、实际控制人、实际负责人。单位主要负责人具体职务因民航生产经营单位的法律组织形式不同，其名称有所不同，对于有限责任公司和股份有限公司，主要负责人通常是公司董事长和总经理；对于非公司制的企业，主要负责人为行政“一把手”。

董事长和总经理均是单位主要负责人时，其安全责任应当至少包括“单位主要负责人的安全责任”中的所有内容，并在职责清单中明确两者的履职分工。

党政同责是指单位党委书记和行政“一把手”同样对安全生产工作负责，但不表示民航生产经营单位行政“一把手”和党委书记负有同样的责任。

民航生产经营单位应当在其手册或者安全生产制度中明确本单位担任主要负责人的具体职务，并确保其是生产经营单位开展生产经营活动的主要决策人，拥有本单位包括安全生产事项等生产经营活动的最终决定权。

（四）民航生产经营单位员工的安全岗位责任

民航生产经营单位的员工应当依法依规履行安全生产方面的职责和义务，其岗位安全责任包括但不限于：在管理和生产运行过程中，遵守本单位的安全生产和安全管理制度和操作规程，服从管理，正确佩戴和使用劳动防护用品；接受安全生产教育和培训，掌握本职工作所需的安全生产知识，提高安全生产技能，增强事故预防和应急处理能力；及时、如实报告安全隐患或者其他不安全因素。《安全生产法》仅规定了上述一般性责任，民航生产经营单位应当在此基础上，结合本单位安全主体责任和工作特点进一步健全职工的安全岗位责任。民航生产经营单位的各级管理干部不仅承担职责范围内的安全相关责任，也履行作为民航生产经营单位职工的安全岗位责任（如接受安全生产教育和培训），如飞行干部参与飞行时需要履行作为飞行员的安全岗位责任。

（五）责任追究要求

1. 基本原则

安全责任追究应当根据依法依规、公平公正、事实清楚、证据确凿、尽职免责、失职追责、错责相当、宽严相济的原则进行。

2. 责任追究方法

（1）确定责任归属。引起安全责任追究的事件发生后，应当首先在调查事实清楚的基础上，明确后果严重性，并判断责任归属。

1）按责任占比来划分，可分为全部责任和无责任、主要责任和次要责任、同等责任等三种情形；

2）从涉事单位来划分，可分为主体责任和监管责任；

3）从行为和后果的关联性划分，可分为直接责任和间接责任。

“直接责任人”是指在其职责范围内，不履行或者不正确履行自己的职责，对造成的损失或者后果起决定性作用的人员。

领导责任和监管责任属于典型的间接责任。“主要领导责任”是指在其职责范围内，对直接主管的工作不履行或者不正确履行职责，对造成的损失或者后果所负的直接领导责任。“重要领导责任”指在其职责范围内，对应管的工作或参与决定的工作不履行或者不正确履行职责，对造成的损失或者后果所负的次要领导责任。

（2）确定追责处理范围。依据相关法律、法规、规章、规范性文件等，对照拟追责单位和人员的责任及其相关负面行为的严重性，来确定追责处理范围。并非每一起事件或事由均须追究所涉及的所有单位和人员责任。

（3）确定追责处理尺度。为了培育积极的安全文化，在安全责任追究中既树立严的导向，又鼓励主动报告，体现宽严相济的处理原则，应当依法依规依纪在自由裁量范围内综合考虑是否主动报告，是否主动采取措施防止危害扩大，以及主观过错和损害后果等因素，确定追责处理的尺度。

（4）形成追责处理的文书。相关文书中应当写明追责原因和责任类型，以及违法违规违纪的具体条款。参考借鉴法律法规和纪律规定中的规范用语，追责处理文书中的相关描述尽量不使用“不到位”“不严”“不深入”“不彻底”等模糊性词语。

3. 注意事项

（1）责任追究过程中，应当避免责任追究的泛化，并非每起事件均需要追究所有层级的领导责任或监管责任，具体责任判定应当按照“谁调查、谁处理”的原则来确定。同时应当考虑被追究责任单位的内部机构设置，责任追究层级和范围取决于触发事件后果及负面行为的严重性程度。根据国务院安委会“十五条硬措施”，对为了层层推卸责任而故意增加管理层级、设置追责“防火墙”的单位，发生重特大事故应当追究到集团公司主要负责人、分管负责人的责任。

（2）在责任追究中，针对同一事件，通常主体责任定责大于监管责任、直接责任大于间接责任、主要领导责任大于重要领导责任。

（3）安全责任追究所判定的“职责范围”，包括依照其规定职务所应当承担的具体职责和特定义务，也包括组织临时安排或抽调其从事的某项工作任务；“不履行职责”是指没有实施职务所要求实施的行为；“不正确履行自己的职责”是指履行了职责，但没有按照相关规定履行职责。

（4）撰写处理情况时，在部门和单位责任问题部分，明确列出与追责事件有关的职责，使相关事实、责任划分、追责与建议之间的关联度尽量直观明晰，同时注明适用的法律、法规、规章或者单位的安全生产规章制度和操作规程名称及具体条款内容，体现依法行政、依法定责、依法处理的法治精神。事件调查应当与以追究责任为目的的其他调查分开进行。

第五节　双重预防机制

一、民航双重预防机制出台背景

2013—2015 年，全国各地有关行业连续发生了几起特别重大生产安全事故。尤其是天津港“8・12”瑞海公司危险品仓库特别重大火灾爆炸事故发生后，国家层面开始重新思考和定位当前的安全监管模式和企业事故预防水平问题。2016 年 1 月 6 日，习近平总书记在中共中央政治局常委会会议上第一次提出“风险分级管控、隐患排查治理双重预防性工作机制”。此后，国家和地方陆续出台有关双重预防机制的文件，全面开始构建双重预防机制。

2021 年 6 月发布的《安全生产法》对于生产经营单位构建双重预防机制提出了明确要求。《安全生产法》第四条中明确规定：生产经营单位必须遵守本法和其他有关安全生产的法律、法规，加强安全生产管理，建立健全全员安全生产责任制和安全生产规章制度，加大对安全生产资金、物资、技术、人员的投入保障力度，改善安全生产条件，加强安全生产标准化、信息化建设，构建安全风险分级管控和隐患排查治理双重预防机制，健全风险防范化解机制，提高安全生产水平，确保安全生产。

《安全生产法》第二十一条生产经营单位主要负责人的职责中规定：组织建立并落实安全风险分级管控和隐患排查治理双重预防工作机制，督促、检查本单位的安全生产工作，及时消除生产安全事故隐患。《安全生产法》第四十一条规定：生产经营单位应当建立安全风险分级管控制度，按照安全风险分级采取相应的管控措施。生产经营单位应当建立健全并落实生产安全事故隐患排查治理制度，采取技术、管理措施，及时发现并消除事故隐患。事故隐患排查治理情况应当如实记录，并通过职工大会或者职工代表大会、信息公示栏等方式向从业人员通报。其中，重大事故隐患排查治理情况应当及时向负有安全生产监督管理职责的部门和职工大会或者职工代表大会报告。

为全面贯彻落实习近平总书记要求民航“安全隐患零容忍”的重要指示批示精神，民航局 2019 年下发了《民航安全隐患排查治理长效机制建设指南》，持续推进安全隐患排查治理长效机制建设。随着理论研究的深入和民航单位实践的开展，其内涵、逻辑和方式方法等都在不断完善。经过民航局和专家组的深入研究、多方调研、广泛征询意见，于 2022 年 8 月 31 日下发了《民航安全风险分级管控和隐患排查治理双重预防工作机制管理规定》

(民航规〔2022〕32号)。文件中对于民航生产经营单位如何构建双重预防机制提供了指导建议，同时重新对危险源、重大危险源、安全隐患、重大安全隐患、安全风险、重大安全风险都作出了明确定义和样例。对风险分级管控和安全隐患治理两个模块的运行机制也进行了说明并提供了危险源库和隐患库的相关表单。

二、双重预防机制与安全管理体系的关系

双重预防机制的第一重预防机制——安全风险分级管控，对应民航SMS的第二大支柱——安全风险管理，本质相同。双重预防机制的第二重预防机制——安全隐患排查治理，属于民航安全管理体系的第三大支柱——安全保证的一部分，安全隐患排查同时也是获取安全绩效监测数据的一种方式，并且可能发现新的危险源。

由此可见，双重预防机制是具有中国特色的安全管理与国际民航的安全管理体系的相互融合，更加符合中国民航安全管理的实际。通过构建双重预防机制，可将安全管理的风险管理模块与安全绩效监测模块有效连接循环，形成一个持续改进的闭环。双重预防机制需要民航生产经营单位重新梳理安全管理手册和程序，结合最新要求进行改版和培训。

三、双重预防运行机制

事故双重预防运行机制如图3-4所示。

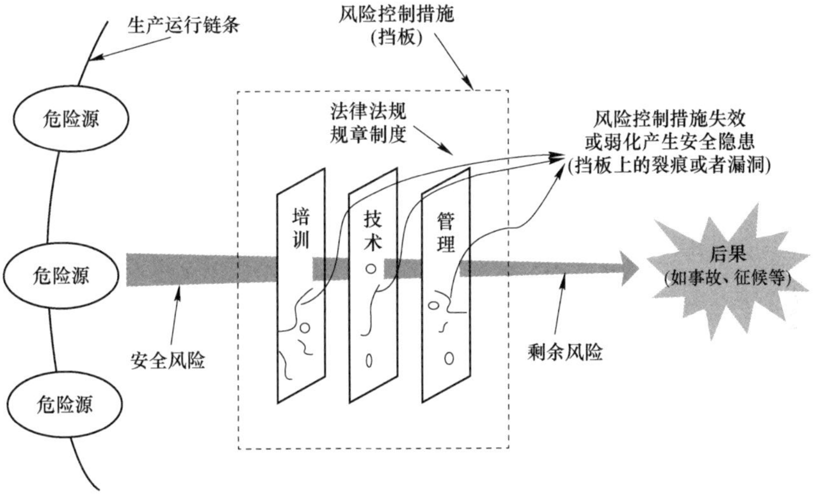

图3-4　双重预防运行机制

四、安全风险分级管控

(一) 总体要求

民航生产经营单位应当建立健全安全风险分级管控制度，该制度应当包括对安全风险分级管控的职责分工、系统描述、危险源识别、风险分析、风险评价分级和风险控制过程，以及安全风险分级管控台账等管理要求。

(二) 系统描述

参照Doc 9859文件的相关要求，“系统描述”是《安全管理体系手册》的必要内容，

应当至少包括组织机构、业务流程、可能涉及的设施设备、运行环境、规章制度和操作规程，以及接口的描述，以界定 SMS 及其子系统的边界，确定双重预防机制在体系内的特征。使用系统描述可以使民航生产经营单位能够更清晰地了解其众多的内外部交互系统和接口，有助于更好地定位危险源、安全隐患，并管控相关风险。同时，及时更新系统描述还有助于了解各种变动对 SMS 流程和程序的影响，满足 SMS“变更管理”对系统描述进行检查的相关要求。系统描述通常包含带有必要注释的组织机构图、核心业务流程图，及各项相关政策、程序的列表，但民航生产经营单位应当使用适合其自身的方法和格式编制适合本单位运行特点和复杂程度的系统描述。

（三）危险源识别

民航生产经营单位应当综合使用被动和主动的方法，识别与其航空产品或服务有关、影响航空安全的危险源，描述危险源可能导致的事故、征候以及一般事件等后果，从而梳理出危险源与后果之间存在可能性的风险路径。对重大危险源应当专门登记建档，进行定期检测、评估、监控，并制定应急预案，告知从业人员和相关人员在紧急情况下应采取的应急措施。民航生产经营单位应当按国家有关规定将本单位重大危险源及有关管控措施、应急措施报所在地地方人民政府应急管理部门和所在地监管局备案，并抄报所在地地区管理局。此环节涉及的典型流程包括：

1. 风险管理的启动

发生以下情形时，应启动风险管理：

（1）行业、上级单位通报不安全事件时。

（2）运行过程中发现新的危险源。

（3）安全隐患回溯风险要求。

（4）变更风险管理：

1）有新的运行需求；

2）应用新的运行技术；

3）与运行相关的组织机构或关键人员发生变化；

4）与运行相关的系统硬件、软件发生变化以及局方规章、运行政策和场手册、程序发生变化等情况。

2. 危险源识别

常见的危险源样例如下：

（1）能量及能量载体。包括动能、机械能、电能、热能、势能等。能量型危险源样例：

1）动能：行驶中突然失控的场内车辆、对接航空器中突发故障的保障车辆等；

2）电能：裸露的电气设备、埋于地下的电缆等；

3）热能：高温物体、可燃物（航油、柴油等）、裸露的电气设备等；

4）势能：超过 2 m 的高处作业。

（2）物体。具备潜在危险性的、在系统中固有的、无法消除的物体，比如，有故障保留的航空器、带运行限制的航空器、飞机外表突出的部件、机腹下的天线、客梯车加装的突出的防雨棚等。

（3）环境。

1）运行环境：包括地形因素、地面坡度、视线不良、照明不足、地面湿滑、作业空间不足、标识不清、路线不合理等；

2）天气原因：雷暴和闪电、雾、沙尘暴、大风、雪或冰雹、飓风、洪水、降雨、地震、极端温度、结冰条件等天气原因；

3）外部因素：包括航空公司、空管、旅客、其他外部委托方、外来破坏、无人机、气球以及外部法规（要求）环境等。

（4）人。将“人”作为危险源时，应描述为“具备某特点的一类人”，比如，未经评估的关键人员、未经培训的关键人员等。

3. 后果及风险路径分析

识别到危险源后，应分析危险源可能导致的后果，梳理危险源与后果之间可能的风险路径。示例见表3-3。

表3-3 后果及风险路径分析

危险源	风险路径	可能导致的后果
施工现场产生的易飘散物品	未对现场易飘散物品进行遮盖、压实、系牢	外来物进入飞行区，造成FOD损伤航空器
	未定时采取检查、清扫措施	
施工区域的地下管线	未对施工现场进行摸排，确定管线走向	施工过程中损坏地下管线
	未按照施工方案进行施工	

4. 现有控制措施的识别

针对识别出的危险源，从技术、规章、培训、监督、应急、其他等六个方面梳理现有的风险控制措施，控制措施描述应尽量详细、具体、有针对性，例如，规章类的措施，应描述为“公司制定了《×××程序》，第×.×条规定了××××内容”。

（四）风险分析和风险评价分级

民航生产经营单位应当明确安全风险分级标准，对其所识别的、影响航空安全的危险源进行风险分析和评价分级，从高到低分为不可接受风险、缓解后可接受风险和可接受风险三个等级（采用更多等级的单位，需明确对应关系）。安全风险矩阵和分级标准由民航生产经营单位按民航局相关业务文件规定和本单位特点自行制定。安全风险指数采用字母与数字组合或单纯的数值来表示都是可接受的。典型流程如下所述。

1. 可能性等级评价

考虑该危险源所处的环境、条件，充分利用经验并结合现有的控制措施和启动机制，来推断危险源可能导致事故的可能性等级，最终确定危险源可能性定义数值。参考的可能性分级标准见表3-4。

表3-4 可能性等级评价

量化分值	可能性等级	后果发生频率	管理措施	员工胜任程度（意识、技能、经验）	设备设施现状	监测、控制、报警、补救措施
5	频繁的	每月1次（含）以上	从来没有检查； 没有制度程序	不胜任（无任何培训、无任何经验、无上岗资格证）	带病运行	无任何措施，或有措施从未使用

续表 3-4

量化分值	可能性等级	后果发生频率	管理措施	员工胜任程度（意识、技能、经验）	设备设施现状	监测、控制、报警、补救措施
4	经常	每季度 1 次（含）以上	偶尔检查或大检查； 有制度程序，但只是偶尔执行	不够胜任（有上岗资格证，但没有接受有效培训）	超期服役、经常出故障	措施有，但只是一部分，尚不完善
3	偶尔	每半年 1 次（含）以上	月检； 有制度程序，只是部分执行	一般胜任（有上岗证，有培训，但经验不足，多次出差错）	过期未检、偶尔出故障	措施有，但经常没有有效使用
2	极少	每年 1 次（含）以上	周检； 有制度程序，但偶尔不执行	胜任，但偶然出差错	运行后期，可能出故障	有，偶尔失去作用或出差错
1	不太可能	每两年发生 1 次（含）以上	日检； 有制度程序，且严格执行	高度胜任（培训充分，经验丰富，意识强）	运行良好	有效防范控制措施

注：确定可能性等级时，以多个指标中级别高者确定为最终级别。

2. 严重性等级评价

危险源的严重性是根据一系列危险源的后果综合判断或推导出的严重性等级；危险源的严重性是指在合理的、可预见的、最坏的情况下，一个不安全事件或状况所产生后果和影响。参考的严重性分级标准见表 3-5。

表 3-5 严重性等级评价

参考值	等 级	定 义
1	可接受的	人员伤亡：无人员受伤 经济损失：直接经济损失 1 万元以下。设备轻微损坏 机场关闭：不会导致机场关闭 媒体与公众反映：未引起媒体、公众的关注 环境因素：无环境影响 民用航空器事件：无影响
2	轻微的	人员伤亡：无人员受伤 经济损失：直接经济损失 1 万～10 万元。设备轻微损坏 机场关闭：不会导致机场关闭 媒体与公众反映：未引起媒体、公众的关注 环境因素：轻微环境影响 民用航空器事件：一般事件
3	严重的	人员伤亡：人员轻伤 经济损失：直接经济损失 10 万～50 万元。设备中度损坏 机场关闭：不会导致机场关闭 媒体与公众反映：引起媒体、公众的一般关注 环境因素：一般环境影响 民用航空器事件：一般征候、地面征候

续表 3-5

参考值	等 级	定　　义
4	危险的	人员伤亡：人员重伤 经济损失：直接经济损失 50 万~100 万元。设备严重损坏 机场关闭：不会导致机场关闭 媒体与公众反映：引起媒体、公众的普遍关注 环境因素：较大环境影响 民用航空器事件：严重征候
5	灾难性的	人员伤亡：人员死亡 经济损失：直接经济损失 100 万元以上。设备报废 机场关闭：导致机场关闭 媒体与公众反映：引起媒体、公众的强烈关注 环境因素：环境灾难 民用航空器事件：民用航空器事故

3. 风险等级评价

风险矩阵法是分析风险等级的一种结构性方法，通过事先对可能性和严重性确定等级划分，以可能性为横轴、严重性为纵轴的风险矩阵内，所标注点的位置称为“风险等级点”，风险等级点在矩阵表的位置反映了危险源的风险等级。参考的风险评估矩阵和可接受程度分别见表 3-6 和表 3-7。

表 3-6　风险评估矩阵

可能性（P） 严重度（L）	1 （极不可能）	2 （不太可能）	3 （极少）	4 （偶尔）	5 （频繁）
1（可接受的）	Ⅰ	Ⅰ	Ⅰ	Ⅱ	Ⅱ
2（轻微的）	Ⅰ	Ⅱ	Ⅱ	Ⅱ	Ⅲ
3（严重的）	Ⅰ	Ⅱ	Ⅱ	Ⅲ	Ⅳ
4（危险的）	Ⅰ	Ⅱ	Ⅲ	Ⅳ	Ⅳ
5（灾难性的）	Ⅱ	Ⅲ	Ⅳ	Ⅳ	Ⅳ

表 3-7　风险可接受程度

风险度	风 险 分 级
Ⅰ级	可接受的风险
Ⅱ级	缓解后可接受
Ⅲ级	缓解后可接受
Ⅳ级	不可接受

（五）风险控制

民航生产经营单位应依据危险源识别和安全风险评价分级结果，按“分级管控”原则建立健全风险管控工作机制。对于重大危险源和重大风险，由主要负责人组织相关部门制定风险控制措施及专项应急预案；对于其他缓解后可接受风险，由安全管理部门负责组织相关部门制定风险控制措施；对于可接受风险，仍认为需要进一步提高安全性的，可由相关部门自行制定措施，但要避免层层加码。对于涉及组织机构、政策程序调整等需要较长时间的风险管控措施，民航生产经营单位应当采取临时性安全措施将安全风险控制在可接受范围，且上述类型的风险控制措施制定后，应当重新回到系统描述，按需开展变更管理，并分析和评价剩余风险可接受后，方可转入系统运行环节。典型流程如下：

（1）风险控制措施的制定与审批；

（2）风险控制措施的落实；

（3）风险控制措施的跟踪验证；

（4）风险控制措施的固化；

（5）培训宣贯；

（6）持续监控。

（六）安全风险分级管控台账

民航生产经营单位应当利用信息化技术对风险分级管控工作进行动态监控，建立台账，至少如实记录危险源名称、危险源所在部门、是否是重大危险源、危险源可能导致的后果、现有风险控制措施、风险分级评价、计划风险控制措施、风险控制措施落实效果等安全风险分级管控情况。

五、安全隐患排查治理

（一）总体要求

民航生产经营单位应当建立健全并落实本单位的安全隐患排查治理制度，该制度包括对安全隐患排查治理的职责分工、安全隐患排查、重大安全隐患治理、一般安全隐患治理和安全隐患排查治理台账等管理要求。

要通过立整立改或制定等效措施等方法，确保可能导致风险失控的安全隐患“动态清零”，即：针对排查发现的安全隐患，应当立即采取措施予以消除；或对于无法立即消除的安全隐患，制定临时性等效措施管控由于受该安全隐患影响而可能失控的风险，并制定整改措施、确定整改期限且在整改完成前定期评估临时性等效措施的有效性。

（二）安全隐患排查

民航生产经营单位应当根据自身特点，采取但不限于安全信息报告、法定自查、安全审计、SMS审核以及配合行政检查等各种方式进行安全隐患排查。

如发现重大安全隐患，应按照重大安全隐患治理要求进行治理；如发现一般安全隐患，应当按照一般安全隐患治理要求进行治理；排查中如发现潜在的危险源，应回溯到“系统描述”进行定位和梳理，适时启动安全风险分级管控流程识别危险源并管控相关风险；如评估发现的问题不属于上述任何一类，可选择是否改进后，回到系统运行环节。

（三）重大安全隐患治理

对于重大安全隐患，民航生产经营单位应当至少做到以下要求：

（1）及时停止使用相关设施、设备，局部或者全部停产停业，并立即报告所在地监管局，抄报所在地地区管理局。

（2）回溯到“系统描述”环节进行梳理，按照“安全风险分级管控”要求启动安全风险管理，制定治理方案。

（3）组织制定并实施治理方案，落实责任、措施、资金、时限和应急预案，消除重大安全隐患。

（4）被责令局部或者全部停产停业的民航生产经营单位，完成重大安全隐患治理后，应当组织本单位技术人员和专家，或委托具有相应资质的安全评估机构对重大安全隐患治理情况进行评估；确认治理后符合安全生产条件，向所在地监管局提出书面申请，经审查同意后方可恢复生产经营。

与风险管理衔接中，参考的流程如下：

在制定治理方案时，回溯到“风险管理-系统描述”环节进行梳理，按照“安全风险分级管控”要求启动安全风险管理，制定治理方案：

（1）如未发现有新的危险源，且与已有的危险源和风险控制无关联，则直接制定治理方案；

（2）如发现有未识别到的危险源，则开展风险评价与控制，制定拟采取的风险控制措施落实后，风险可降低到“可接受风险”的等级，则按照拟采取的风险控制措施，制定治理方案，消除重大安全隐患后，将相关信息录入《危险源数据库》；

（3）如发现与已有危险源的控制措施有关联，则根据情况调整风险等级，制定拟补充的风险控制措施，风险可降低到“可接受风险”的等级，则按照拟采取的风险控制措施，制定治理方案，消除重大安全隐患后，将相关信息录入《危险源数据库》。

（四）一般安全隐患治理

（1）对于排查出来风险控制措施失效或弱化产生的一般安全隐患，治理过程中应当回溯到“风险控制”环节对风险控制措施进行审查和调整；对于涉及组织机构、政策程序调整等需要较长时间的风险管控措施，民航生产经营单位应当采取临时性安全措施将安全风险控制在可接受范围，且上述类型的风险控制措施制定后，应当重新回到“系统描述”，按需开展变更管理，并分析和评价剩余风险可接受后，方可转入系统运行环节。

（2）对于暂未关联到已有风险管控措施、因违规违章等情况被确定的安全隐患，如涉及重复性违规违章行为，回溯到“系统描述”环节进行梳理，并按需启动安全风险管理；如不属于重复性违规违章，可立即整改并关闭。

与风险管理衔接中，参考的流程如下：

（1）风险控制措施失效类隐患与风险管理的衔接。分析现有的风险控制措施（此处是指纳入《危险源数据库》中的），根据情况调整风险等级，如风险等级提高，需制定拟补充的风险控制措施，并评价在补充的风险控制措施落实并验证后，风险等级是否可以降至“可接受风险”。同时，分析是否会导致衍生风险，衍生风险是否可接受等。

如通过分析评价，拟采取的补充的风险控制措施可以降低风险等级，则根据拟采取的措施，制定隐患治理措施，并且在隐患治理措施验证关闭后，对《危险源数据库》中的“现有风险控制措施”和“风险等级”进行调整。

（2）重复性违规违章类隐患与风险管理的衔接。首先制定整改措施，落实并验证关闭。再对重复性违规违章的原因和整改措施进行分析，有以下几种情形：

1）整改措施不会带来新的危险源，也不影响现有风险控制措施的，无需衔接；

2）整改措施会带来新的危险源，启动风险管理进行控制；

3）整改措施不会带来新的危险源，但影响现有风险控制措施的，则需要重新进行风险评估与控制。

（五）安全隐患排查治理台账

民航生产经营单位应当做好以下工作：

（1）建立安全隐患排查治理台账，如实记录安全隐患名称、类别、原因分析、关联的风险控制措施、可能关联的后果、整改措施、治理效果验证情况等安全隐患排查治理情况。已经完成整改闭环的安全隐患可标记关闭，不再统计在本单位安全隐患总数内，但安全管理的数据库，以及判定重复性、顽固性安全隐患的比对资料，应当长期保存，不得随意篡改或删除。

（2）对重大安全隐患除填入安全隐患清单外，还应建立专门的信息档案，包括重大安全隐患的治理方案、复查验收报告以及报送情况等各种记录和文件。

（3）通过职工大会或者职工代表大会、信息公示栏等方式向从业人员通报安全隐患排查治理情况。

第六节　监督审核

一、安全检查

安全生产检查是生产经营单位安全生产管理的重要内容，其工作重点是辨识安全生产管理工作存在的漏洞和死角，检查生产现场安全防护设施、作业环境是否存在不安全状态，现场作业人员的行为是否符合安全规范，以及设备、系统运行状况是否符合现场规程的要求等。通过安全检查，不断堵塞管理漏洞，改善劳动作业环境，规范作业人员的行为，保证设备系统的安全、可靠运行，实现安全生产的目的。

（一）安全生产检查的类型

安全生产检查习惯上分为以下 6 种类型。

1. 定期安全生产检查

定期安全生产检查一般是通过有计划、有组织、有目的的形式来实现，一般由民航生产经营单位统一组织实施，如月度检查、季度检查、年度检查等。检查周期的确定，应根据民航生产经营单位的规模、性质、运行特点以及自然、地理环境等确定。定期安全生产检查一般具有组织规模大、检查范围广、有深度、能及时发现并解决问题等特点。

2. 经常性安全生产检查

经常性安全生产检查是由民航生产经营单位的安全生产管理部门、运行部门、科室（班组）或岗位组织进行的日常检查。一般来讲，包括交接班检查、班中检查、特殊检查等几种形式。

（1）交接班检查是指在交接班前，岗位人员对岗位作业环境、管辖的设备及系统安全运行状况进行检查，交班人员要向接班人员说清楚，接班人员根据自己检查的情况和交班人员的交代，做好工作中可能发生问题及应急处置措施的预想。

（2）班中检查包括岗位作业人员在工作过程中的安全检查，以及民航生产经营单位领导、安全生产管理部门和运行部门的领导或安全管理人员对作业情况的巡视或抽查等。

（3）特殊检查是针对设备、系统存在的异常情况，所采取的加强监视运行的措施。一般来讲，措施由技术人员制定，岗位作业人员执行。

交接班检查和班中岗位的自行检查，一般应制定检查路线、检查项目、检查标准，并设置专用的检查记录单。

岗位经常性检查发现的问题记录在记录单上，并及时通过信息系统和电话逐级上报。随着信息化水平的进一步提升，将所有检查过程电子化是更有效的信息处理和分析基础。一般来讲，对危及人身和设备安全的情况，岗位作业人员应根据操作规程、应急处置措施的规定，及时采取紧急处置措施或立即汇报。

3. 季节性及节假日前后安全生产检查

季节性安全生产检查由民航生产经营单位统一组织，检查内容和范围则根据季节变化，按事件发生的规律对易发的潜在危险，突出重点进行检查，如大风、低温、冰冻、雨雪、低能见度、雷电等检查。由于节假日（特别是重大节日和重大保障活动，如元旦、春节、劳动节、国庆节）前后容易发生事故，因而应在节假日前后进行有针对性的安全检查。

4. 专业（项）安全生产检查

专业（项）安全生产检查是对某个专业（项）问题或在运行中存在的普遍性安全问题进行的单项定性或定量检查。如对危险性较大的在用设备设施，作业场所环境条件的管理性或监督性定量检测检验则属专业（项）安全生产检查。专业（项）安全生产检查具有较强的针对性和专业要求，可能有制定好的检查标准或评估标准、使用专业性较强的仪器等，用于检查难度较大的项目。

5. 综合性安全生产检查

综合性安全生产检查一般是由上级主管部门组织对民航生产单位进行的安全检查。综合性安全生产检查具有检查内容全面、检查范围广等特点，可以对被检查单位的安全状况进行全面了解。

6. 职工代表不定期对安全生产的巡查

根据《工会法》及《安全生产法》的有关规定，生产经营单位的工会应定期或不定期组织职工代表进行安全生产检查。重点检查国家安全生产方针、法规的贯彻执行情况，各级人员安全生产责任制和规章制度的落实情况，从业人员安全生产权利的保障情况，生产现场的安全状况等。

（二）安全生产检查的内容

安全生产检查的内容包括软件系统和硬件系统。软件系统主要是查思想、查意识、查制度、查管理、查事故处理、查隐患、查整改。硬件系统主要是查生产设备、查辅助设施、查安全设施、查作业环境。

（三）安全生产检查的方法

1. 常规检查

常规检查是常见的一种检查方法，通常是由安全管理人员作为检查工作的主体，到作业场所现场，通过感官或辅助一定的简单工具、仪表等，对作业人员的行为、作业场所的环境条件、生产设备设施等进行的定性检查。安全检查人员通过这一手段，及时发现现场存在的安全隐患并采取措施予以消除，纠正作业人员的不安全行为。

常规检查主要依靠安全检查人员的经验和能力，检查的结果直接受到检查人员个人素质的影响。检查中应有检查记录表，及时记录检查中发现的问题，记录表应包含隐患描述、隐患区域、隐患发现时间等相关内容。

2. 安全检查表法

为使安全检查工作更加规范，将个人的行为对检查结果的影响减少到最小，常采用安全检查表法。安全检查表一般由工作小组讨论制定。安全检查表一般包括检查项目、检查内容、检查标准、检查结果及评价、检查发现问题等内容。

编制安全检查表应依据国家有关法律法规，民航生产经营单位现行有效的有关标准、规程、管理制度，有关事故教训，生产经营单位安全管理文化、理念，风险控制措施，季节性、地理、气候特点等。民航生产经营单位可以以局方监管事项库为基础，融合本单位的安全生产规章制度、工作程序等，制定本单位的检查事项清单。

3. 仪器检查及数据分析法

有些民航生产经营单位的设备、系统运行数据具有在线监视和记录的系统设计，对设备、系统的运行状况可通过对数据的变化趋势进行分析得出结论。对没有在线数据检测系统的机器、设备、系统，只能通过仪器检查法来进行定量化的检验与测量。

（四）安全生产检查的工作程序

1. 安全检查准备

（1）确定检查对象、目的、任务；

（2）查阅、掌握有关法规、标准、规程的要求；

（3）了解检查对象的运行过程、主要风险以及控制措施；

（4）制订检查计划，安排检查内容、方法、步骤；

（5）编写安全检查表或检查提纲；

（6）准备必要的检测工具、仪器、书写表格或记录本；

（7）挑选和训练检查人员并进行必要的分工等。

2. 实施安全检查

实施安全检查就是通过访谈、查阅文件和记录、现场观察、仪器测量的方式获取信息。

（1）访谈。通过与有关人员谈话来检查安全意识和规章制度执行情况等。

（2）查阅文件和记录。检查各类手册、标准操作程序、风险控制措施等是否齐全，是否有效；查阅相应记录，判断上述文件是否被执行。

（3）现场观察。对作业现场的生产设备、安全设施、作业环境、人员操作等进行观察，查找危险源、安全隐患等。

（4）仪器测量。利用一定的检测检验仪器设备，对在用的设施、设备、器材状况及作业环境条件等进行测量，发现隐患。

3. 综合分析

经现场检查和数据分析后，检查人员应对检查情况进行综合分析，提出检查的结论和意见。一般来讲，民航生产经营单位自行组织的各类安全检查，应由安全管理部门会同有关部门对检查结果进行综合分析；上级主管部门或地方政府负有安全生产监督管理职责的部门组织的安全检查，由检查组统一研究得出检查意见或结论。

4. 结果反馈

现场检查和综合分析完成后，应将检查的结论和意见反馈至被检查对象。结果反馈形式可以是现场反馈，也可以是书面反馈。现场反馈的周期较短，可以及时将检查中发现的问题反馈至被检查对象。书面反馈的周期较长但比较正式，上级主管部门或地方政府负有安全生产监督管理职责的部门组织的安全检查，在作出正式结论和意见后，应通过书面反馈的形式将检查结论和意见反馈至被检查对象。

5. 提出整改要求

检查结束后，针对检查发现的问题，应根据问题性质的不同，提出相应的整改措施和要求。民航生产经营单位自行组织的安全检查，由安全管理部门会同有关部门，共同制定整改措施计划并组织实施；由上级主管部门或地方政府负有安全生产监督管理职责的部门组织的安全检查，检查组提出书面的整改要求后，民航生产经营单位组织相关部门制定整改措施计划。

6. 整改落实

对安全检查发现的问题和隐患，民航生产经营单位应制订整改计划，建立安全生产问题隐患台账，定期跟踪隐患的整改落实情况，确保隐患按要求整改完成，形成隐患整改的闭环管理。安全生产问题隐患台账应包括隐患分类、隐患描述、问题依据、整改要求、整改责任单位、整改期限等内容。

7. 信息反馈及持续改进

民航生产经营单位自行组织的安全检查，在整改措施计划完成后，安全管理部门应组织有关人员进行验收。对于上级主管部门或地方政府负有安全生产监督管理职责的部门组织的安全检查，在整改措施完成后，应及时上报整改完成情况，申请复查或验收。

对安全检查中经常发现的问题或反复发现的问题，民航生产经营单位应从规章制度的健全和完善、从业人员的安全教育培训、设备系统的更新改造、加强现场检查和监督等环节入手，做到持续改进，不断提高安全生产管理水平，防范生产安全事故的发生。

二、安全检查与法定自查的融合

民航生产经营单位推行的法定自查作为隐患排查的一种手段，实施时可融入自身管理体系所需的各类检查、审核和审计之中，在制度、机构、人员、文件、实施等要素和环节上互联互通、有效合并实施、结果互用互认，提高管理系统性和效率。安全检查和法定自查工作可以在以下六个方面实现有机融合：

（1）制度融合。民航生产经营单位可以将法定自查工作的有关要求融入安全检查工作程序中，建立《法定自查制度内容索引单》备查。融入的内容包括：法定自查人员管理、法定自查事项清单管理、法定自查计划管理、法定自查实施和闭环管理、案卷整理、数据分析与应用。

（2）机构和人员融合。法定自查人员可以和安全检查员合并授权，考虑到法定自查工作应由具备相应执照的人员完成，所以授权应区分专业进行。统一法定自查人员和安全检查员的选择、培训、聘用、评估等管理机制，一次授权，可履行多项工作职责。

（3）事项融合。将“法定自查事项清单”定位为公司“检查项目库”，所有需要开展监督、审核的事项均纳入库中，与局方 SID 对应的检查项，做好对应关系，不属于局方

SID 的，自行编号并制定检查标准，纳入库中。

（4）计划融合。在事项融合的基础上，编制年度安全检查计划时，检查内容从“公司检查项目库”中选取，该计划同时也是法定自查计划。

（5）实施融合。所有监督审核的检查项，均从“公司检查事项库”中抽取，开展的所有检查、审核等，均可视为“法定自查”，检查结果直接输入法定自查结果中。

（6）问题处理融合。在进行问题整改时，不管问题来源于安全检查（法定自查）、事件调查、安全报告、外部单位检查、内部审核等，均统一按照隐患排查治理工作流程进行，做到问题分类方法、问题分级方法、问题处理流程三者统一。

第七节　安全信息

随着安全管理体系的建立和推广，航空业越来越关注大量存在于运行过程中的偏差，希望能够通过及时地纠正来控制这些偏差，减少对安全目标的偏移，降低不安全事件发生的可能性，从而实现持续安全，相比只靠安全经验和教训做出的决策来说，已经向前迈进了一大步。但要想及时地、准确地从运行中发现偏差，仅依靠管理人员的个人能力是远远不够的。国际民航组织对 SMS 重要作用的界定是通过信息和数据驱动的方式管理安全风险的。SMS 正逐步成为全球民航业安全管理的通用做法，它的实施同时彰显了获得以及利用高质量安全信息和数据的重要性。信息和数据能够帮助我们识别危险源，并采取有效措施对风险进行管控，这可以让航空安全管理者在做出决策之前充分了解存在的风险和隐患，从而采取预先管理的方法，进一步提升安全管理水平。

国际民航组织在《国际民用航空公约》附件 19《安全管理》的定义中对安全数据和安全信息作了区分。安全数据是最初报告或记录的作为观察或测量结果的数据。当它在特定的环境下经过处理、组织、综合或分析后，便转换为安全信息，使其有助于安全管理。安全信息可以继续以不同的方式予以处理，以提取不同的含义。附件 19 要求服务提供者综合采用被动和主动安全数据收集方法，在此基础上开发和维护一个对其活动中的危险进行收集、记录、采取行动和产生反馈的正式过程。

一、安全信息的收集范围

企业需要确定需要收集的安全数据和安全信息范围，以支持安全绩效管理过程并做出安全决策。安全数据和安全信息需求可采用自上向下和/或自下向上的方法确定。所收集的安全数据和安全信息用于支持安全绩效监测、评估现有风险控制措施有效性以及发现新的危险源。典型安全数据和安全信息示例见图 3-5。

二、安全报告

民航生产经营单位的安全信息报告分为强制报告和自愿报告。强制报告和局方的自愿报告系统在本书“民航安全信息管理”一章中单独介绍，本节仅介绍民航生产经营单位内部的安全报告系统。

安全信息收集的唯一目的就是提高航空安全水平。在这一过程中，信息保护尤为关键，它是确保长期获得信息的前提条件。安全报告系统所带来的益处是显而易见的，且具

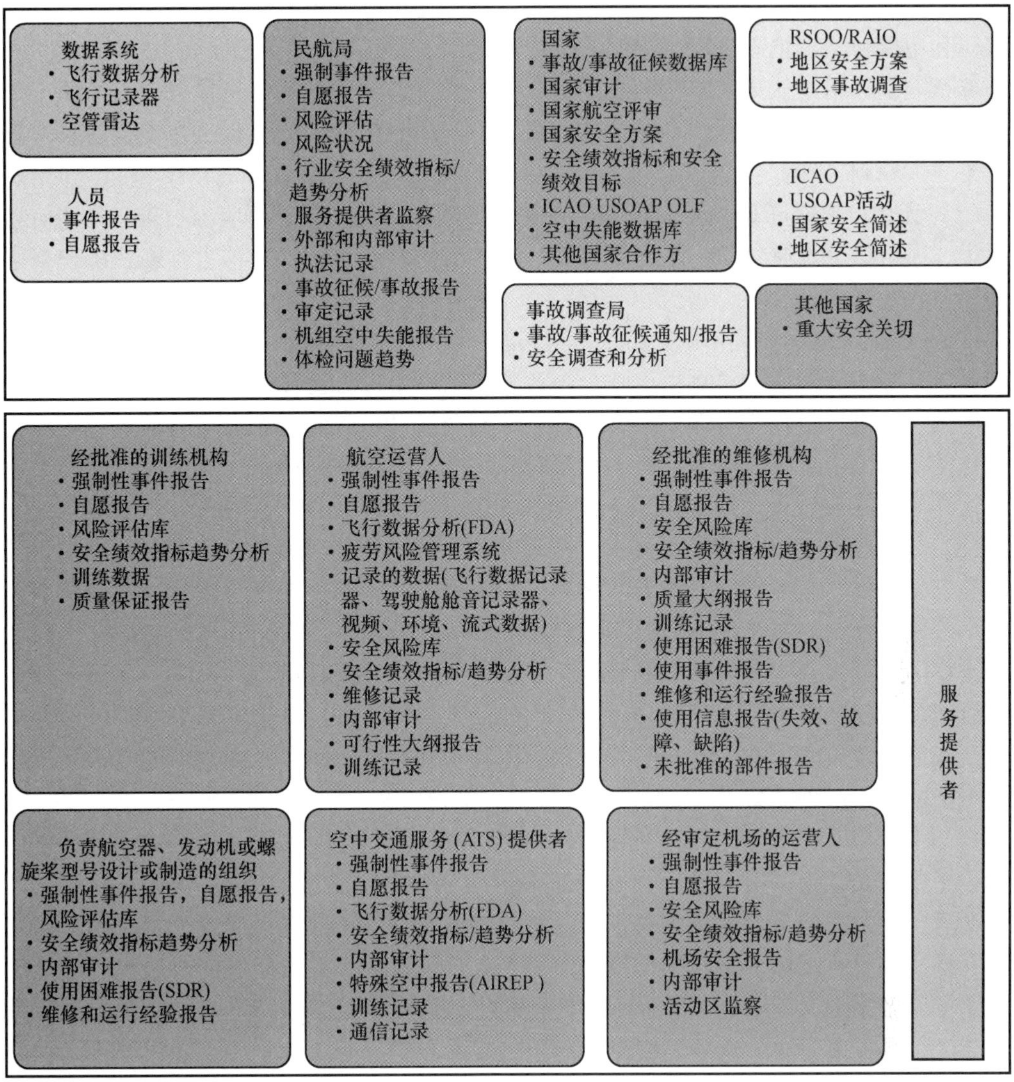

图 3-5　典型的安全数据和安全信息源

有双重性。首先，一线员工往往是最直接面对安全风险的群体，他们通常能够敏锐地察觉到潜在的风险。通过安全报告系统，这些员工能够积极参与到安全风险的识别与控制中。其次，管理层可以通过该系统收集到大量关于潜在安全风险的信息。这些信息不仅有助于管理层制定更为精准的安全策略，还能增进管理层与一线员工之间的信任。当员工感受到管理层对于安全问题的重视与关心时，他们会更愿意参与到安全工作中来，形成一个良性循环。因此，我们应不断完善和优化安全报告系统，确保其在提高航空安全水平方面发挥更大的作用。

目前，我国民航各企事业单位也逐步建立起自己的自愿报告系统，目的是发现系统内部存在的问题，提高企业自身的安全水平。自愿报告系统的工作原则是恪守自愿性、保密性和非处罚性。只有赢得了报告人的信任，才能获得大量及时、准确、真实而详细的不安全事件信息的报告。由于存在非处罚性，因此自愿报告系统对受理范围作了严格的规定。

对于事故或征候等适合强制报告系统报告的范畴，在自愿报告系统中是不受理的。对于触犯法律和犯罪行为，也不属于自愿报告的受理范围。

春秋航空公司就认为：安全信息的一个重要渠道来源于员工信息报告，为了便于安全信息收集，便于员工信息报告，减少信息报告中的环节和烦琐的流程，在安全信息上报上制定了三大原则，即：

（1）无需员工判断是否需要报告。首先，不需要员工判断是否应当报告，哪些信息需要报告，哪些信息没有价值，不需要报告。这些事情不需要员工费神去判断，统统交给专业的安全人员来做。

（2）无需员工考虑报给哪个部门。这和第一个不要判断是否报告相似。无需判断是否应当报告，也无需考虑报给哪里。一个企业只能有一个报告途径，这样可以便于信息的汇总和管理。如果一个企业有多个报告途径，分安全信息、服务信息、空防信息、运行信息等，这些不同的信息报告渠道，员工上报时先判断属于哪类的信息，再记住不同的上报渠道，这样做会导致效果大打折扣。

（3）不需要员工区分报告的类型。一般来说，民航生产经营单位内部的信息报告分为运行类、安全类、服务类、空防类等多种，一个报告属于哪种类型，不要说普通员工，就算是负责信息管理的专业人士，也不一定能分辨清楚。同时，我们知道很多信息是同属于多种类型的，或者说一条信息可能既包含了安全的内容，也有运行的内容，如果强行区分开，可能就忽视了其中包含的部分信息。比如复飞备降返航，既是安全信息，也包含运行信息。颠簸导致旅客受伤，既有服务信息，也有安全信息。所以，我们不能要求员工将信息强行区分属于何种类型。

自 2013 年开始，首都机场开始探索超大型机场的“微安全”管理模式，以民航局倡导的公正报告文化为指引，推行“安全随手拍”，将微信与安全信息报告相结合，员工发现问题后，通过微信平台进行报告，信息直达机场安全管理部门，后续分发责任部门对问题进行核实和整改闭环。为鼓励上报，核实为有效信息的，根据问题的严重程度或风险等级，给予问题报送人 50~800 元不等的安全奖励。截至 2022 年 6 月，已有 70 余家驻场单位的 28821 名员工关注公众号，广泛参与报告安全信息，已累计收到各类报告信息 47579 条，经核实有效问题 21093 条，有效信息年平均报告 2000 余条。对安全随手拍问题报送数量和有效问题数量进行分析，发现问题报告数量逐渐下降并趋于平稳，一方面确实因为现场问题得到了解决和控制，另一方面是基于长期的参与和安全知识的学习，基层员工经验得到积累，无效和重复报送问题在减少，有效问题占比从 16.9%提升至 40%以上。对有效问题数量和异常事件数量进行分析，发现有效问题报告数量和异常事件数量基本呈现负相关规律，即问题报告数量较多时，异常事件数量呈现下降趋势。特别是通过对一些风险等级高、典型性强的问题的报告、整改、提升，如广告牌灯光影响了目视飞行、训练用飞机重心偏移、消防设备器材损坏、机坪违章、道面外来物等问题，充分调动了各级人员的主观能动性，有效促进了隐患整改和风险防范效果，降低了各类事件的发生概率。

首都机场安全随手拍的推进过程分为启动推广、规范管理、持续优化三个阶段。在启动推广阶段，2013 年起，基于微信公众号平台，初步建立起安全随手拍报告系统，广泛开展活动宣传推广，员工关注后，发现问题并报告后，直达机场安全管理部门，后台人员线下分发、组织核实、跟踪整改、兑现奖励，并有效保护报告人信息，消除安全信息报告的

“隐形”阻力。在规范管理阶段，2018 年，安全随手拍接入安全信息化平台，问题报送后推送至管理平台生成待办，问题的分发、流转、核实、整改、跟踪验证等环节进一步明确，并全部在线上完成，代替了原始低效的表单传递方式，丰富了数据统计分析维度，建立了《安全随手拍管理办法》，固化运作经验和管理机制，更加充分发挥微信公众号平台作用。在持续优化阶段，2020 年底开始，对手机端问题报送页面和后台系统进行升级优化，规范填写内容，增加选填项，实现问题反馈，细化问题分类，实现与隐患库、风险库的关联，强化数据流的快速传递、跟踪实施、统计分析、串联应用等。结合实际，丰富活动内容，不断完善配套的管理办法和奖励机制。

三、安全数据的处理

安全数据处理是指操作安全数据，以有用的形式（如图表、报告或表格）产生有意义的安全信息。与安全数据处理相关的一些重要考虑事项包括数据质量、聚合、融合和过滤。

（1）数据质量。数据质量是指数据干净、符合目的。数据质量涉及四个方面，即清洁性、相关性、及时性、准确性。

1）数据清理是指从记录集、表或数据库中检测和修改（或删除）损坏或不准确的记录的过程，是指识别数据不完整、不正确、不准确或不相关的部分，然后替换、修改或删除脏数据或糙数据。

2）相关数据是指满足企业需求并代表其最重要问题的数据。应根据其需求和活动来评估数据的相关性。

3）安全数据和安全信息的及时性是指用于决策的数据应该尽可能实时地反映正在发生的事情。通常需要根据形势的变化来进行判断。例如，两年前在一种机型上收集的数据，如果该机型仍在同一航线上运行，没有重大的变化，则这些数据可以及时反映情况。然而，一周前在一种机型上收集的数据，如果该机型不再使用，可能无法有效及时地反映当前的现实。

4）数据准确性指的是正确的值，反映了所描述的给定场景。数据不准确通常发生在用户输入错误的值或出现印刷错误时。迁移是数据不准确的另一个原因。当数据从一个数据库提取、转换并迁移到另一个数据库时，它可能会在一定程度上发生更改，特别是如果软件的鲁棒性不好。

（2）安全数据和安全信息的聚合。数据聚合是指将安全数据和安全信息收集并存储在企业的安全管理信息系统中，并以汇总形式表示以便进行分析。聚合安全数据和安全信息就是将它们收集在一起，从而产生更大的数据集。聚合目的是根据特定变量（如地点、机队型号或专业组）获得关于特定组或活动类型的信息。数据聚合可以对没有足够数据的组织提供帮助，确保正确地去除识别，以保护安全数据和安全信息的来源，并支持分析。

（3）数据融合。数据融合是将多个安全数据库合并，以产生比任何单个安全数据库提供的更一致、相互关联和有用的安全数据的过程。安全数据库的集成以及随后的减少或替换提高了上述数据的可靠性和可用性。因此，例如可以将来自航空运营人 FDA 系统的数据与气象数据和雷达数据融合，以获得更有用的数据库，便于进一步处理。

（4）安全数据和安全信息的过滤。安全数据过滤是指提炼安全数据库的策略或解决方案。数据库被提炼成决策者需要的简单数据，而不包括其他重复的、无关的甚至敏感的数据。可以使用不同类型的数据过滤器生成报告或以便于交流的方式显示数据。

四、安全信息分析

安全分析是应用统计或其他分析技术对安全数据和安全信息进行检查、审查、描述、转换、压缩、评估和可视化，以发现有用信息、提出结论和支持数据驱动决策的过程。分析帮助组织以统计数据、图表、地图、仪表板和演示文稿的形式生成可执行的安全信息。对于具有丰富安全数据的大型和/或成熟组织，安全分析尤其有价值。安全分析依赖于统计学、计算和运筹学的同时应用。安全分析的结果应该以使决策者能够做出基于数据驱动安全决策的方式表明安全情况。

（一）分析类型

常见的方法包括描述性分析、推理分析和预测分析（见图 3-6）。

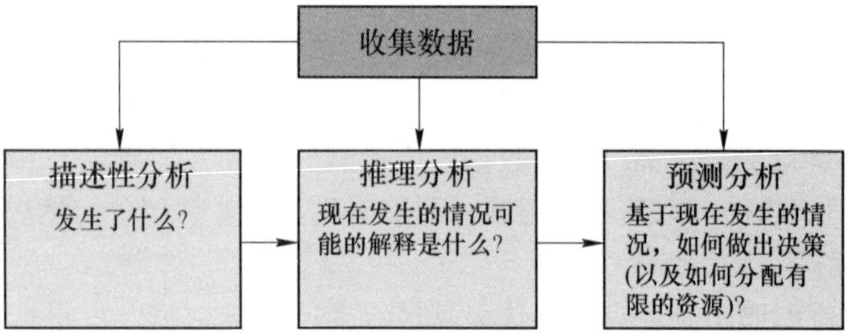

图 3-6 常用统计分析类型

1. 描述性分析

描述性分析是指用有意义和有用的方式来描述或汇总数据，使用恰当的方法可以发现数据中反映出的有价值的规律，能够有助于描述问题严重性、开展问题研究、提出解决方案。描述性分析的意义在于将大量的看似无序的或无法分析的原始数据以更有意义的方式展现出来，从而展现数据的深层次含义或简化数据的解释。描述性分析往往是处理原始数据的第一步，也是最容易做到的一步，只要完成了原始数据的采集和归类就可以方便地进行处理，是数据处理的基础。典型的描述性分析方法有以下几种：

（1）基本统计量分析。

1）集中趋势分析：通过计算均值、中位数、众数等统计量来描述数据的中心位置。均值是所有数据的平均值，中位数是将数据排序后位于中间的数值，众数则是数据中出现次数最多的数值。

2）离散程度分析：通过计算标准差、方差、极差等统计量来描述数据的分散程度。标准差和方差反映了数据与其均值的偏离程度，极差则是数据中的最大值与最小值之差。

（2）分布形态分析。

1）偏态分析：描述数据分布是否对称。如果数据分布向左偏斜，说明存在较小的极端值；如果向右偏斜，则说明存在较大的极端值。

2）峰态分析：描述数据分布的尖锐程度。如果峰态较高，说明数据集中在均值附近；如果峰态较低，则说明数据分布较为分散。

（3）图表描述。

1）直方图：用于显示数据的分布情况，可以直观地看到数据的集中和分散程度。

2）箱线图：通过显示数据的最大值、最小值、中位数、四分位数等特征值，来反映数据的分布情况和异常值。

3）茎叶图：一种特殊的图表，可以清晰地展示数据的分布情况，尤其是当数据量较大时。

2. 推理分析

推理分析的意义是在于使用样本数据表征总体数据。因为在实际运行中，有时想要获取全部的数据、要对每个项目数据进行逐一收集是难以完成的，所以需要通过采集样本数据来进行分析。推理分析可以利用对样本的归纳和推断得出结论，从而对总体数据的状态和趋势等进行描述。推理分析方法包括估计参数、检验统计假设、比较两组在同一测度上的平均表现等，用以确定差异或相似性，以及识别出变量之间可能的相关性和关系。典型的推理分析方法有：

（1）假设检验。假设检验是一种用于确定样本数据是否支持某个总体假设的统计方法。通过设定原假设和备择假设，利用样本数据计算检验统计量，并与临界值进行比较，从而判断原假设是否成立。

（2）参数估计。参数估计是利用样本数据来估计总体参数（如均值、方差等）的一种方法。通过计算样本统计量（如样本均值、样本方差等），并利用这些统计量来估计总体参数的值。

（3）置信区间计算。置信区间是一个基于样本数据计算出的范围，用于估计总体参数的真实值可能落入的区间。通过计算置信区间，我们可以了解总体参数的真实值有多大的概率落在这个范围内。

3. 预测分析

预测分析是指从历史数据和当前数据中提取信息并用于预测趋势和行为的概率。通常情况下在做数据处理时更多的是关注未来的未知事件，但预测分析也可以应用于对历史数据进行分析。预测分析的核心是通过历史数据获取变量间的关系，并利用这些关系预测结果。由于总结出了数据间的变量关系，还可以对不同的风险和决策进行建模分析和推演，观察不同风险和决策带来的不同结果。这使决策者能够评估他们在面对未知情况时做出的决定并判断他们如何能够将有限的资源分配到风险最大的地方。典型的预测分析方法如下：

（1）时间序列分析。这是一种基于时间顺序排列的数据集合进行预测的方法。通过时间序列分析，可以了解未来的趋势和模式，从而做出更准确的决策。

（2）回归分析。回归分析是确定两种或两种以上变数间相互依赖的定量关系的一种统计分析方法。它通过建立数学模型来预测数值结果。回归分析按照涉及的自变量的多少，可分为一元回归分析和多元回归分析；按照自变量和因变量之间的关系类型，可分为线性回归分析和非线性回归分析。

1）线性回归分析：常用于预测数值型数据，它基于自变量与因变量之间的线性关系建立模型，并利用该模型对未知的因变量进行预测。

2）Logistic 回归分析：常用于预测分类变量数据，又可细分为二元 Logistic 回归、有序 Logistic 回归和多分类 Logistic 回归。

3）非线性回归分析：可以用于预测具有非线性关系的数据，与线性回归不同，非线性回归使用非线性方程来拟合数据。

（3）机器学习类预测方法。这些方法通过学习数据的模式和关联性来进行预测。常见的机器学习类预测方法包括决策树、随机森林和神经网络等。

（4）灰色预测模型。灰色预测模型可以针对数量非常少且数据完整性和可靠性较低的数据序列进行有效预测。它利用微分方程来充分挖掘数据的本质，建模所需信息少，精度较高，运算简便，易于检验，也不用考虑分布规律或变化趋势等。但一般只适用于对短期数据、有一定指数增长趋势的数据进行预测，不建议进行长期预测。

（5）指数平滑法。指数平滑法是一种常用于数据序列较少时的预测方法，且一般只适用于中短期预测，对于长期趋势或复杂非线性关系的数据可能表现不佳。它可以继续拆分为一次平滑、二次平滑、三次平滑。一次平滑法为历史数据的加权预测，二次平滑法适用于具有一定线性趋势的数据，三次平滑法适合在具有一定曲线关系时使用。

（6）ARIMA 模型。ARIMA 模型即差分自回归移动平均模型，是最常见的时间序列预测分析方法，适用于平稳时间序列数据。它包括自回归（AR）、差分（I）和移动平均（MA）三个部分。

（7）季节 Sarima 模型。季节 Sarima 模型是 ARIMA 模型的一种扩展，用于处理具有明显季节性变化的时间序列数据。

（8）VAR 模型。当需要同时考虑多个变量的预测时（比如 GDP 增长率、失业率、储蓄率），可以使用 VAR 模型进行多变量预测。

（9）马尔可夫预测。马尔可夫预测是一种基于马尔可夫链的预测方法。马尔可夫链是一个随机过程，具有马尔可夫性质，即未来状态的概率只取决于当前状态，与过去状态无关。马尔可夫预测利用这种性质来进行未来事件的预测。

4. 组合分析

一般是指上述三种分析方式的组合应用，各种类型的统计分析经常一起实施。例如，推理分析是得出一组数据结论的主要工具，但描述性统计通常也被使用和呈现。此外，推理分析的输出往往被用作预测分析的基础。

以航空公司为例，FDM 项目就是一种通用的基于自动化/系统的数据捕获项目。航空公司依靠这一安全数据源，可以更好地了解其目前的运行情况，提高安全性。该项目对数据流的分析为组织的分析人员提供了在安全事件或正常飞行期间对特定阈值或容忍度（称为超限值）的详细理解。与其他信息源耦合，此过程可以帮助组织识别出特定威胁、危险和非预期状态的主要原因。从日常运行中收集数据的技术，在国际民航组织定义的安全数据收集和处理系统（SDCPS）中，能够迅速提高风险管理能力。此类数据可帮助组织了解发生安全事件的原因，以及结果是否可接受。分析人员从中还获得了衡量和评估人—系统性能变异性的客观基线。因为这些数据来源首先专注于日常运行，最有可能对事件发生顺序中那些正确和错误的情况进行洞察，而不管你对风险可接受性或结果的假设。

（二）分析结果

企业应定期对收集的各类安全信息开展综合分析，以评价或识别：本单位及各部门的安全运行情况；各项安全管理工作的开展情况；安全风险控制措施是否落实，是否达到预期目标；新危险源或隐患；必要的系统变更和SMS需要改进的方面等。

安全数据分析的结果可以突出安全风险高的领域，帮助决策者和管理者：

（1）制定或完善安全政策或安全目标；

（2）可能的变更；

（3）动态风险评价和控制；

（4）安全绩效管理；

（5）需要建立和管理战略、运行、资源等优先事项；

（6）采取纠正预防措施；

（7）SMS需要改进的其他方面；

（8）其他安全管理决策。

安全分析结果可以通过多种方式呈现，包括：

（1）安全预警：向相关人员发布相关风险以及需要采取的控制措施，需要立即采取行动。

（2）安全分析报告：通常提供定量和定性信息，明确描述分析结果中涉及的不确定性的程度和来源，包括相关的安全建议。

（3）将建议转化为组织决策者必须考虑的行动计划、决策和优先事项，并在可能的情况下概述谁以及何时需要作分析结果。

（4）可视化工具，如图表、图形、图像、仪表板等，是展示数据分析结果的简单而有效的手段。在国际民航组织综合安全趋势分析和报告系统（iSTARS）上可以找到可视化数据分析报告的一些例子。

（三）基于数据驱动的决策

安全分析和安全报告的主要目的是向决策者显示安全状况的概况，使他们能够根据所显示的数据作出决定。这就是所谓的数据驱动的决策（也称为DDDM或D3M），是一种过程驱动的决策方法。

许多航空事故的发生在一定程度上是由于管理决策不当引起的，导致财产、人力和资源浪费。安全决策者的目标是：在短期内，尽量减少不良后果并取得有效结果；在长期内，为实现组织的安全目标作出贡献。

决策时往往不能考虑到所有相关因素，决策者也容易受到偏见的影响。数据驱动决策并不旨在做出“完美”或理想的决策，而是要做出一个好的决策，以实现短期目标（实际决策围绕此目标作出），并努力实现长期目标（改善组织安全绩效）。好的决策符合应以下标准：

（1）透明：安全相关人员应该知道影响决策的所有因素，包括做出决策的过程。

（2）问责：在详细界定角色和责任并且阐明与新的决策相关的各种期望的情况下，清晰和透明度会推动决策者承担起责任。

（3）公平客观：决策者不受无关因素（如金钱利益或人际关系）的影响。

（4）公正合理：考虑到决策的输入和过程，可以证明决策是合理的。

（5）可重现：当另一个人被提供与提供给决策者相同的信息，并采用相同的过程时，会做出相同的决策。

（6）可执行：决策足够清晰，并且清晰性使不确定性最小化。

（7）务实的：人是有情感的生物，这意味着从决策中消除情感是不可行的。然而，可以消除的是自私的情感偏见。面对艰难的决策，需要考虑：这个决策为谁服务？

1. 数据驱动决策面临的挑战

数据收集和分析的实施过程需要时间和金钱，以及专业知识和技能。决策过程所需要的时间和资源是需要考虑的，包括决策所涉及的金额、决策的影响程度以及决策的安全绩效。如果组织不理解所涉及的内容，那么数据驱动的决策过程可能会使安全决策者感到失望，导致放弃使用该方法。

信任数据比信任专家的建议和意见更难。采用数据驱动决策的方法需要改变组织的文化和思维模式，在这种模式下，决策基于可靠的安全绩效指标和其他安全数据分析的结果。

在某些情况下，决策过程可能会陷入寻找“尽可能最好的”解决方案的尝试中。可用于避免这种情况的策略包括：

（1）设定最后期限；

（2）有明确的范围和目标；

（3）第一次的目标不是“完美”的决策或解决方案，而是提出一个“合适的”和“实用的”决策，并进一步改进决策。

2. 数据驱动决策过程

数据驱动决策过程是提高安全管理体系效能的关键工具。有效的安全管理取决于做出合理明智的决策，而有效的数据驱动决策又依赖于明确定义的安全数据和信息需求、标准、收集方法、数据管理、分析和共享，所有这些都是数据驱动决策过程的组成部分。数据驱动的决策过程（见图 3-7）包括：

（1）第 1 步——明确问题或目标。明确需要解决的问题或必须达到的安全目标。需要回答的问题是什么？安全决策者必须做出什么样的决策？它将如何与更具战略性的组织目标保持一致？在明确问题陈述的过程中，决策者应该问自己以下问题：

1）数据的收集和分析是否支持并与组织的安全目标相关？

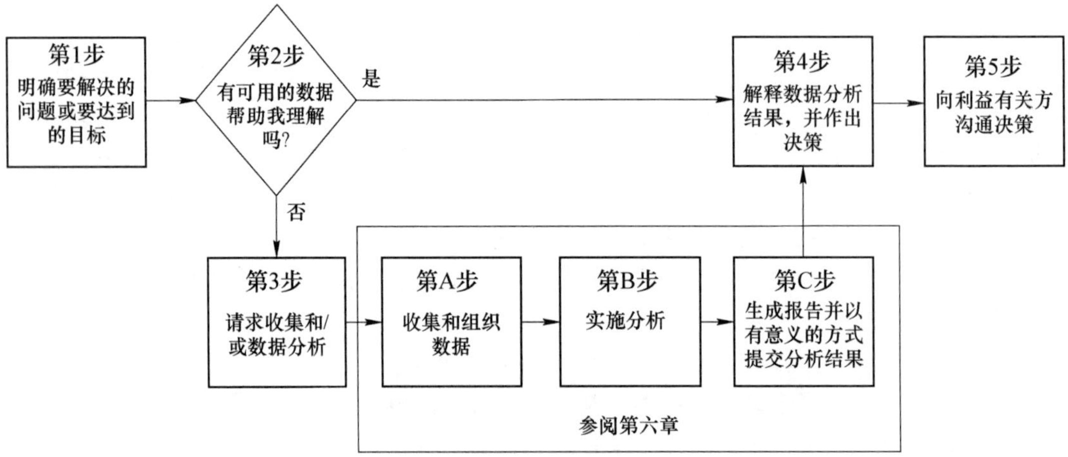

图 3-7 数据驱动的决策过程

2）是否有所需的数据，或者可以以合理的方式获得？

3）收集和分析数据是否切实可行？

4）所需资源（人员、设备、软件、资金）是否可用？

在安全管理方面，安全优先事项的评估与选择（与安全目标一致）以及安全风险缓解措施的制定有关。

（2）第 2 步——获取数据以支持决策。下一步是识别出需要的数据，重点是可用的数据是否能够解决问题。如果所需的数据可用，则继续执行第 4 步。如果没有合适的数据，组织将需要以有意义的方式收集、存储、分析和提供新的安全数据和安全信息。

（3）第 3 步——请求数据以支持决策。如果数据不可用，组织需要找到收集数据的方法。重点应主要是识别、监控和测量可以驱动安全决策所需的安全数据。如果成本大于收益，考虑其他数据来源和/或指标。

在数据驱动决策过程的规划阶段，组织必须通过建立安全绩效目标和安全绩效指标以及分析数据，来确定它想要达到的目标。

（4）第 4 步——解释数据分析的结果并做出数据驱动决策。收集到的数据必须及时、清晰地提供给决策者。数据分析的结果应该为决策提供支持，并最终提高安全绩效。

（5）第 5 步——沟通决策。为了使安全决策有效，需要与利益有关方进行沟通，这包括：

1）采取必要行动所需要的人员；

2）报告情况的人（若需）；

3）所有人员，确保它们获知安全改进的信息；

4）培训管理者，确保安全决策纳入组织的学习中。

第八节　事 件 调 查

由局方组织的调查，详见本书“民用航空器事件调查”一章，本节仅介绍由民航生产经营单位实施的事件调查。

为规范民航生产经营单位根据局方委托开展民用航空器事件的技术调查及相关工作，指导民航生产经营单位建立和完善事件调查体系，2020 年，民航局印发了《民航生产经营单位航空器事件调查体系建设指南》（民航综安发〔2020〕5 号），明确了民航生产经营单位事件调查体系建设的要素、内容、要求、步骤。该指南适用于根据局方委托开展民用航空器事件调查的民航生产经营单位的事件调查体系建设及相关工作（根据《民用航空器事件技术调查规定》（CCAR-395R3），未造成人员伤亡的一般事故、征候，地区管理局可以委托事发民航生产经营单位组织调查）。建议民航生产经营单位对一般事件以及其他需要启动调查的事件，也参照该指南执行。

一、事件调查体系建设框架

民航生产经营单位事件调查体系建设框架主要由五个方面内容构成：一是明确事件调查组织机构；二是建立调查员管理制度；三是配备调查设备装备；四是编制调查程序；五是建立安全建议跟踪落实管理机制。

（一）明确调查组织机构

（1）明确事件调查部门。民航生产经营单位应根据本单位的组织架构和部门职责等情况，明确内部负责事件调查及相关工作的部门，可不单独设立专门事件调查部门。

（2）事件调查部门的职责。事件调查部门的职责包括但不限于：

1）依据国家法律法规、民航规章，组织实施本单位的事件调查体系建设；

2）按授权组织实施本单位事件调查工作，协助和参与局方事件调查工作；

3）收集、统计、分析和管理本单位事件调查信息，制定针对性安全管理措施；

4）负责调查员管理，开展事件调查培训；

5）为信息发布、媒体接待等工作提供事件调查素材；

6）开展事件调查与事故预防研究工作。

（二）建立调查员管理制度

民航生产经营单位应建立调查员管理文件，包括调查员职责与权力、调查员选拔与委任、调查员职业健康保护、调查员交流与晋升、调查员委任终止，以及技术档案管理等内容；建立调查员培训管理文件，包括培训内容及学时、培训组织与实施、培训教员、培训记录等内容。

事件调查部门应配备专职调查员，参与协助调查工作的其他相关业务部门应配备兼职调查员。

调查员的配备数量可根据单位规模、工作特点、专业情况等确定，具体参考因素如下：

（1）航空公司参考在役航空器数量配备；

（2）机场、空管单位参考运量配备；

（3）院校参考飞行训练小时配备；

（4）维修单位、地面服务保障单位参考在编人员数量配备；

（5）设计制造单位参考专业体系划分配备；

（6）其他单位参照以上同类型单位配备。

（三）配备调查设备装备

民航生产经营单位应配备调查设备装备，包括：记录设备、测量设备、通信设备、危险品探测设备、采样工具、现场安全防护设备装备等。

设计制造单位掌握航空产品的结构、性能、系统原理等专业技术知识，是事件调查的重要技术力量。设计制造单位应根据参与航空产品事件调查职责，参照局方调查机构，配置专用仪器和特定调查设备装备。包括但不限于：全球卫星定位仪、现场测量设备、取样设备、数码相机、便携式计算机及软件、电子内窥镜、专业放大镜、指南针或罗盘仪、个人防护设备、野外生存工具、调查工作服等。

（四）编制调查程序

民航生产经营单位应编制事件调查程序，内容包括但不限于：

（1）总则。内容应涵盖：程序制定依据、适用范围、分类组织调查（按照局方委托开展事件调查、配合局方开展事件调查等）、调查组职责与权限。

在分类组织调查环节中，应明确启动调查的时机，主要考虑的因素包括：

1）结果的严重性或潜在严重性；

2）局方、上级单位或公司内部要求；
3）要获得的安全值；
4）采取安全行动的机会；
5）不开展调查可引发的风险；
6）对制定针对性安全方案所起的作用；
7）已查明的趋势；
8）培训益处；
9）资源可获性。

（2）通知与初始响应。内容应涵盖：事件信息的通知和报告、对通知和报告的响应、先遣人员行动、组建事件调查组、出发前准备、调查资源协调、后方支援保障。

（3）现场调查。内容应涵盖：初始行动、现场管理、现场勘查、现场处置、现场拍照、调查工作进展会议、事件信息发布、结束现场调查。

（4）试验验证。内容应涵盖：项目确定、机构选择、人员选派、试验件现场获取、试验件包装运输、试验计划方案制定、验证试验的实施、试验报告审议。

（5）调查报告。内容应涵盖：事件调查报告标准格式和内容、专业小组报告、最终调查报告、安全建议、调查报告的审议与提交。

（五）管理安全建议

民航生产经营单位应建立安全建议跟踪管理机制，实现安全建议从制定、分发到落实的全流程闭环管理。

安全建议一般通过调查报告提出，需要立即采取行动的安全建议可以在调查任何阶段提出。安全建议在制定过程中应遵循客观、准确、唯一、适度可行原则。

民航生产经营单位应按时对安全建议接受情况做出回复，明确针对安全建议的整改措施，逐项整改落实，及时评估整改落实效果。

二、典型的调查流程

（一）调查启动

在事件调查程序中，应明确调查的启动时机与调查层级，可以包括但不限于：发生差错事件、严重违章行为以及发生其他影响安全的事件等。在出现相应情形时，按程序启动事件调查工作。

（二）组建调查组

组织调查的部门任命调查组长，调查组组长负责管理调查工作，并有权对调查组组成和调查工作作出决定。参与调查人员不少于 2 人，与事件有直接利害关系的人员不得参加调查工作。

（三）收集信息

调查人员开展调查取证工作，包括现场勘查、现场处理、现场拍照、物证搜集、相关事实材料搜集、证人材料搜集等。

1. 现场基本情况了解

（1）发生事件的时间、地点、涉事人员、设备设施、简要经过及影响，如涉及航空器，还应了解航空器型号、航班号、受损情况等；

(2) 按需现场取证(照片、资料、实物等)。

2. 人员调查

(1) 调取相关责任人的执照、培训档案、培训记录、资质证书、技术档案、体检合格证、工作时间记录等;

(2) 在调查期间,必要时对责任人补充酒测、身体检查等;

(3) 需配合调查的责任人员在调查期间不得擅离职守,并应当随时接受事故调查组的询问;

(4) 在调查过程中,如涉及投诉或举报的,如有疑惑,还须向报告人确认报告的准确信息。

3. 调查访谈

(1) 选择合适的调查方式(电话、集中面谈、调查涉及多人需要在独立空间分开面谈等),无论何种方式,首先应说明公司与事件调查相关的政策(包括诚信行为、减免政策等)。

(2) 面谈前调查员应预先准备需要了解的问题,在面谈时可根据情况适当调整。面谈时调查员应注意用词及态度,通常情况下先进行分开面谈,根据需要再进行集中面谈。

(3) 详细询问事件发生过程中详细情况、异常情况发生时的现象、对发生情况的判断、处置和反应、异常情况发生后的组织指挥等内容,并形成书面记录。

(4) 面谈调查时应尽可能选择有摄像的场所,同时采用录音设备对面谈进行录音,必要时可以用录音核对调查记录单的记录是否完整准确。

(5) 电话或网络调查时,应选择有录音或电子记录的设备。

(6) 证人调查,需两名以上调查人员,每一个证人调查单独进行,向证人表达调查目的,尽快获得证人有关事件事实陈述材料,并形成书面记录。

4. 数据收集与调查

对在事件中使用的设备进行的实物检查,包括检查使用的一线设备及其部件等,涉及运行各方面情况的文件,例如:

(1) 维修记录和日志;

(2) 人员记录/工作日志;

(3) 资质证书;

(4) 手册和标准操作程序;

(5) 培训手册和培训大纲;

(6) 设备商的数据和手册;

(7) 管理单位的记录。

对相关人员在其工作环境中的行动进行直接观察,这可以获得潜在不安全状况的信息。

(1) 模拟。模拟可以重现事件的发生过程,可以促进更好地了解事件发生的过程以及员工对事件的反应方式。

(2) 专家的建议。调查人员不可能是悉知各个运行领域的专家。必要时,在调查中应咨询相关专业人员。

(3) 安全数据库。有用的辅助信息可能来自事件数据库、隐患库、保密的报告方案等。

（四）事件分析

事件调查过程中应运用系统安全、风险管理、人的因素等理论对事件发生的原因进行深入分析，分析部分应讨论分析存在或可能存在的条件和情况、调查中暴露出的安全问题或隐患，评估事实资料部分提供的证据，提出事件原因和促成因素，指出调查中尚未解决的问题。常见的分析模型包括：

（1）SHELL 模型；

（2）瑞士奶酪模型；

（3）HFACS 模型；

（4）STAMP 模型。

（五）作出调查结论

完成信息收集与事件分析后，得出调查结论。结论是指根据最终调查报告的事实信息和原因分析得出的调查发现及原因和/或促成因素。

1. 调查发现

调查发现是按照事件序列中的所有重要条件、事件或情况的陈述。调查发现应该按逻辑顺序排列，通常以时间顺序排列。经过调查，在分析中排除的事件和因素也应当在调查发现中加以说明。例如“飞行机组的疲劳不是事故的促成因素”和“升降舵控制系统未出现故障”。调查中无法查明或者明确的地方也应当予以阐述，例如“调查未能查实发生事故时操纵航空器的驾驶员是机长还是副驾驶”。

2. 原因/促成因素

全面、公正和客观地对所有证据分析事件中的条件、行为或情况，从而确定事件原因和促成因素。通常以时间为主线，按照逻辑顺序描述事件原因和促成因素。原因分析中不应加入新的证据。

原因包括直接原因和深层次的系统原因。如无充分的证据确定事件发生的原因，则应说明尚未查明事件原因，同时提出最大可能的原因。尽可能使用将过失或责任影响到最低限度的方式描述原因和促成因素。

（六）提出安全建议

安全建议是事件调查工作最重要的成果，是组织事件调查的部门通过调查提出的建议。提出安全建议的目的是防止类似事件的再次发生以及降低其产生的后果，而不是为了分摊过失或责任。

在调查的任何阶段，组织事件调查的部门均可以提出旨在加强航空安全，应当立即采取的安全建议。

安全建议部分应当包括已在调查期间提出的安全建议，已采取的安全改进措施或预防性措施，以及向有关部门和生产经营单位提出的安全建议。

安全建议应当基于确认的事实信息、客观的分析和合理的结论，与安全建议相关的事实信息、原因分析、促成因素或者结论均应当在最终调查报告中予以描述。

如果发现在之前发生过的类似事件调查中提出的，未被接受或者未被执行的安全建议，对于本次事件调查以及预防类似事件再次发生仍具价值，可以重复提出或再次强调之前安全建议的内容。

（七）编写调查报告草案

调查组在汇总调查情况、分析事件原因、提出安全建议后，完成初步调查情况报告。调查报告的内容应包括：

（1）调查中查明的事实；

（2）原因分析及主要依据；

（3）调查结论（调查发现和事件原因）；

（4）安全建议；

（5）必要的附件；

（6）调查中尚未解决的问题。

（八）征询意见及反馈处理

组织调查的部门应向相关单位和部门征询意见，被征询意见的单位和部门在收到征询意见通知后，应当在规定期限内，以书面形式将意见反馈给组织事件调查的部门。对调查报告草案有不同意见的，应当写明观点，并提供相应证据。组织事件调查的部门应将收到的征询意见交给调查组研究。调查组组长应当组织调查组对收到的意见，从以下几方面进行分析研究：

（1）意见、观点是否明确；

（2）证据论证是否充分；

（3）推理分析是否严密；

（4）特例反例是否存在。

调查组依据决定采纳的反馈意见修改调查报告，同时详细陈述决定不采纳的反馈意见的理由。反馈意见及其采纳情况应当与修改后的调查报告草案一并提交组织事件调查部门审议。对于未被采纳的修改意见，调查组应当根据提出意见单位和部门的要求，将意见原文作为附录列入最终调查报告，并将未被采纳的理由反馈给提出意见的单位和部门。

（九）报告审议与发布

最终调查报告草案应按程序进行审议，审议是对报告草案全面的、结论性的审查，也是对事件调查工作的全面检查。最终调查报告草案经审议通过，调查工作即告结束。

最终调查报告应在规定期限内发布，不能按期完成最终调查报告的，调查组应当向组织事件调查的部门提交书面说明。

第九节 安全绩效管理

一、安全绩效管理的推进背景

2006 年 3 月，国际民航组织理事会通过了对《国际民用航空公约》附件 6《航空器运行》的第 30 次修订，该次修订增加了国家要求航空运营人实施安全管理体系的要求。作为缔约国，中国民用航空局于 2007 年制定并下发了《中国民用航空安全管理体系建设总体实施方案》（民航发〔2007〕136 号）。根据该方案，中国民航局在 2008 年 4 月 29 日发布了《关于航空运营人安全管理体系的要求》（AC-121/135-FS-2008-26）。在其中 10.3 节关于“安全保证”的要求中，明确要求营运人“应对运行数据进行持续监控，持续监控提供了识别危险源、证实已采取的风险控制措施的有效性和持续评估系统绩效的方法”。并在其附录“航空运营人安全管理体系要求”第6.3.1款关于“持续监控”的要求中提出：营运人应监控运行数据，以评价系统绩效。自此，我国民航局首次正式提出关于“系统绩效”的管理要求。

2016年7月，国际民航组织正式发布了《国际民用航空公约》附件19《安全管理》的第二版，该版提出了关于缔约国民航安全管理体系实施安全绩效管理的要求，并给出了安全绩效的相关定义。中国民航局根据该要求，在2017年4月下发了《关于印发安全绩效管理推进方案的通知》（民航发〔2017〕45号），明确提出了“坚守航空安全的底线，以落实安全责任为主线，以风险管控为抓手，持续推进《中国民航航空安全方案》实施，不断强化SMS实施效能、完善安全绩效管理机制，建立以数据为驱动、以风险管理为核心的安全隐患排查治理长效机制，提升安全管理和安全监管效能，实现规章符合性基础上的安全绩效管理和基于安全绩效的安全监管”的安全绩效管理推进总体目标，并明确了安全绩效管理推进的工作原则、工作职责与推进路线。2017年，民航局编制《民航生产经营单位安全绩效管理指导手册》（MD-AS-2017-01），用于各民航生产经营单位的安全绩效管理工作。2018年，交通运输部发布《民用航空安全管理规定》（CCAR-398），正式将“安全绩效监测与评估”的要求纳入我国民航规章管理体系。

安全绩效管理有助于企业提出并回答有关安全管理的四个最重要的问题：

（1）企业的最高安全风险是什么？源自对航空事故和征候数据的审查，以及进行预测分析以查明和确定新出现的风险。

（2）在安全方面，企业想要达到的目标是什么，需要解决的主要安全风险是哪些？企业的安全目标。

（3）企业如何知道它是否正朝着其安全目标取得进展？通过安全绩效指标、安全绩效目标和安全触发点（如可行）。

（4）需要什么样的安全数据和安全信息来做出明智的安全决策？包括企业的资源分配。通过一个不断发展的安全数据收集和处理系统以及安全数据分析。

二、安全绩效管理的相关定义

（1）安全绩效：由其安全绩效目标和安全绩效指标界定的国家或服务提供者的安全业绩。

（2）安全绩效指标：用于监测和评估安全绩效的以数据为基础的参数。

（3）安全绩效目标值：安全绩效指标在一特定时期的预期目标。

（4）安全绩效警戒值：未达到安全绩效目标值，但能够对相关安全风险不可控或不可接受的趋势作出预警的安全绩效水平。

（5）安全行动计划：为达成预期安全绩效目标而制定的具体措施和实施计划。

（6）安全绩效管理：对组织的安全绩效进行检测和评估，对组织中影响安全状态的因素进行管理，使组织的安全状态达到可接受的安全水平。

三、安全绩效管理与安全管理体系的关系

安全管理体系（SMS）的要素“3.1安全绩效监测和评估”中，要求服务提供者监测

组织的安全绩效并验证安全风险控制措施的有效性。由此可见，基于安全绩效的方式，为基于风险的安全管理提供了更为广阔的思路和空间，能够帮助验证风险控制的有效性，进而检验 SMS 的实施效能。同时，为了有效地实施 SSP 和 SMS，需要在规章符合性安全管理方式的基础上补充基于安全绩效的安全管理方式。在相关数据的收集和分析支持下，安全绩效管理不仅能够保证安全水平，还能够最大限度地实现安全与效益的平衡。

安全绩效管理的基础是建立一套适用于衡量生产经营单位安全状态、验证 SMS 实施效能的安全绩效指标。因此，安全绩效指标的设计应同时注重运行过程和安全结果，除了对各等级不安全事件数量、人员伤亡数量等结果进行事后的统计，还需对管理者的安全承诺、员工的安全行为、安全培训的效果等对安全运行有重大影响的因素进行评估，才能全面、科学、合理地检验 SMS 的实施效能。尽管部分安全绩效指标衡量的是人为差错，但需注意的是，这类指标反映的不是某个体的人为差错，而是系统在人为差错控制方面的效果和管理上存在的缺陷，指标值的波动同样体现了整体安全行为的变化，其背后的原因分析必然要采用系统安全的分析方法。只有从系统的角度开展安全绩效管理工作，才能在验证 SMS 实施效能的同时，确保持续安全水平，促进 SMS 发挥更大的作用。

总之，安全绩效管理是 SMS 的重要组成部分，是验证和检验 SMS 实施效能的重要手段。SSP 和 SMS 中的安全风险管理和安全保证相关要素要逐步通过基于安全绩效的方式而不是单纯地基于规章符合性的方式进行管理，以提升安全管理的效能，更好地实现 SSP 和 SMS 的目的。

四、安全绩效管理的主要内容

（一）设定安全绩效指标

随着安全管理理论的发展，以事故、事故征候等高后果指标来衡量安全状态的做法已不能全面、准确地掌握组织的安全状态，而需要一套系统、科学的指标体系来评估组织的安全状态，在反映安全结果的同时，暴露出运行和管理过程中的问题。在设定组织的安全绩效指标时，需考虑如下几方面因素。

1. 安全绩效指标的分类

根据《民航生产经营单位安全绩效管理指导手册》（MD-AS-2017-01），安全绩效指标主要分为以下三类：

（1）高后果指标：监控和衡量发生严重后果事件的安全绩效指标，如事故或征候。高后果指标有时被称为反应性指标。

（2）低后果指标：监控和衡量发生较小后果事件或活动的安全绩效指标，如其他不安全事件、差错事件、过程状态偏差等。低后果指标有时被称为主动性、预测性指标。

（3）安全管理类指标：监测和衡量组织在安全管理方面工作开展情况、工作能力和效果的安全绩效指标，如安全检查执行情况、安全培训完成情况等。

在企业实践中，除以上三类指标外，将基础资源投入、安全文化状态纳入安全绩效指标体系，也是有效的做法。

几类指标的示例如下：

（1）高后果指标：包括事故、征候、严重差错、质量差错、一般差错、人为其他不安全事件、设备原因其他不安全事件、意外原因其他不安全事件等。

（2）低后果指标：根据高后果指标，分析高后果事件的前置风险事件，选取关键风险作为低后果指标。

低后果指标的选择可以考虑两个方面：

1）运行关键环节指标：比如飞行员技术能力、飞行训练、外委单位管理等相关的环节。

2）核心风险监控指标：比如飞行冲突、发动机空停、可控飞行撞地、跑道侵入等。

以某航空公司为例[1]：

公司确定了10项影响运行安全的核心风险：R1跑道安全、R2不稳定进近、R3可控飞行撞地、R4空中失控、R5空中冲突、R6飞行超限、R7地面安全、R8机队可靠性、R9火和冒烟、R10客舱安全。结合样例航空公司的实际管理情况，设计了从QAR数据（机载飞行数据采集系统数据）、相关维修故障事件统计、不安全事件统计等绩效指标，来综合表征这些核心风险的实际绩效状态，具体监控指标设计见表3-8。

表3-8 核心风险及监控指标

核心风险	监控指标
R1跑道安全	冲偏出跑道风险指标：中断起飞、起飞滑跑方向不稳定、着陆襟翼设置不正确、接地点远、着陆速度大、着陆滑跑方向不稳定、刹车系统或反推故障事件
	飞机跑道上受损风险指标（擦机尾、重着落、擦翼尖）： 抬头速率大、离地仰角大、50 ft以下（着陆）坡度大、接地仰角大、着陆垂直载荷大、超过最大允许着陆重量落地（备注：译码显示飞机全重+100 kg）
R2不稳定进近	不稳定进近风险指标：1000~500（含）ft下降率大、500~50 ft下降率大、1000 ft以下偏离下滑道偏差大、1000 ft以下偏离航向道偏差大、着陆襟翼设置晚、放起落架晚、1000~50 ft进近速度小、500 ft到无线电高度50 ft进近速度大、500~200（含）ft进近滚转角大、200~50（含）ft进近滚转角大
R3可控撞地	EGPWS警告风险指标：地形（TERRAIN）音响警告、拉起（PULL UP）音响警告、太低地形（TOO LOW TERRAIN）音响警告、太低起落架（TOO LOW GEAR）音响警告、太低襟翼（TOO LOW FLAPS）音响警告、不要下降（DON' T SINK）音响警告
	轨迹偏差风险指标：低于下滑道（GLIDE SLOPE）音响警告、下沉率（SINK RATE）大音响警告、起飞/复飞爬升时掉高度、500~50 ft下降率大、1000 ft以下偏离下滑道偏差大、1000 ft以下偏离航向道偏差大、低于决断高度复飞事件
R4空中失控	风险指标：低空风切变音响警告、起飞形态警告、双侧杆输入、迎角保护警告、备用法则、直接法则
	滚转角大风险指标：滚转角（BANK ANGLE）大音响警告、500/400 ft以上滚转角大、起飞35~100 ft滚转角大、起飞100~400 ft滚转角大、500~200（含）ft进近滚转角大、200~50（含）ft进近滚转角大
R5空中冲突	防撞系统产生TA/RA音响警告、通信中断事件风险指标、飞错进离场程序事件风险指标、偏离飞行高度事件风险指标

[1] 引自《航空安全保证之旅》（倪海云）。

续表 3-8

核心风险	监 控 指 标
R6 飞行超限	超过手册规定的限制数据：超过最大限制速度、超过最大限制马赫数、20000 ft 以上使用襟翼、超过最大允许起飞重量起飞、起飞/复飞收起落架超过标牌限制速度、起飞/复飞收襟翼超过标牌限制速度、超过轮胎限制速度、进近放襟翼超过标牌限制速度、进近收起落架超过标牌限制速度
R7 地面安全	航空器与航空器地面危险接近事件风险指标
	航空器与地面设施、设备危险接近事件风险指标
R8 机队可靠性	机队可靠性得分、机械原因中断起飞/复飞/返航/备降事件风险指标、关键系统（关键系统见附件）故障千次率、关键系统（关键系统见附件）MEL 保留千次率
R9 火和冒烟	客舱冒烟/起火风险指标、烤箱冒烟事件、锂电池冒烟事件、乘客抽烟事件
	货舱冒烟/起火风险指标：日常运行过程中，局方、集团、安监部检查过程中发现违反公司《危险品运输手册》规定的行为的事件
R10 客舱安全	空中垂直过载超限、人员操作违规风险指标、日常运行过程中，局方、集团、安监部检查过程中发现违规行为的事件

注：1 ft=0. 3048 m。

（3）安全管理类指标：当运行线与理想安全线产生偏离时，需要设计并实施安全预先管理战略、安全主动管理战略以及安全被动管理战略。因此，针对这三类不同的安全管理战略，设计了相应的安全绩效测评指标，以量化评估相关安全管理战略是否发挥了运行线偏离的纠偏管理作用。该类指标包括：

1）安全信息相关；

2）安全监察相关；

3）安全培训相关；

4）风险管理相关；

5）隐患治理相关；

6）事件调查相关；

7）重要安全任务相关；

8）其他必要的指标。

在选择安全管理类指标时，不应只关注工作完成，更应关注是否达到效果，比如：可以将“防跑道侵入培训覆盖率”转换为“防跑道侵入知识日常抽查合格率”；将“安全检查按计划执行率”转换为“安全检查发现问题有效关闭率”等。

（4）基础投入类指标：企业在成立之初，需要投入人、财、物。理想状态下，如果投入充足的资源，可以在投入之初这个时间点上，达到理想的绝对安全线。然而，各单位的实际情况却是千差万别的。因此，对单位人、财、物等资源的投入情况进行绩效评估，是首先需要考虑的。这个绩效指标将直接用来测量企业在“系统设计”之初，与理想的绝对安全线之间的偏差，作为安全绩效的度量，进而识别出企业在运行基础资源投入方面存在的薄弱环节。基于上述认识，对基础资源投入指标可进行如下分类：

1）人力资源投入类指标；

2）财务投入类指标；

3）设施设备投入指标；

4）组织管理指标；

5）运行实际状况类指标。

（5）安全文化指标：对“安全文化”的状态展开绩效测评，也应是企业安全绩效管理工作的重要项目。对企业安全文化展开全面测评，识别出安全薄弱环节，并对企业的安全文化予以量化评价，按照“自然本能、严格监督、自主管理、团队管理”四个层级对企业安全文化予以定性评价，并纳入企业安全绩效体系。安全文化类指标可以包括：企业基础特征、安全承诺、安全管理、安全环境、安全培训与学习、安全信息传播、安全行为激励、安全事务参与、决策层行为、管理层行为、员工层行为等。

2. 安全绩效指标的层级

组织一般包含多个管理层级，如公司、部门、科室等。安全绩效指标的建立也应从上至下涵盖组织的不同层级，至少应将公司整体的安全绩效指标和目标分解至各部门。其次，各层级之间的安全绩效指标和目标是相互关联的，即下一层级指标是上一层级指标的分解和细化，下一层级目标的实现能够保证上一层级目标的实现。

除考虑组织层级外，安全绩效指标的层级也要考虑其在事件发展过程中的位置，按照事件因果关系，逐级对指标进行分解，下一层级指标是影响上一级指标的因素，形成因果关系明确的安全绩效指标体系。

3. 安全绩效指标的特性

安全绩效指标必须是可衡量、可监控的。对安全绩效指标的衡量分为两类：一类是定量衡量，如飞行小时率、飞行架次率等；另一类是定性衡量，如安全审核工作是否按时完成、安全培训工作是否如期开展等。为了安全绩效指标衡量方式的统一，应尽量将定性衡量的指标也转化为定量衡量的指标，如安全审核工作完成率、安全培训工作执行率等。在适当情况下，安全绩效指标应该以一个相对的比率来反映，以衡量绩效水平。用于监控安全绩效指标的数据必须是可获取的。但是在安全绩效管理工作开展的初期，可根据所设计安全绩效指标的重要性和意义，建立某些新的安全绩效指标监测数据的获取途径和方式，以收集安全绩效指标监测所需数据。

4. 关键安全绩效指标（KSPI）

对安全状态的衡量需要一套系统、科学的安全绩效指标体系，但是在安全绩效管理中不可能对所有与安全绩效有关的指标进行识别、衡量和管理。因此，为了节约管理成本，同时达到对安全状态进行管理的目的，基于二八原则，需要在安全绩效指标中识别有代表性的关键安全绩效指标（KSPI），通过对 KSPI 的衡量和管理，达到对安全状态进行管理的目的。

5. 安全绩效指标设定的途径

可从以下（但不限）五种途径设定安全绩效指标：

（1）不安全事件的调查分析。根据不安全事件的调查结果，反推不安全事件产生的中间过程和主要原因，将可监控、可衡量的中间过程设定为安全绩效指标。如通过“危险接近/飞行冲突”事件调查结果，反推出可能的过程环节“调错飞行高度”，则可设定“调错飞行高度”为低后果指标。

（2）行业、公司历史运行数据分析。统计分析已发生的事故征候、不安全事件、差错事件、违规事件等，找出频发的事件类型、差错类型等作为安全绩效指标。

（3）危险源分析。分析危险源转化为危险结果的路径，识别其中的关键过程和环节，将识别的可监控、可衡量的中间过程设定为安全绩效指标。

（4）SMS关键要素。根据SMS要素要求，设定安全绩效指标。如根据SMS要素“4.1培训和教育”，设定安全绩效指标“安全培训完成率”等。

（5）管理要求。根据民航生产经营单位自身的安全管理政策或要求，设定安全绩效指标。如根据公司政策“为安全管理提供必要的资源”，设定安全绩效指标“合理资源需求的落实率”等。

6. 安全绩效指标的设计方法

（1）低后果类安全绩效指标的设计方法主要包括以下两大类：

1）正向分析法。正向分析法是指通过系统和工作分析分解系统及活动/流程，识别可能导致活动/流程不正常的危险源，进一步推导出危险源可能导致的不正常活动/状态，直到最终的危险后果；将不正常活动/状态设为低后果类安全绩效指标。从危险源到危险后果的分析方法，主要包括事件树分析（ETA）、危险与可操作性分析（HAZOP）、What-if分析（结构化假设分析SWIFT）等。

2）反向分析法。反向分析法是指从重点事件后果（如可控飞行撞地、冲偏出跑道等）着手，反向推导可能的不安全活动/状态，以及可能的直接原因和间接原因；将不正常活动/状态设为低后果类安全绩效指标。从危险后果到危险源的分析方法，主要包括事故树/故障树分析（FTA）、Reason模型、SHELL模型等。

（2）安全管理类安全绩效指标的设计可以按照安全管理体系要素法、系统要素法等思路进行。

1）安全管理体系要素法，是指按照SMS的12个要素，依次设计衡量各要素建设实施情况的安全管理类指标，如针对管理者承诺，可设计安委会出席率等指标。

2）系统要素法，是指按照职责、授权、程序、工具、人员、落实、控制及效果等系统要素，依次设计衡量各要素建设实施情况的安全管理类指标，如针对安全检查工作的落实情况，可设计安全检查工作完成率等指标。

7. 安全绩效指标的内容

每个安全绩效指标的内容应包括：

（1）对安全绩效指标所衡量的对象的说明；

（2）安全绩效指标的目的（该指标旨在管理什么以及向谁提供信息）；

（3）测量单位及计算要求；

（4）收集、验证、监测、报告安全绩效指标采取行动的责任部门及人员；

（5）数据来源和收集路径；

（6）安全绩效指标数据的报告、收集、监测和分析的频率。

8. 安全绩效指标的完善

定期对安全绩效指标和相关安全绩效目标进行审查，以确定它们能够提供跟踪朝安全目标取得的进展所需的信息，并确保目标是现实的和可实现的。

安全绩效管理是一项持续开展的活动。随着时间的推移，安全风险和数据的可用性会发生变化。在制定最初的安全绩效指标时可能使用的是有限的安全信息资源。之后，可能会建立起更多的报告渠道，获得更多的安全数据，并且安全分析能力可能更加成熟。当能够收集到更多的数据，安全管理能力变得更强时，可以考虑完善安全绩效指标和安全绩效目标的范围，以便更好地与预期的安全目标保持一致。

保留、停用或修改安全绩效指标和安全绩效目标的原因包括：

（1）安全绩效指标不断报告相同的值（例如 0 或 100%）；这些安全绩效指标不能为管理者作决策提供有意义的信息；

（2）安全绩效指标体现相似的行为，是重复的；

（3）安全绩效指标的安全绩效目标已经实现；

（4）存在需要更加优先监测和衡量的事项；

（5）通过缩减安全绩效指标的细节来更好地理解特定的安全问题；

（6）安全目标已经改变，因此需要对安全绩效指标进行更新以保持相关性。

（二）确定安全绩效目标

1. 确定安全绩效目标值

安全绩效监控指标的目标值是安全绩效管理目的的表征，其代表了公司对安全绩效监控指标的可接受波动范围。目标值的计算应以本单位上一年度相关安全绩效指标的实际绩效值为基础确定，不能突破民航行政机关确定的安全目标，且原则上要比上一年度实际绩效有改进。对于比较难收集到历史数据的监控指标，可先根据行业内的状态进行初步估值，待监控一定时间后再对目标值进行优化。

在确定安全绩效目标值时应至少考虑以下几方面的因素：

（1）长期目标和短期目标。长期目标包括三年或五年的安全绩效目标，此类目标具有一定的战略意义，是制定短期安全绩效目标的基础；短期目标包括一年或半年的安全绩效目标，此类目标具有很强的可操作性。

（2）安全绩效目标层级关系。下一级安全绩效目标不应突破上一级安全绩效目标。

（3）历史安全绩效水平。应定期开展安全绩效水平统计分析，将 1~3 年的历史数据作为制定下一阶段安全绩效目标的依据。

（4）安全绩效指标的类型。对于低后果类安全绩效指标，可能没有安全绩效指标的历史数据，则可以完善数据收集的方式方法，持续收集一段时间之后，再根据相关数据进行推算。

（5）运行量及可预期的变化。制定安全绩效目标时要充分考虑在未来一个时期内运行量的变化，作为制定安全绩效目标时的考虑因素。

（6）运行环境的变化。如果在未来一个时期内，运行环境有可能发生变化，则应考虑可能由此引发的安全风险，作为制定安全绩效目标的考虑因素。

（7）安全保障能力。在制定安全绩效目标时应充分考虑行业和生产经营单位保障安全、应对风险的能力，包括资金投入、人员配备、设备设施、安全管理等。

（8）安全绩效指标的监控周期。在确定安全绩效目标时，应根据实际运行量确定绩效监控的周期，对于运行量小的单位，周期可以长一些，对运行量大的单位或比较容易接近警戒值的，监控周期可以短一些。

举例：2018 年记录到每百万起降架次有 100 次偏离跑道，设定“到 2022 年将偏离跑道次数减少 50%”的目标。为实现这些目标制定了具体的、有针对性的行动和相关时间表。为了监测、衡量和报告进展情况，可以选择“每年每百万起降架次的偏离跑道次数”作为安全绩效指标。如果制定与安全目标一致的具体目标，进展将更加及时和有效。因此，可以设定一个具体的安全目标，相当于在报告期间（4 年）每年平均减少 12.5%，预计前几年进展较大，以后几年进展较小。安全目标和安全绩效指标、安全绩效目标之间的关系如下：

（1）安全目标是“到 2022 年，偏离跑道率下降 50%”；

（2）所选择的安全绩效指标是“每年每百万起降架次的偏离跑道次数”；

（3）与此目标相关的具体安全目标是实现安全目标方面的里程碑，相当于到 2022 年，每年偏离跑道次数减少约 12%；具体安全目标（见图 3-8）可以是：

1）安全绩效目标 1a 是“2019 年每百万起降架次的偏离跑道次数少于 78 次”；

2）安全绩效目标 1b 是“2020 年每百万起降架次的偏离跑道次数少于 64 次”；

3）安全绩效目标 1c 是“2021 年每百万起降架次的偏离跑道次数少于 55 次”。

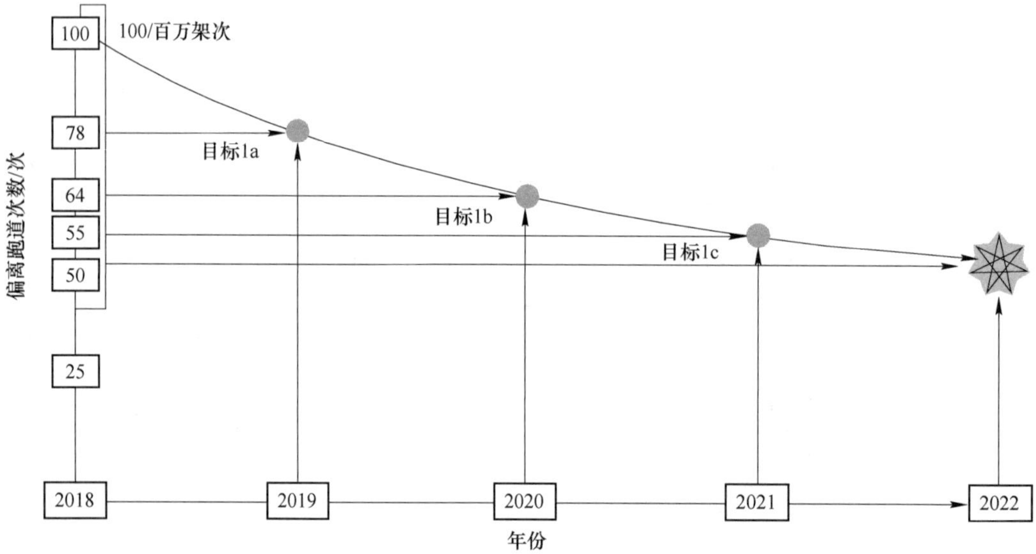

图 3-8　与安全目标一致的安全绩效目标示例图

有一些安全绩效指标用于监测趋势会更好，而不是用于确定一个目标值。比如：对主动报告设定目标可能导致员工不愿报告（如果该目标是不超出某个数字），或报告一些琐事来满足目标（如果该目标是要达到某个数字）。在确定合适的安全绩效目标时，还应注意以下因素：

（1）驱动不良行为。如果过于关注将数字的实现作为成功的指标，可能无法实现预期的安全绩效改进。

（2）运行目标。过分注重实现运行目标（如准时起飞、降低间接成本等），而不平衡安全绩效目标，可能导致“实现运行目标”，而不一定提高安全绩效。

（3）注重数量而不是质量。可以鼓励员工或部门达成目标，但在这样做时可能影响运行质量。

（4）限制创新。一旦达到目标，就可能导致放松，不需要进一步改进，并可能滋生自满情绪。

（5）组织冲突。目标可能会在部门和组织之间产生冲突，会导致部门过于关注责任划分。

2. 确定安全绩效警戒值

民航生产经营单位的警戒值应根据安全绩效指标上年度实际绩效、本年度目标值以及相关的安全风险水平确定，对相关安全风险不可控或不可接受的趋势作出准确预警。安全绩效警戒值可以综合考虑数据监测难度、安全费效比、安全绩效指标度量参数特点等因素，将其设定在接近安全绩效目标值的任何阶段。在确定安全绩效警戒值时应至少考虑以下几方面的因素：

（1）警戒值的设定方法。目前最常用的方法是标准偏差法，另外还有专家评判、历史数据分析、横向比较等方法。

（2）警戒值的监测周期。警戒值的监测周期应小于目标值的监测周期，可为周、月或季度等，监测周期越短对该指标状态的预警越灵敏。

（3）警戒值的预警规则。即在什么情况下进行预警，如：任何单个监测数据点在 3 个标准偏差线之上，两个连续监测数据点在 2 个标准偏差线之上，三个连续监测数据点在 1 个标准偏差线之上就进行预警等。

（4）触发警戒值后的管控措施。要明确规定触发不同类型警戒之后的风险控制措施。

标准偏差法的介绍与预警规则：该方法基于给定安全指标的历史数据点，计算出标准差（SD）值。SD 值加上历史数据集的平均值构成下一个监控周期的基本警戒值。越不稳定的历史数据集通常越会导致下一个监控期间的警戒值级别更高（更广泛）。警戒值提供早期警告，使决策者能够做出安全决策，从而提高安全绩效。下面给出了基于标准差（SD）的触发条件级别示例，在本例中，当趋势超出上一期间的平均值+1SD 或+2SD 时，就可能需要采取数据驱动的决策和安全缓解措施（见图 3-9）。通常，警戒条件级别（在本例中为+1SD、+2SD 或超过+2SD）将与决策管理级别和采取行动的紧迫性保持一致。

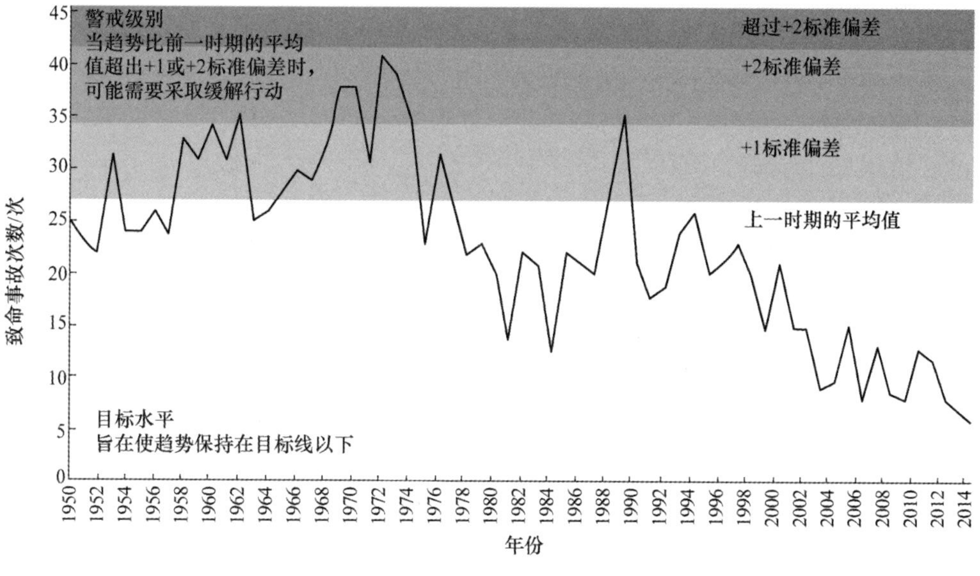

图 3-9　安全警戒级别示例

预警/偏差区间法的介绍与预警规则：根据公司/部门历年相关数据，参考行业数据或通过专家判断，黄色预警值应为与目标值相差在［-40%，-20%），橙色预警值应为与目标值相差在［-20%，0%），红色预警值即超过目标值，上述偏差程度也可根据实际情况设定。预警/偏差区间法适用数据量或数值较小的数据。

例如，安全风险监测指标目标值应考虑季节性差异，设定差异化目标值，预警值也应配套设置差异化预警值。

（三）制订安全行动计划

民航生产经营单位应针对建立的安全绩效指标，制订安全行动计划，以采取相应的管理方式和手段，有效地控制生产运行的安全状态，从而确保实现每一安全绩效指标的目标值，最终实现企业的总体安全目标。

在确定安全行动计划时应至少考虑以下几方面的因素：

（1）安全绩效指标的特点。针对部分高后果类安全绩效指标，如事故征候率、人员伤亡率等，很难制定细化的安全行动计划，而只能确定安全工作的主要方向和内容。而针对重点控制的事件类型（如可控飞行撞地、跑道侵入等）或低后果类安全绩效指标，则应制定细化、可操作的安全行动计划，保证安全绩效目标的实现。

（2）安全绩效指标关联的危险源。若某个安全绩效指标与危险源是关联的，则针对该项安全绩效指标制定的安全行动计划可等同于关联危险源的风险控制措施。

（3）安全保障资源。在制定安全行动计划时应充分考虑行业和生产经营单位保障安全、应对风险的资源，包括资金投入、人员配备、设备设施、安全管理等。

安全行动计划的内容应至少包括以下几方面：

（1）对应安全绩效指标的措施内容；

（2）具体措施的实施计划；

（3）落实措施的责任单位/人员；

（4）落实措施的资源需求；

（5）措施落实的时限要求；

（6）措施落实的监管单位/人员；

（7）措施落实的情况；

（8）措施落实的效果。

（四）明确安全绩效监测

在设定安全绩效指标、确定安全绩效目标、制定安全行动计划之后，应为每个安全绩效指标确定安全绩效监控的信息来源和监控频次，持续开展安全信息的收集、分析、统计工作，对安全行动计划落实情况和每个安全绩效目标的实现情况进行监测，及时发现安全绩效指标的不良安全趋势以及安全绩效目标可能无法实现的情况。

安全绩效指标的监测频次视具体安全绩效指标特点及监测数据的获取周期，可设置为一年一次、半年一次、每季度一次或每月一次。

安全绩效指标监测方法主要包括目标值监测、趋势监测、警戒值监测等方法。

（1）目标值监测。即按照所设定的安全绩效目标值，根据信息收集、分析的结果，监测安全绩效指标是否达到安全绩效目标值的要求。

（2）趋势监测。即通过安全信息的收集、分析，对安全绩效指标的发展趋势进行监测，当安全绩效指标的发展趋势出现恶化，即使没有突破安全绩效目标值，也应及时采取纠正和预防措施。

（3）警戒值监测。即为每个安全绩效指标设定一个或多个警戒值，当安全绩效目标值没有突破，但触发了警戒值时，应及时采用纠正和预防措施。针对触发不同等级的警戒值，可有针对性地采取不同等级的应对措施。

安全绩效监测的信息来源主要包括（但不限于）：

（1）强制报告事件信息；

（2）自愿报告事件信息；

（3）日常运行信息，如飞行品质监控信息、特种车辆运行数据等；

（4）不安全事件调查信息；

（5）安全检查信息；

（6）内部审核、内部评估信息；

（7）外部监察、外部审计、外部审核信息等。

（五）实现安全绩效改进

安全绩效管理的目的不仅是评估安全绩效目标是否能实现，更重要的是通过安全绩效管理的过程，实现对组织安全绩效的持续改进。安全绩效的改进分为三个层面。

1. 下一监测周期的安全绩效水平改进

针对安全绩效监测中发现的不良安全趋势、突破警戒值以及安全绩效目标无法实现的情况，需要开展深入的原因分析，查找不良安全趋势、突破警戒值及安全绩效目标未能实现的根本原因，进而对安全行动计划进行修订完善，或加强安全行动计划的落实和监督，达到提升组织安全绩效的目的。

2. 安全绩效指标和目标体系的改进

（1）安全绩效指标体系的改进。在下一个监测周期，可以根据内部环境（包括部门职责、人员结构、运行环境、工作环境等）和外部环境（包括民航行政机关新颁布规章、新的运行规范等）的变化，评估安全绩效指标是否已不符合实际运行的情况，以对安全绩效指标体系进行调整。

（2）安全绩效目标体系的改进。在下一个监测周期，可以根据内部环境和外部环境的变化，评估安全绩效目标设置的合理性，以对安全绩效目标进行调整。

3. 安全绩效管理体系的改进

民航生产经营单位应定期对安全绩效管理体系进行评审和改进，评审的内容至少应包括：

（1）安全绩效管理的制度程序；

（2）安全绩效管理的组织机构；

（3）安全绩效管理的技术方法；

（4）安全绩效指标和目标体系的适宜性和有效性；

（5）安全绩效管理的效果。

在安全绩效管理体系评审之后，进一步修订完善安全绩效管理方案，持续改进安全绩效管理工作。

第十节 安全生产教育培训

一、国家对安全生产教育培训的基本要求

安全生产教育培训是提升安全管理能力的重要方式。加强从业人员的安全教育培训，提高从业人员对作业风险的辨识、控制、应急处置和避险自救能力，提高从业人员安全意识和综合素质，是防止产生不安全行为，减少人为失误的重要途径。

《安全生产法》第二十八条规定：生产经营单位应当对从业人员进行安全生产教育和培训，保证从业人员具备必要的安全生产知识，熟悉有关的安全生产规章制度和安全操作规程，掌握本岗位的安全操作技能，了解事故应急处理措施，知悉自身在安全生产方面的权利和义务。未经安全生产教育和培训合格的从业人员，不得上岗作业。生产经营单位使用被派遣劳动者的，应当将被派遣劳动者纳入本单位从业人员统一管理，对被派遣劳动者进行岗位安全操作规程和安全操作技能的教育和培训。劳务派遣单位应当对被派遣劳动者进行必要的安全生产教育和培训。生产经营单位接收中等职业学校、高等学校学生实习的，应当对实习学生进行相应的安全生产教育和培训，提供必要的劳动防护用品。学校应当协助生产经营单位对实习学生进行安全生产教育和培训。生产经营单位应当建立安全生产教育和培训档案，如实记录安全生产教育和培训的时间、内容、参加人员以及考核结果等情况。

《安全生产法》第二十九条规定：生产经营单位采用新工艺、新技术、新材料或者使用新设备，必须了解、掌握其安全技术特性，采取有效的安全防护措施，并对从业人员进行专门的安全生产教育和培训。

《安全生产法》第三十条规定：生产经营单位的特种作业人员必须按照国家有关规定经专门的安全作业培训，取得相应资格，方可上岗作业。

《安全生产法》第四十四条规定：生产经营单位应当教育和督促从业人员严格执行本单位的安全生产规章制度和安全操作规程；并向从业人员如实告知作业场所和工作岗位存在的危险因素、防范措施以及事故应急措施。生产经营单位应当关注从业人员的身体、心理状况和行为习惯，加强对从业人员的心理疏导、精神慰藉，严格落实岗位安全生产责任，防范从业人员行为异常导致事故发生。

《安全生产法》第五十八条规定：从业人员应当接受安全生产教育和培训，掌握本职工作所需的安全生产知识，提高安全生产技能，增强事故预防和应急处理能力。

为确保国家有关生产经营单位从业人员安全教育培训政策、法规、要求的贯彻实施，必须首先从强化生产经营单位领导人员安全生产法制化教育入手，强化生产经营单位领导人员的安全意识。各级政府安全生产监督管理部门、负有安全生产监督管理责任的有关部门，应结合生产经营单位的用工形式，安全教育培训投入，安全教育培训的内容、方法、时间，以及安全教育培训的效果验证等方面实施综合监管。

二、安全生产教育培训违法行为的处罚

《安全生产法》第九十七条规定：生产经营单位有下列行为之一的，责令限期改正，

处十万元以下的罚款；逾期未改正的，责令停产停业整顿，并处十万元以上二十万元以下的罚款，对其直接负责的主管人员和其他直接责任人员处二万元以上五万元以下的罚款：

（1）未按照规定设置安全生产管理机构或者配备安全生产管理人员、注册安全工程师的；

（2）危险物品的生产、经营、储存、装卸单位以及矿山、金属冶炼、建筑施工、运输单位的主要负责人和安全生产管理人员未按照规定经考核合格的；

（3）未按照规定对从业人员、被派遣劳动者、实习学生进行安全生产教育和培训，或者未按照规定如实告知有关的安全生产事项的；

（4）未如实记录安全生产教育和培训情况的；

（5）未将事故隐患排查治理情况如实记录或者未向从业人员通报的；

（6）未按照规定制定生产安全事故应急救援预案或者未定期组织演练的；

（7）特种作业人员未按照规定经专门的安全作业培训并取得相应资格，上岗作业的。

三、民航行业对安全生产教育培训的要求

民航行业始终将安全生产教育培训工作作为工作重点，早在2006年，民航局会同国务院国有资产监督管理委员会、国家安全生产监督管理总局联合印发了《民用航空安全培训规定》（民航发〔2006〕206号），有效促进了民航安全培训工作的规范化和法治化。2007年，民航局印发《民航企事业单位主要负责人、安全管理人员培训大纲》（民航发〔2007〕132号），规定了具体的培训内容和学时等要求；2016年，民航局对该文件进行了修订，印发《民航企事业单位主要负责人、安全管理人员培训大纲》（民航发〔2016〕111号），对培训分级、培训方式、内容、考核以及教员管理等内容进行了完善。该系列培训在行业内俗称“三部委培训”，自2008年开始持续开展，为提高民航从业人员的安全素质和行业安全运行水平起到重要作用。

2021年，《安全生产法》进行了修正，为充分落实《安全生产法》对安全培训的新要求，民航局对安全培训的要求进行了全面调整。2021年底，民航局印发《民用航空安全培训与考核规定》（AC-398-01），实施考培分离。2022年，民航局印发《民航安全培训机构管理办法》（AC-398-02），规范了实施安全培训的机构应具备的条件，明确了各类安全培训的大纲；2024年，民航局对该文件进行了修订，印发《民航安全培训机构管理办法》（AC-398-02R1），进一步强化了对安全培训机构的要求，修订培训大纲的部分内容。

（一）负责人、安全生产管理人员的安全培训与考核

1. 负责人和安全生产管理人员的范围

民航生产经营单位负责人是指民航生产经营单位的高级管理人员，包括党政负责人、分管安全/作风/运行/训练/质量/维修/空管/货运/安保/财务/人事等的负责人、总监、总师。

民航生产经营单位安全生产管理人员是指民航生产经营单位从事安全管理工作或履行安全管理职责的专职、兼职管理人员，包括安全部门的负责人及工作人员，飞行、客舱、航卫、维修、运控、空管、训练、安保、货运、地服等生产运行和保障部门的负责人及安全工作相关人员。

2. 培训的基本要求

民航生产经营单位负责人和安全生产管理人员安全培训由具备条件的安全培训机构（含民航生产经营单位）实施。应具备的条件按《民航安全培训机构管理办法》（AC-398-02R1）执行。

民航生产经营单位负责人和安全生产管理人员应当在从事民航安全生产相关工作6个月内完成初始安全培训并通过考核，且应当每3年完成复训。民航生产经营单位负责人和安全生产管理人员初始安全培训的时间分别不得少于32学时和64学时。复训时间不得少于24学时。

在本规定施行前已持有民航安全管理人员培训证书的人员，在培训证书有效期内首次参加复训后，应当通过安全考核。

民航生产经营单位负责人和安全生产管理人员安全培训应当至少包括下列内容：习近平总书记关于安全生产重要论述和对民航工作的重要指示批示、党中央和国务院关于安全生产的重大决策部署、安全生产法律法规体系、安全生产责任制、安全管理理论与方法、安全管理体系（SMS）、安全信息、安全作风、安全文化、应急管理、典型事件案例分析与讨论等。

安全培训可采用集中和网络教学方式，其中集中教学时间不得低于规定总学时的65%，网络教学应当使用技术手段落实培训要求。

3. 考核的要求

民航生产经营单位负责人和安全生产管理人员在满足培训学时要求后方可参加考核。民航生产经营单位负责人和安全生产管理人员考核采用计算机考核方式，考核时间为150分钟，考核合格成绩为80分（含）以上。

考核中违纪违规的，取消其本次考核资格，后续每6个月后方可申请一次补考。在取得考核合格证明前，不得继续从事安全生产管理工作。考核不合格且无违纪违规的，6个月内有两次补考机会（放弃补考机会视为考核不合格）；两次补考均不合格的，不得继续从事安全生产管理工作。后续每6个月后方可申请一次考核，在取得考核合格证明前，不得继续从事安全生产管理工作。

取得运输机场高级管理人员、安全管理体系审核员、事件调查员、安全信息管理人员培训证书以及中级、高级注册安全工程师职业资格证书的人员，视同完成安全培训，可根据考核计划提前1个月向安全培训机构提出考核申请，安全培训机构应当安排其参加考核。

民航生产经营单位负责人和安全生产管理人员考核采用计算机考核方式。参加考核的人员应当登录安全培训考核管理平台，录入考核申请资料，注册通过后方可申请安全考核。民航生产经营单位负责人和安全生产管理人员提交考核申请资料的真实性由本人负责。

民航生产经营单位负责人和安全生产管理人员考核合格后，可使用安全培训考核管理平台打印民航安全生产知识和管理能力考核合格证（以下简称“考核合格证”），考核合格证在全国范围内有效。民航生产经营单位负责人和安全生产管理人员考核合格证在有效期内，因工作调动需要变更相关信息的，应当在工作调动后15个工作日内通过安全培训考核管理平台提交变更申请。

民航生产经营单位负责人和安全生产管理人员考核合格证有效期为 3 年。考核合格证持有人应当于合格证有效期满前 90 日内，通过安全培训考核管理平台，提交安全培训机构的复训证书及履职证明，申请考核合格证的换发。

（二）其他从业人员的安全培训与考核

民航生产经营单位其他从业人员的安全培训与考核由所在单位组织实施。民航生产经营单位应当严格落实全员教育培训有关要求，结合安全管理体系建设、安全风险分级管控和隐患排查治理双重预防机制建设，制定全员安全培训大纲和年度培训计划，健全安全培训管理制度，持续提升从业人员安全意识和能力素质。

民航生产经营单位其他从业人员初始安全培训的时间不得少于 24 学时，根据其他从业人员的不同岗位，确定每年复训学时并分类组织完成复训。民航生产经营单位其他从业人员安全培训应当至少包括下列内容：习近平总书记关于安全生产重要论述和对民航工作的重要指示批示、党中央和国务院关于安全生产的重大决策部署、安全生产法律法规体系、本单位安全规章制度、岗位安全职责和安全操作规程、相关安全知识与技能等。

负责人和安全生产管理人员在参加局方培训的当年，不用重复参加企业内部培训，在复训间隔的年份里，应参加本单位其他从业人员复训。在制定全员安全培训大纲时应对负责人和安全生产管理人员的培训方式进行说明。

值得注意的是，民航行业在全员安全培训的相关规定中，未明确新员工三级教育的具体要求。三级安全教育是指公司、部门、班组的安全教育。三级安全教育是我国多年积累、总结并形成的一套行之有效的安全教育培训方法。建议民航生产经营单位其他从业人员初始安全培训的 24 学时，采用三级教育的形式完成，各级安全教育培训的重点如下：

（1）公司级安全教育培训重点是习近平总书记关于安全生产重要论述和对民航工作的重要指示批示、党中央和国务院关于安全生产的重大决策部署、安全生产法律法规体系、安全管理体系基础知识、公司安全政策、安全目标、安全责任、规章制度、安全考核奖惩、从业人员的安全生产权利和义务、有关事故案例等。

（2）部门级安全教育培训是在从业人员工作岗位、工作内容基本确定后进行，由部门一级组织。培训重点是本岗位工作相关的安全风险识别、评价和控制措施，典型事故案例，岗位安全职责、操作技能及标准，紧急情况的处理，安全设施、个人防护用品的使用和维护。

（3）班组级安全教育培训是在从业人员工作岗位确定后，由班组组织，班组长、安全员对其进行安全教育培训，除此之外自我学习是重点。由于生产经营单位的性质不同，对于学习、实习期，国家没有统一规定，应按照民航相关规定确定。实习期满，通过考试合格方可独立上岗作业。班组安全教育培训重点是岗位安全操作规程、岗位之间工作衔接配合、作业过程的安全风险分析方法和控制措施、事故案例等。

从业人员调整工作岗位后，由于岗位工作特点、要求不同，应重新进行新岗位安全教育培训，并经考试合格后方可上岗作业。由于工作需要或其他原因离开岗位后，重新上岗作业应重新进行安全教育培训，经考试合格后，方可上岗作业。调整工作岗位和离岗后重新上岗的安全教育培训工作，原则上应由部门级组织。

（三）日常安全教育与专项培训

日常安全教育培训主要以车间、班组为单位组织开展，重点是安全操作规程的学习培训、安全生产规章制度的学习培训、岗位安全风险辨识培训、事故案例教育等。日常安全教育培训工作形式多样，内容丰富，根据单位的特点不同而各具特色。包括有班前会、班后会制度，“安全日活动”制度。在班前会上，在布置当天工作任务的同时，开展作业前安全风险分析，制定预控措施，明确工作的监护人等。工作结束后，对当天作业的安全情况进行总结分析、点评等。“安全日活动”，即每周必须安排半天的时间统一由班组或部门组织安全学习培训，企业的领导、职能部门的领导及专职安全监督人员深入班组参加活动。

专题安全教育培训是指针对某一具体问题进行专门的培训工作。专题安全教育培训工作针对性强，效果比较突出。通常开展的内容有“三新”安全教育培训，法律法规及规章制度培训，案例培训，安全知识竞赛、技术比武等。

“三新”安全教育培训是生产经营单位实施新工艺、新技术、新设备（新材料）时，组织相关岗位对从业人员进行有针对性的安全生产教育培训。法律法规及规章制度培训是指国家和行业颁布的有关安全生产法律法规、规章、规范性文件等，或民航生产经营单位制定新的有关安全生产规章制度后，组织开展的培训活动。案例培训是指在行业发生典型安全事件后，开展的安全教育培训活动。有条件的民航生产经营单位还应该举办经常性的安全生产知识竞赛、技术比武等活动，提高从业人员对安全教育培训的兴趣，推动岗位学习和练兵活动。

在安全生产的具体实践过程中，民航生产经营单位还采取了其他许多宣传教育培训的方式方法，如班组安全管理制度，警句、格言上墙活动，利用闭路电视、APP、小程序等进行安全宣传教育，利用漫画等形式解释安全规程制度。

民航生产经营单位还应以国家组织开展的全国“安全生产月”活动为契机，结合运行性质、特点，开展内容丰富、灵活多样、具有针对性的各种安全教育培训活动，提高各级人员的安全意识和综合素质。

四、典型安全教育培训流程

（一）培训需求分析

培训需求分析是指在规划与设计每项培训活动之前，由培训部门采取各种办法和技术，对单位及成员的目标、知识、技能等方面进行系统的鉴别与分析，从而确定培训必要性及培训内容的过程。培训需求分析就是采用科学的方法弄清谁最需要培训、为什么要培训、培训什么等问题，并进行深入探索研究的过程。

培训需求分析的方法包括访谈法、问卷调查法、观察法、关键事件法、绩效分析法、经验判断法、头脑风暴法、专项测评法和胜任能力分析法等。

培训需求分析的数据来源应包含但不限于以下因素：

（1）法律法规及相关标准规范；

（2）岗位胜任能力分析结果；

（3）安全风险控制措施；

（4）安全监督检查；

（5）员工自愿报告；

（6）事件调查；

（7）内外部审核；

（8）行业及公司安全形势；

（9）局方及其他政府部门要求。

（二）编制培训大纲

安全教育培训大纲应该是在了解了受训人员是哪些人、他们现在具备哪些技能及他们需要了解哪些知识的情况下，为将要进行的培训课程所撰写的实施纲要。主要安全教育培训的类型包括：

（1）员工岗前安全教育培训；

（2）日常员工在职安全教育培训；

（3）局方资质类培训；

（4）专项安全教育培训；

（5）技术类人员专业培训。

安全教育培训大纲应包含培训类型、培训对象、培训目的、培训要求、培训内容（初始、更新）、培训学时、培训组织实施与考核标准等内容。

安全教育培训大纲应重点关注安全法律法规、行业安全管理要求、安全意识、岗位安全责任、安全风险管理、安全监督检查、事件调查等安全管理要求，针对不同层级人员，持续提升安全管理的系统化、体系化水平。

（三）培训计划制定与调整

培训计划是按照一定的逻辑顺序排列的记录，它是在全面、客观的培训需求分析基础上做出的对培训时间、培训地点、培训对象、培训内容和培训方式等的预先系统设定。培训计划的制定应考虑外部委托培训和内部培训两种类型。

年度安全教育培训计划应明确安全教育与培训的内容、方式方法和费用、师资等资源保障措施。

制定安全培训教育计划的单位须定期对计划完成情况进行跟进和评估总结。

（四）培训组织与实施

1. 基本制度

（1）培训管理人员应严格执行安全培训工作计划。

（2）培训管理人员应按照培训大纲、培训对象、培训内容等，确定合适的培训方式，选择培训教师、培训课程等内容，提前发布培训通知，组织开展培训。

（3）培训过程中，严格实施培训日常管理，严肃人员出勤、培训纪律等工作。

（4）原则上，参加相应培训，培训管理人员应组织实施培训考核，培训考核方式包括书面考核、专题报告、分组研讨等形式，明确培训考核要求和合格标准。

（5）培训考核后，培训管理人员应及时对培训对象的考核结果进行评判，给出评价结果。

2. 培训课堂管理要求

培训管理人员应跟踪当天授课情况，至少在上课前 15 min 到达授课现场，组织签到。

培训学员应服从培训组织者的管理。培训纪律要求：

（1）严格遵守培训时间，不迟到，不早退，不旷课。

（2）认真执行签到制度，不得替他人代签。

(3) 如确有特殊原因不能参加培训者，应严格按请假程序进行审批。

(4) 培训时应按公司着装要求着装，严禁衣冠不整。

(5) 培训场所严禁吸烟。

(6) 培训场所严禁大声喧哗。

(7) 听课过程中应保持安静，将手机等通信工具调至关机或静音状态。

(8) 听课态度应严肃认真，严禁睡觉、闲聊，影响课堂秩序。

(9) 严禁在非休息时间擅自出入培训课堂或会场。

若有违反以上培训纪律1~3条者，予以部门级通报批评；若有违反以上培训纪律4~9条者，经教员提示，仍屡教不改的，予以公司级通报批评。

(五) 培训效果评估

培训效果评估，是一个完整的培训流程的最后环节，既是对整个培训活动实施成效的评价与总结，同时评估结果又为以后培训活动的培训需求提供了重要的信息。

培训结束后，培训组织人员通过反应层评估（问卷调查法、面谈法、座谈法）、学习层评估（提问法、笔试法、面试法）、行为层评估（观察法、360°评估、绩效考评）、结果层评估（组织绩效指标、成本效益分析）等形式对培训质量进行跟踪，确保相关培训目的、内容和质量满足规章要求。培训项目分类与评估层次的对应见表3-9。

表3-9 培训项目分类与评估层次

培训类型	反应层评估	学习层评估	行为层评估	结果层评估
文化理念类	√	√		
理论知识类	√	√		√
技术技能类	√	√	√	√
管理技能类	√		√	√

(1) 反应层评估：衡量参训者对教员及培训项目的评价。每次培训后，应针对培训教材、教案、教员、培训效果等开展学员满意度调查，抽样不少于50%的学员，填写《安全教育培训效果评估表》。

(2) 学习层评估：衡量参训者对培训内容、技术和技能的获取程度。采用提交《学员学习报告》、笔试、现场测试等方式进行。

(3) 行为层评估：衡量参训者在培训项目中所学习的技能和知识的转化程度，培训后1~3个月内进行，对参训者参训前后工作表现进行评估。可以采用上级、下级调研等方式进行。结合胜任能力模型，分析参训者的培训效果。

(4) 结果层评估：结果层评估采用个人安全业绩分析等方式进行，可以根据员工是否导致安全事件、安全奖惩记录等进行分析评估。

(六) 对于未参加培训人员的后续管理

强制类培训，应参加而未参加人员在完成培训前不得上岗承担相应的岗位职责，并按规定及时参加最近一次培训。

其他培训，需参加培训而未参加人员根据培训组织方的要求可采取，但不限于如：补训、自学等形式，并按培训组织方的要求进行考核。

将未参加培训人员的后续情况纳入每月监督检查中进行效果验证。

（七）培训监督

培训监督包括培训课程设置、培训管理、教材使用、难度进度、培训时间、培训效果等的监督管理。培训监督可以融合体系内审、安全评价等工作开展。

（八）培训资源保证

各层次的培训实施都需要一定的资源保证，培训资源保证包括培训教员、培训教材和培训经费等。

1. 培训教员

培训教员应实施审核评级机制，明确培训教员的资格要求、申请、评定、聘用、考核、复审、档案管理要求。

2. 课程及考试管理

实施培训课程审核备案制，未经审核评估和备案的课程，不得作为安全培训课程的正式内容。制定相应制度，明确培训课件和试题的编写、审批、存档要求。

所有的培训课程都应编写教学大纲，培训课件使用统一 PPT 模板。

除外委培训和邀请外部专家授课外，各培训组织部门应对本部门组织培训的课件进行评审。

（九）培训档案管理

建立培训项目档案，包括培训通知、教材与课件、签到表、照片、试卷、评估结果等。

建立个人培训档案，包括培训对象、培训单位、培训年月、培训科目、是否获证、证书编号、是否民航行业认可的培训机构等内容。

第十一节　安全文化与作风建设

一、安全文化

2023 年，民航局发布《关于加强新时代民航安全文化建设的意见》（民航发〔2023〕11 号），旨在深入贯彻落实习近平总书记关于安全生产的重要论述和对民航安全工作的系列重要指示批示，坚决贯彻总体国家安全观，贯彻执行党中央、国务院关于安全生产和安全文化建设的若干重大决策部署，充分发挥文化的引领、凝聚、感召、激励、规范和培育等功能，在民航行业进一步凝聚安全共识、强化安全意识、提升安全素养、夯实安全根基，更好营造高度重视安全、建设安全、巩固安全、共享安全的良好氛围和环境。

（一）安全文化建设的重要意义

文化是一个国家、一个民族的灵魂。民航安全文化是民航安全制度和民航行业文化的重要组成部分，是民航安全治理方案和安全管理体系有效实施的重要保障和成熟度的重要体现，是推动民航业高质量发展的重要思想基础和精神动力。以党的二十大精神为指导，加强新时代民航安全文化建设是进一步凝聚安全共识、强化安全意识、提升安全素养、夯实安全根基的基础性工程，应给予高度重视，专项谋划，统筹推进，注重实效，为推动民航安全治理体系和治理能力现代化提供有力支撑。安全文化建设的重要意义包括：

（1）加强新时代民航安全文化建设，是强化思想引领，贯彻落实习近平新时代中国特色社会主义思想的必然举措。

（2）加强新时代民航安全文化建设，是强化政治建设，贯彻执行党中央、国务院和民航局党组重大决策部署的内在要求。

（3）加强新时代民航安全文化建设，是强化顶层设计，推动民航安全治理体系和治理能力现代化的重要手段。

（4）加强新时代民航安全文化建设，是强化价值支撑，为创造更好安全运行水平提供精神动力的迫切需要。

（二）民航安全文化的基本定义

广义的民航安全文化，是指民航行业在民用航空安全实践活动中逐渐创造和形成的物质文化、制度文化、行为文化和精神文化的总称，范畴既包括精神、思想层面，也包括行为、制度和物态层面。

狭义的民航安全文化，是指民航行业在民用航空安全实践活动中逐渐形成、占主导地位并为绝大多数安全从业者所接受的，对待民航安全的观念、态度、价值取向和行为方式的总称。民航安全观念文化和行为文化是民航安全文化的基本内涵，也是基本形态。

参照《关于加强新时代民航安全文化建设的意见》，本书民航安全文化主要就狭义而言。

（三）新时代民航安全文化的基本内涵和外延

新时代民航安全文化，是以习近平总书记关于安全生产重要论述、对民航安全工作系列重要指示批示以及总体国家安全观为指导，以社会主义核心价值观为引领，以新中国民航优秀传统安全文化为源头，以中国民航英雄机组精神、劳动精神、工匠精神等为基础，以国际民航先进安全文化为借鉴，以“生命至上、安全第一、遵章履责、崇严求实”为核心价值理念，以忧患文化、责任文化、法治文化、诚信文化、协同文化、报告文化、公正文化、精益文化、严管厚爱文化、求真务实文化为主要价值体系，以提升行业安全从业人员安全素养，促进民航安全治理体系和治理能力现代化，推动民航高质量发展为目标，充分体现新时代民航安全工作实践特征的行业文化。

（四）新时代民航安全文化的核心价值理念

新时代民航安全文化的核心价值理念提炼凝结为“生命至上、安全第一、遵章履责、崇严求实”。“生命至上、安全第一”是安全价值观和认识论，强调了“人民至上”“以人民为中心”“以人民安全为宗旨”“发展为了人民”“人民航空为人民”，以及“安全是民航业的生命线”“始终把安全作为头等大事来抓”、安全是民航永恒的主题等思想和理念，凸显了民航安全的重大意义以及安全工作的根本宗旨、基本定位。“遵章履责、崇严求实”是安全方法论和实践论，强调了依法管理、依规运行、按章操作、落实责任的重要性，以及“对安全隐患零容忍”、严格管理、严谨规范、求真务实、真抓实干等工作要求，体现了安全工作应有的治理途径、基本方法和作风导向。

民航安全文化的核心价值理念是民航安全文化的内核，体现安全文化的根本性质和基本特征，反映安全文化体系的重要内涵和实践要求，是民航安全文化的高度凝练和集中表达，承载着中国民航在安全治理中的主要价值导向和精神追求，体现着评判安全管理行为是非曲直的最重要价值标准。

（五）民航安全文化建设的主要任务

（1）坚决贯彻总体国家安全观，牢固树立安全发展理念。习近平总书记关于安全生产的重要论述、对民航安全工作的系列重要指示批示以及总体国家安全观是做好民航安全工作的认识论、方法论和实践论，是民航安全工作的根本遵循，也是新时代民航安全文化建设的总指引，在安全文化建设中要科学把握其中的丰富内涵、精神实质、核心要义和实践要求，用好贯穿其中的立场观点方法。深刻把握总体国家安全观的基本要求和核心要义，结合民航安全实际融入安全文化建设，加强总体规划和统筹协调，把维护国家安全贯穿民航安全文化建设的各方面全过程。牢固树立安全发展理念，坚持人民至上、生命至上，坚持安全第一、预防为主，坚持“安全是发展的前提，发展是安全的保障”，正确处理安全与发展、安全与效益、安全与正常、安全与服务的关系，“牢牢守住安全发展这条底线”。自觉传承和弘扬新中国民航优秀传统安全文化，始终牢记周恩来等老一辈党和国家领导人关于“保证安全第一、改善服务工作、争取飞行正常”等有关批示精神。大力践行中国民航英雄机组精神，学习英雄机组忠诚担当、忠于职守的政治品格和职业操守，不断夯实安全文化的价值根基。

（2）大力弘扬和践行忧患文化，始终保持清醒头脑和高度警惕。居安思危、知危图安，是成功应对安全风险挑战的精神状态和思想防线。始终保持强烈的忧患意识，始终保持如履薄冰的高度警觉、见叶知秋的高度敏锐，未雨绸缪、防微杜渐、抓早抓小，任何时候任何环节都不能麻痹大意、掉以轻心，牢牢把握风险防范主动权。

（3）大力弘扬和践行责任文化，促进安全责任压紧压实。责任制是民航安全生产的灵魂，落实责任是最基本的安全生产制度。保持“生命重于泰山”的清醒和“安全生产重于泰山”的担当，完善“党政同责、一岗双责、齐抓共管、失职追责”的责任体系和“管行业必须管安全、管业务必须管安全、管生产经营必须管安全”的履责原则，切实承担起促进安全发展的重大政治责任。

（4）大力弘扬和践行法治文化，提升安全工作法治水平和运行合规性。法治是行业安全治理的基本方式，依法管理、合规性、遵章操作是关键。坚持以习近平法治思想为指导，不断健全完善中国民航安全法治体系，形成完备的规范体系、高效的实施体系、严密的监督体系和有力的保障体系。

（5）大力弘扬和践行诚信文化，提高行业安全管理自律度和美誉度。诚信是民航从业者的立身之本，也是民航的立业之基。

（6）大力弘扬和践行协同文化，强化生产组织和安全管理的系统性。协同协作是民航生产运行和安全管理的基本特征。把民航安全作为总体国家安全的重要组成部分谋划部署，把维护国家安全贯穿民航工作的各方面全过程。把党中央重大安全战略部署与本地区本部门本单位具体实际相结合，把自身安全发展融入国家和行业协同安全发展大局，不断强化安全大局意识。

（7）大力弘扬和践行报告文化，提升安全管理信息化程度和决策科学性。及时、准确、规范的安全信息报告是评估风险、认清形势、把握趋势的重要渠道，也是有效开展安全风险管控和隐患排查治理的重要基础。

（8）大力弘扬和践行公正文化，切实保护和激发干部员工的积极性、创造性。公正文化是构建安全信息主动报告长效机制的必要条件，也是发挥安全管理体系效能的重要基础。

(9) 大力弘扬和践行精益文化，不断提升安全管理效能和设施设备适航性。精益求精是民航安全从业人员职业素养、能力和品质的重要体现，是工匠精神的典型表现。

(10) 大力弘扬和践行严管厚爱文化，做到惩罚和奖励并重、约束与激励兼顾。严管与厚爱是辩证统一的。

(11) 大力弘扬和践行求真务实文化，坚决反对形式主义、官僚主义等不良作风。实事求是、求真务实、真抓实干是有效实施安全管理的重要思想方法和工作方法。

二、作风建设

2021 年，民航局印发《民航安全从业人员工作作风建设指导意见》（民航发〔2021〕8 号）和《民航安全从业人员工作作风长效机制建设指南》（民航规〔2021〕23 号），旨在更好地贯彻落实习近平总书记对民航安全工作的重要指示批示精神，持续抓好“确保民航安全运行平稳可控 26 条措施”，进一步推动以“三个敬畏”为内核的作风建设持续开展并走深走实。2022 年，为进一步增强安全作风建设长效机制的针对性、适用性和实效性，民航局对《民航安全从业人员工作作风长效机制建设指南》进行了修订，印发《民航安全从业人员工作作风长效机制建设指南》（民航规〔2022〕56 号）。

（一）作风建设的基本原则

(1) 坚持党的领导，提高政治站位。

(2) 坚持全面覆盖，提升协同效能。

(3) 坚持价值引领，根植“三个敬畏”。

(4) 坚持久久为功，注重抓常抓细。

(5) 坚持养成为主，兼顾他律自律。

(6) 坚持问题导向，聚焦重点难点。

(7) 坚持标本兼治，注重固本培元。

（二）相关概念

1. 安全作风

安全作风是指民航安全从业人员在安全生产运行中表现出的稳定的态度和行为，特别是对指导和规定安全生产运行工作的各种行为规范的心理认同和外在反应。

主要包括两个层面：一是精神层面，包含思想观念、思维方式、情感态度、自我认知、道德素养等；二是行为层面，包含对工作的计划、执行、评估、反馈、完善等。

2. 民航安全从业人员

主要包括飞行、乘务、机务维修、空管、运控、机场运行、安保等专业人员，民航院校上述专业在读学生，航校和飞行训练机构教员、学员，民航生产经营单位负有安全管理职责的人员，以及民航行政机关的安全监察人员。

3. 优良安全作风

民航优良安全作风以“敬畏生命、敬畏规章、敬畏职责”为基本内涵，主要表现为坚持人民至上、生命至上、忠诚担当，遵章守纪、崇严求实、诚实守信，爱岗敬业、恪尽职守、精益求精，实事求是、真抓实干、团结协作等。

4. 不良安全作风

民航生产经营单位一线人员的不良安全作风主要表现为思想和态度上的不敬畏、不诚信，侥幸、麻痹、逆反、自大、盲目、冲动、粗放、随意、懈怠、懒散、炫耀等造成的偶发性、习惯性“错忘漏”、违规违章，以及蓄意、故意等违反规章标准、行为规范、劳动纪律和职业道德等。

民航生产经营单位管理人员的不良安全作风主要表现为形式主义、官僚主义、好人主义，不清醒、不担当、不进取，不严、不细、不实，以及作风定义过度延伸、扩大化，对作风问题虚化、泛化、片面化、主观臆断、“一刀切”，检查考核时层层加码等。

民航行政机关安全监察人员的不良安全作风主要表现为安全监管不实事求是、求真务实、与时俱进，监管事项扩大化，监管范围泛化，监管态度“宽松软”，监管方式简单、片面，监管手段以罚代管、一罚了之，以及其他形式主义、官僚主义倾向等。

5. 安全作风建设与安全管理工作的关系

（1）安全作风建设与SMS的关系。安全作风建设是安全管理体系（SMS）的组成部分，是安全风险管理和教育培训的重要内容，应与SMS或等效安全管理机制融合开展，并将建设中的好经验好做法通过制度机制固化下来，纳入日常安全管理。

（2）安全作风建设与安全隐患排查治理的关系。安全作风建设是安全隐患排查治理机制的重要方式，应将不良安全行为层面导致的重大安全作风问题视为安全隐患的一种，作为安全隐患排查治理的重要内容，采取隐患排查治理的机制、方法和工具进行识别、分析、评估，及时治理和整顿。

（3）安全作风建设与安全文化建设的关系。安全作风建设是安全文化建设的重要手段和组成部分，安全文化建设是安全作风建设的固本之策和底层支撑。通过安全文化建设促进和深化安全作风建设，让社会主义核心价值观、当代民航精神、中国民航英雄机组精神、工匠精神等更好发挥引领作用，并大力培育忧患文化、敬畏文化、责任文化、法治文化、公正文化、报告文化、诚信文化、严管厚爱文化等积极安全文化，为培育优良安全作风提供思想保证和精神力量。

（三）安全作风建设长效机制

1. 安全作风建设责任机制

（1）主体责任。民航生产经营单位是建设的主体，主要职责包括：

1）建立并持续完善本单位以“三个敬畏”为内核的安全作风建设长效机制；

2）结合日常思想政治、安全管理、宣传教育等工作，加强安全从业人员优良作风养成；

3）建立安全作风问题清单、认定程序和考核奖惩办法，实行作风量化、规范化管理；

4）明确有关部门和人员综合推进安全作风建设，并实施监督检查；

5）为安全作风建设提供必要资源保障；

6）对典型安全作风问题追责问责，对作风优良的班组和个人树立典型，并给予正向激励。

（2）领导责任。

1）民航生产经营单位党委（党组）主要负责人对党委（党组）职责范围内的安全作风建设负总责，包括：

①认真组织学习习近平总书记对民航安全工作的重要指示批示和关于安全生产的重要论述，认真组织落实党中央、国务院关于民航安全和安全生产的重大决策部署，以及民航

局党组关于加强安全作风建设的相关要求；

②将安全作风建设工作纳入党委（党组）议事日程，研究解决安全作风建设中遇到的重大问题；

③加强干部队伍安全作风建设，引导安全从业人员积极支持、全面参与安全作风建设；

④充分发挥先进典型和榜样的引领与示范作用，增强对优良安全作风和良好行为习惯的心理认同；

⑤充分发挥基层党支部（党小组）战斗堡垒作用，将安全作风建设与党建工作深度融合。

2）民航生产经营单位主要负责人对本单位安全作风建设负总责，包括：

①建立健全安全作风建设责任制，明确有关机构、人员的安全作风建设职责；

②组织建立安全作风问题清单、认定程序、量化评估以及考核激励等管理机制；

③组织对安全作风建设机制落实情况及实施效果进行监督检查；

④组织建立健全安全作风建设宣传、教育、培训等制度，并提供必要的资源保障；

⑤将安全作风建设纳入法定自查，并严格落实；

⑥持续完善安全作风建设长效机制。

3）民航生产经营单位应指定一名分管安全作风建设的负责人，按职责分工协助党政主要负责人统筹协调、综合管理安全作风建设，对本单位安全作风建设工作负领导责任。

4）民航生产经营单位生产业务部门及安全监督管理部门的党政负责人，应按照安全作风建设职责分工，对本部门安全作风建设工作负领导责任。

（3）岗位责任。

1）安全从业人员应强化“三个敬畏”意识，做到牢记岗位职责，认真履行岗位安全责任，严格遵守各项行为规范、准则和纪律，展现良好安全作风，维护民航队伍的良好社会形象。

2）安全从业人员认真遵守安全作风建设制度，对标先进典型主动弘扬优良安全作风，对照本岗位安全作风问题清单主动查找不足和自我整改。

3）安全从业人员应按照规定程序和标准培养正确的安全意识和良好的行为习惯，主动识别和报告安全风险，主动落实安全风险分级管控和隐患排查治理双重预防机制。

（4）监管责任。

1）民航行政机关的党政主要负责人总体负责本辖区安全作风建设监管工作，主要承担以下职责：

①建立本辖区安全作风建设监管机制，明确相关部门监管职责，制定监管制度和程序，定期监督和指导辖区民航生产经营单位安全作风建设；

②结合本辖区实际，制定典型安全作风问题清单，推动量化管理，督促辖区单位将安全作风建设纳入法定自查；

③定期对本辖区各单位安全作风建设情况实施监管，督导安全作风问题得到切实整改；

④建立安全作风管理问责机制，对出现严重安全作风问题，或反复出现安全作风问题的民航生产经营单位实施问责。

2）民航行政机关的相关负责人及各业务部门负责人，应按照“管行业必须管安全、管业务必须管安全、管生产经营必须管安全”的原则，负责对辖区内相应业务单位的安全作风建设工作进行日常监管，并根据职责分工，负责对辖区内相应业务单位的安全作风建设工作进行日常监管。

2. 安全作风养成机制

民航生产经营单位应面向安全从业人员建立多方式、常态化安全作风养成机制，应主要从以下方面开展：

（1）持续做好安全宣传教育；

（2）纳入安全专项培训；

（3）突出抓好飞行学员安全作风养成；

（4）强化规章制度执行力；

（5）列为“三基”建设重点内容；

（6）党员领导干部率先垂范；

（7）持续树立先进典型；

（8）加强人文关怀和心理健康维护；

（9）持续开展安全文化建设；

（10）推动安全作风建设常态化。

3. 安全作风问题识别认定、量化评估与管理机制

（1）建立典型安全作风问题清单。民航生产经营单位可参考《民航安全从业人员工作作风长效机制建设指南》所附各类专业队伍典型工作作风问题清单，紧密结合本单位实际，及时汲取行业典型作风案例教训，建立健全飞行、乘务、机务维修、空管、运控、机场运行、飞行训练、安保以及安全管理等各类人员安全作风问题清单，并定期更新，保持适用性和针对性。问题清单可包括问题种类或维度、典型表现、数据收集方式以及预防措施等项目。

（2）识别及认定典型安全作风问题。民航生产经营单位应建立安全作风问题识别程序，明确识别的范围、内容和频次，定期进行识别。识别工作应与现有的安全管理机制和方法相结合，通过法定自查、危险源识别、隐患排查、安全整顿、内部审核、专项审计、安全报告、事件调查等途径查找和发现安全作风问题。

民航生产经营单位应建立安全作风问题认定程序，明确安全作风问题的认定机构、程序和方法，对照典型安全作风问题清单及时研究分析、研判定性。对不属于清单中的安全作风问题，应本着实事求是、严谨慎重、事实清楚、依据确凿的原则进行认定，避免将作风问题简单化、片面化甚至无限扩大化，确保认定工作的规范性、严肃性和合理性。

（3）建立量化评估程序和方法。民航生产经营单位应实行安全从业人员安全作风量化管理，对个人及所在组织动态开展安全作风量化评估，密切监控安全作风状况，及时监控态势、发现问题、纠正偏差。

民航生产经营单位应结合实际，采取有效工具，建立量化管理相关表单，分维度、分模块、分项目制定量化评分标准，及时开展数据收集，做到具体化、精细化、可操作。应根据作风问题的性质和危险程度，形成量化结果，制定处理方案。量化评估周期可采用年度、季度、月度中单个或多个周期的组合，评估周期最长不得超过一年。

民航生产经营单位可结合管理机构层级和职能设置，建立安全作风问题分级评估机制，对安全作风问题实施分类管控、分级处置。

（4）安全作风量化评估结果管理。民航生产经营单位应针对识别出的安全作风问题，特别是“灰犀牛”和“黑天鹅”事件，结合具体安全管理，如风险管理和安全绩效管理等，全面分析问题原因，及时制定控制措施并严格落实。在制定控制措施时，应认真评估其必要性、可行性、可操作性、预期效果等因素。

民航生产经营单位应设立安全作风量化考核和奖惩机制，作为量化评估结果管理的重要途径，纳入年度安全考核体系。根据量化考核结果应对存在不同程度和性质安全作风问题的人员和部门进行及时提醒、教育培训和惩罚处理。要注重奖惩的公正、公平、公开，注重对作风问题深入分析原因、深刻汲取教训和系统完善制度。对明知故犯、性质恶劣的，尤其是突破规章底线和诚信红线的，要从严从重惩处，强化警示和震慑作用。

民航生产经营单位可设立安全作风激励管理机制，发挥正向激励的导向作用，将短期激励与长期激励相结合，将物质激励与精神激励相结合，与薪酬、职级、转型升级、评优评先、教育培训等挂钩，通过奖惩政策引领安全作风建设导向，强化安全作风正向激励力度，更好激发内驱力，切实推动安全作风建设有力有效、走深走实。

4. 问责机制

民航生产经营单位和民航行政机关应建立安全作风问题问责机制，明确问责的职责、程序和标准。问责应重点针对下列情况：

（1）未建立安全作风建设长效机制；

（2）对安全作风建设资源投入不足；

（3）对发现的安全作风问题不及时采取措施，听之任之、放任自流；

（4）对采取的措施未认真落实、跟踪检查和验证效果；

（5）安全作风问题重复出现抑或相似问题一再发生等。

针对单位和个人的问责，应重点分析组织、制度、标准和程序等方面存在的深层次问题和不足，及时改进、调整和优化。针对蓄意、故意、过失、习惯性以及无意违规等不同性质的作风问题，应坚持公正原则区别对待、分类问责，树立规范问责、精准问责、慎重问责的导向。对安全运行或行业形象造成恶劣影响的严重安全作风问题，民航行政机关应综合考虑问题性质、影响程度、危害结果，依法依规严肃问责，并依法实施失信联合惩戒。

5. 持续完善机制

民航生产经营单位应结合安全管理体系审核、法定自查、安全审计、安全评估、安全隐患排查治理、专项整顿等工作，定期对本单位安全作风建设的质量和成效进行评审，并根据结果和上级有关精神、要求或部署，持续完善安全作风建设机制，保持动态管理和优化改进。

第四章　民航安全生产监督管理

第一节　我国的安全生产监督管理

一、安全生产监督管理体制

目前，我国安全生产监督管理体制是：综合监管与行业监管相结合，国家监察与地方监管相结合，政府监督与其他监督相结合的格局。

（一）综合监管与行业监管

应急管理部是国务院主管安全生产综合监督管理的组成部门，依法对全国安全生产实施综合监督管理。交通运输、水利、住房和城乡建设、工业和信息化、文化和旅游、市场监管、生态环境等国务院有关部门分别对交通、铁路、民航、水利、电力、建筑、国防工业、邮政、电信、旅游、特种设备、核安全等行业和领域的安全生产工作负责监督管理，即行业监管或专业管理。应急管理部从综合监督管理全国安全生产工作的角度，指导、协调和监督这些部门的安全生产监督管理工作。除此之外，综合监督管理还体现在组织起草安全生产方面的综合性法律、行政法规和规章，研究拟定安全生产方针、政策等。

地方各级人民政府也都以不同形式成立了相应的安全生产综合监督管理部门和行业监督管理部门，履行综合监管和行业监管的职能。应急管理部和国务院其他安全生产的行业监督管理部门，对地方的安全生产综合监督管理部门和行业监督管理部门在业务上进行指导。

《安全生产法》第十条明确规定：国务院应急管理部门依照本法，对全国安全生产工作实施综合监督管理；县级以上地方各级人民政府应急管理部门依照本法，对本行政区域内安全生产工作实施综合监督管理。国务院交通运输、住房和城乡建设、水利、民航等有关部门依照本法和其他有关法律、行政法规的规定，在各自的职责范围内对有关行业、领域的安全生产工作实施监督管理；县级以上地方各级人民政府有关部门依照本法和其他有关法律、法规的规定，在各自的职责范围内对有关行业、领域的安全生产工作实施监督管理。对新兴行业、领域的安全生产监督管理职责不明确的，由县级以上地方各级人民政府按照业务相近的原则确定监督管理部门。

另外，为了加强国家对整个安全生产工作的领导，加强综合监管与行业监管之间的协调配合，国务院成立了安全生产委员会，设立国务院安全生产委员会办公室，其办公室设在应急管理部。国务院安全生产委员会办公室具体职责之一就是研究提出安全生产重大方针、政策和重要措施的建议，监督检查、指导协调国务院有关部门和各省、自治区、直辖市人民政府的安全生产工作。各省、自治区、直辖市人民政府也建立了相应的安全生产委员会，部分市、县也建立了安全生产委员会。通过安全生产委员会的作用，对安全生产的监督管理起到了相互协调、相互配合的作用，大大加强了安全生产的监督管理工作。

因此，综合监督管理和行业监督管理初步形成了一个网格式的监管体系。

(二) 国家监察与地方监管

除了综合监督管理与行业监督管理之外，针对某些危险性较高的特殊领域，国家为了加强安全生产监督管理工作，专门建立了国家监察机制。如矿山，国家专门建立了垂直管理的矿山安全监察机构，国家设立国家矿山安全监察局，产矿地区另设立国家矿山安全监察局省级局，省级局下设若干监察处，监察机构的人、财、物全部由中央负责，避免实行监察过程中受地方政府的干扰。

特种设备的监察实行省以下垂直管理的体制。

(三) 政府监督与其他监督

生产经营单位是安全生产的责任主体。但是，加强外部的监督和管理也是安全生产的重要保证。除政府监督外，其他方面的监督也十分重要。其他监督是整个安全生产监督管理体制的一个重要组成部分，在安全生产工作中发挥着重要的作用。当前，尤其需要发挥其他方面的监督，如新闻媒体的监督。

政府方面的监督主要有应急管理部门和其他负有安全生产监督管理职责部门的监督、监察机关的监督。

其他方面的监督主要有安全技术、管理服务机构的监督，社会公众的监督，工会的监督，新闻媒体的监督，居民委员会、村民委员会、人民检察院等组织的监督。

(四) 安全生产监督管理的责任主体

安全生产监督管理的责任主体包括各级人民政府及其应急管理部门和负有安全生产监督管理职责的相关部门。

各级人民政府在安全生产监督管理工作中负有领导责任，《安全生产法》第九条规定，国务院和县级以上地方各级人民政府应当加强对安全生产工作的领导，支持、督促各有关部门依法履行安全生产监督管理职责，建立健全安全生产工作协调机制，及时协调、解决安全生产监督管理中存在的重大问题。

目前，我国县级以上人民政府基本都设立了应急管理部门。应急管理部是国务院正部级组成部门，依照法律和中央批准的“三定方案”确定的职责，对全国安全生产工作实施综合监督管理。县级以上地方人民政府应急管理部门，是指这些地方人民政府设立或授权负责本行政区域内安全生产综合监督管理的部门。

负有安全生产监督管理职责的有关部门，是指《安全生产法》第十条第二款所称的县级以上人民政府设置的对有关行业、领域的安全生产工作实施监督管理的部门。譬如，国务院负有安全生产监督管理职责的有关部门，就包括交通运输部、工业和信息化部、住房和城乡建设部等有关部委和机构。这些部门的安全生产监督管理职责除《安全生产法》外，在其他法律、行政法规中有明确规定。国务院有关部门依照法律、行政法规和中央批准的“三定方案”的规定，负责有关领域、行业的专项安全生产监督管理。《国务院关于进一步加强企业安全生产工作的通知》强调，“全面落实公安、交通、国土资源、建设、工商、质检等部门的安全生产监督管理及工业主管部门的安全生产指导职责”。此外，许多地方政府也制定发布了一系列明确行业管理部门安全监管职责的规范性文件。

(五) 安全生产监督管理的基本特征

政府对安全生产监督管理的职权是由法律法规所规定，是以国家机关为主体实施的，对生产经营单位履行安全生产职责和执行安全生产法规、政策和标准的情况，依法进行监督、监察、纠正和惩戒。

(1) 权威性。国家对安全生产监督管理的权威性首先源于法律的授权。法律是由国家的最高权力机关全国人民代表大会制定和认可的，体现的是国家意志。《安全生产法》《民航法》等有关法律对安全生产监督管理都有明确的规定。

(2) 强制性。国家的法律都必然要求由国家强制力来保证其实施。各级人民政府应急管理部门和其他有关部门对安全生产工作实施的监督管理，是依法行使的监督管理权，是以国家强制力作为后盾的。

(3) 普遍约束性。在中华人民共和国领域内从事生产经营活动的单位，凡有关涉及安全生产方面的工作，都必须接受统一的监督管理，履行《安全生产法》等有关法律所规定的职责。这种普遍约束性，实际上就是法律的普遍约束力在安全生产工作中的具体体现。

(六) 安全生产监督管理的基本原则

应急管理部门和其他负有安全生产监督管理职责的部门对生产经营单位实施监督管理职责时，遵循以下基本原则：

(1) 坚持严格规范公正文明的原则。

(2) 坚持以事实为依据，以法律为准绳的原则。

(3) 坚持预防为主的原则。

(4) 坚持行为监管与技术监管相结合的原则。

(5) 坚持监管与服务相结合的原则。

(6) 坚持教育与惩罚相结合的原则。

二、负有安全生产监督管理职责的部门和人员的职责

(一) 负有安全生产监督管理职责的部门的主要职责

(1) 采取多种形式，加强对有关安全生产的法律法规和安全生产知识的宣传，提高职工的安全生产意识。

(2) 配合有关政府进行安全检查。县级以上地方各级人民政府应当根据本行政区域的安全生产状况，组织有关部门按照职责分工，对本行政区域内容易发生重大生产安全事故的生产经营单位进行严格检查。

(3) 按照分类分级监督管理的要求，制定安全生产年度监督检查计划，并按照年度监督检查计划进行监督检查，发现事故隐患，及时进行处理。

(4) 严格依法对涉及安全生产的事项进行审查批准并加强监督检查。

(5) 对生产经营单位执行有关法律法规和标准的情况进行监督检查，进入现场进行检查，查阅有关资料，向有关单位和人员了解情况，对事故隐患进行处理，对安全生产违法行为进行处理，对不符合国家标准或者行业标准的设施、设备和器材以及违法生产、储存、使用、经营、运输的危险物品进行处理，对违法生产、储存、使用、经营危险物品的作业场所予以查封，并依法作出处理决定，部门之间进行相互配合等。

（6）接受监察机关的监督。

（7）接受人民检察院的监督。

（8）建立举报制度。

（9）制定有关奖励制度，对报告重大事故隐患或者举报安全生产违法行为的有功人员，给予奖励。

（10）配合地方政府建立应急救援体系。

（11）事故报告。负有安全生产监督管理职责的部门接到事故报告后，应当立即按照国家有关规定上报事故情况，不得隐瞒不报、谎报或者拖延不报。

（12）积极支援事故抢救。

（13）组织事故调查。

（14）事故信息发布。

（15）依法实施行政处罚。

（16）依法对存在重大事故隐患的生产经营单位作出停产停业、停止施工、停止使用相关设施或者设备的决定。

（17）建立安全生产违法行为信息库，记录生产经营单位及其有关从业人员的安全生产违法行为信息，并向社会公告和公示违法行为情节严重的生产经营单位及其有关从业人员。

（二）负有安全生产监督管理职责的人员的主要职责

（1）宣传安全生产法律法规和国家有关方针和政策。

（2）监督检查生产经营单位执行安全生产法律法规和标准的情况。

（3）严格履行有关行政许可的审查职责。

（4）依法处理安全生产违法行为，实施行政处罚。

（5）正确处理事故隐患，防止事故发生。

（6）依法处理不符合法律法规和标准的有关设施、设备、器材。

（7）接受行政监察机关的监督。

（8）及时报告事故。

（9）参加安全事故应急救援与事故调查处理。

（10）忠于职守，坚持原则，秉公执法。

（11）法律、行政法规规定的其他职责。

第二节 我国民航监管体制

一、我国民航监管体制的发展历程

随着我国社会主义市场经济体制的不断完善和经济社会的快速发展，从军事化管理到企业化改革、从计划经济到政企分开、政资分开，我国民航监管体制先后经过了五个阶段：

（1）第一个阶段（1949~1979年），军事化管理。新中国成立初期至改革开放前，我国民航管理体制变动频繁，先后隶属中央人民政府人民革命委员会、空军、国务院直属局、交通部部属局等机构部门管理。这一时期，中国民航处于“从无到有”的起步阶段，按照军队建制进行管理，带有浓厚的军事色彩，主要服务于军事活动和国家任务，并未完全向社会大众开放。

（2）第二阶段（1980~1986年），企业化改革，初步放松管制。邓小平同志指出“民航一定要走企业化道路”开启了中国民航市场化改革的大幕。民航由空军代管改为国务院管理，改变军队建制，构建了由各业务司局和地区管理局、省局的民航管理架构，民航企业按照区域分属不同地区管理局。这一时期，民航实行“政企合一”计划经济体制，既履行政府管理职能又负责企业的具体经营管理。

（3）第三阶段（1987~1996年），政企分离，全面放松管制。民航总局（中国民用航空局）推动政企分开，管理局、航空公司和机场分设，实现民航总局和管理局与企业的“脱钩”。放松市场准入、鼓励地方组建航空公司、引入竞争，打破民航局独家经营垄断局面；放松航线进入和飞机购买限制，增加运力、丰富航线、满足社会需求。这一时期，我国民航业快速发展。

（4）第四阶段（1997~2002年），过度竞争、严格管制。由于第三阶段放松管制，虽然培育了一批航空运输企业，但也造成了运力相对过剩和运力分散，企业竞争失序、大面积亏损。民航总局严格市场准入、加强航班航线管制。为提高企业竞争力，利用行政手段推进兼并重组，组建了“三大”航空运输企业集团公司。

（5）第五阶段（2003年至今），产权主体和行政管理主体双分开。2003年的民航体制改革，是民航改革力度较大的一次改革。民航总局直属的六大集团公司资产移交国资委，人事权移交中央组织部门；机场属地化；放松市场准入和航线限制，支持民营资本和国外资本进入航空业等。这一时期，进一步明晰了民航行业政府的职能定位，构建民航总局-地区管理局及其派出机构的“两级机构、三级管理”的行业监管体制。2008年，大部制改革，民航总局降格为副部级，隶属交通运输部管理。

二、民航行业主管部门的职责

（一）中国民用航空局主要职责

中国民用航空局是国家副部级单位，为交通运输部管理的国家局，其主要职责包括：

（1）提出民航行业发展战略和中长期规划、与综合运输体系相关的专项规划建议，按规定拟订民航有关规划和年度计划并组织实施和监督检查。起草相关法律法规草案、规章草案、政策和标准，推进民航行业体制改革工作。

（2）承担民航飞行安全和地面安全监管责任。负责民用航空器运营人、航空人员训练机构、民用航空产品及维修单位的审定和监督检查，负责危险品航空运输监管、民用航空器国籍登记和运行评审工作，负责机场飞行程序和运行最低标准监督管理工作，承担民航航空人员资格和民用航空卫生监督管理工作。

（3）负责民航空中交通管理工作。编制民航空域规划，负责民航航路的建设和管理，负责民航通信导航监视、航行情报、航空气象的监督管理。

（4）承担民航空防安全监管责任。负责民航安全保卫的监督管理，承担处置劫机、炸机及其他非法干扰民航事件相关工作，负责民航安全检查、机场公安及消防救援的监督管理。

（5）拟订民用航空器事故及事故征候标准，按规定调查处理民用航空器事故。组织协调民航突发事件应急处置，组织协调重大航空运输和通用航空任务，承担国防动员有关工作。

（6）负责民航机场建设和安全运行的监督管理。负责民用机场的场址、总体规划、工程设计审批和使用许可管理工作，承担民用机场的环境保护、土地使用、净空保护有关管理工作，负责民航专业工程质量的监督管理。

（7）承担航空运输和通用航空市场监管责任。监督检查民航运输服务标准及质量，维护航空消费者权益，负责航空运输和通用航空活动有关许可管理工作。

（8）拟订民航行业价格、收费政策并监督实施，提出民航行业财税等政策建议。按规定权限负责民航建设项目的投资和管理，审核（审批）购租民用航空器的申请。监测民航政策效益和运行情况，负责民航行业统计工作。

（9）组织民航重大科技项目开发与应用，推进信息化建设。指导民航行业人力资源开发、科技、教育培训和节能减排工作。

（10）负责民航国际合作与外事工作，维护国家航空权益，开展与港澳台的交流与合作。

（11）管理民航地区行政机构、直属公安机构和空中警察队伍。

（12）承办国务院及交通运输部交办的其他事项。

（二）民航地区管理局主要职责

民航局下设7个民用航空地区管理局，负责对辖区内民用航空事务实施行业管理和监督。7个地区管理局为：华北地区管理局、东北地区管理局、华东地区管理局、中南地区管理局、西南地区管理局、西北地区管理局和新疆管理局。地区管理局的主要职责包括：

（1）贯彻执行国家有关法律法规以及民航局有关规章、制度和标准；负责辖区内民航行政执法、行政处罚和行政诉讼涉及的有关法律事务；承办辖区内民航各类行政执法监察员的考核、报批工作，监督其行政执法行为。

（2）对辖区内的民用航空活动进行安全监督和检查；发布安全通报和指令；组织辖区内民航企事业单位的安全评估工作；组织调查处理辖区内的一般民用航空飞行事故、重大通用航空飞行事故、航空地面事故和民航局授权组织调查的其他事故；参与辖区内重、特大运输航空飞行事故的调查处理工作。

（3）负责对辖区内民用航空器运营人的运行合格审定工作并进行持续监督检查；审查辖区内民航企事业单位的运行手册及相关文件并监督检查执行情况；办理辖区内飞行训练机构及设备的合格审定事宜；监督管理辖区内的民用航空卫生工作，办理对航空人员身体条件的审核事宜；负责辖区内民用航空飞行、飞行签派、航空器维修等专业人员的资格管理及有关委任代表的管理工作；审查批准或报批辖区内民用航空器维修单位维修许可证并实施监督管理；按授权承办对承修中国注册航空器及其部件的国外维修单位的审查事宜。

（4）按授权负责对辖区内民用航空器及其部件的适航审定，对辖区内民用航空器及其部件的设计、制造实施监督检查，发布民用航空器适航指令；按授权审查批准或报批辖区内民用航空器适航证、特许飞行证并实施监督管理。

（5）审查批准或报批辖区内民用机场（含军民合用机场民用部分，下同）的总体规划、使用许可证和军民合用机场对民用航空器开放使用的申请，以及飞行程序、运行最低标准、低能见度运行程序等各类程序；对辖区内民用机场的安全运行、环境保护、应急救援工作进行监督检查。

（6）研究拟定辖区内民用航空发展规划；审核报批辖区内新建民用机场的场址预选报告；负责辖区内民用机场专业工程建设项目的质量监督管理；对辖区内航油企业的安全运行及市场准入规则执行情况进行监督检查；管理辖区内民用航空行业标准计量工作；负责辖区内行业统计和信息化工作。

（7）指导和监督辖区内民用航空空防安全工作和民用机场的安检、消防、治安工作；审查辖区内民用机场、航空运输企业的安全保卫方案和预防、处置劫机炸机或其他突发事件的预案；组织协调相关刑事、治安案件的侦破；督查辖区内专机警卫任务的安全措施落实情况；对辖区内民用机场安全保卫设施实施监督管理。

（8）领导民航地区空中交通管理局，对所辖空域内民用航空空中交通管理系统的安全运行等工作实施监督管理；组织协调辖区内专机保障工作；负责辖区内民航无线电管理工作，组织协调辖区内民用航空器的搜寻救援工作。

（9）维护辖区内民用航空市场秩序，参与监督民航企事业单位执行价格标准情况和收费行为；审核辖区内民航企业和民用机场经营许可申请；审批航空运输企业在辖区内的航线及加班、包机申请；参与协调处理辖区内涉外（含港澳台地区）民用航空事务，监督国家间航空协定在辖区内的执行情况；组织协调辖区内国防动员和重大、特殊、紧急运输（通用）航空抢险救灾工作。

（10）监督管理辖区内国家专项资金安排的建设项目的资金使用情况和基本建设技术改造项目的财务管理工作；负责辖区内民航行政事业单位财务预决算管理和其他财务报表的审核汇编工作。

（11）按规定权限管理干部，负责所属单位的计划、财务、人事和劳动工资等工作。

（12）领导派出的民航安全监督管理办公室。

（13）负责与辖区内地方人民政府、军事部门的沟通联系。

（三）民用航空安全监督管理局主要职责

民航地区管理局根据安全管理和民用航空不同业务量的需要，派出民用航空安全监督管理局，负责辖区内民用航空安全监督和市场管理，其主要职责包括：

（1）承担对辖区内民航企事业单位执行国家有关法律法规和民航局有关规章、制度和标准的监督检查工作。

（2）监督检查辖区内民用航空空中、地面安全工作；按规定承办民用航空飞行事故、航空地面事故和事故征候的调查处理工作。

（3）按授权承办辖区内民用航空运营人运行合格审定、飞行训练机构和维修单位合格审定、民用航空器适航审定、民用航空飞行等专业人员资格管理、民用航空器持续适航管理的有关事宜并实施监督管理；按授权对辖区内民用航空器及其部件的设计、制造实施监督检查；负责对辖区内民用机场安全运行实施监督管理。

（4）负责对辖区内民用航空市场实施监督管理；组织协调辖区内专机保障工作；承担辖区内国防动员和重大、特殊、紧急运输（通用）航空抢险救灾的有关协调工作。

第三节 民航安全监管模式与手段

一、监管模式

（一）监管模式改革的发展历程

2014 年 6 月，国务院颁布了《社会信用体系建设纲要（2014—2020 年）》，提出了社会诚信建设的总体要求。随后，民航局陆续与多家部委联合签署了一批部际联合文件，开始逐步建立基于信用管理的联合惩戒机制。

2014 年 8 月，十二届全国人民代表大会常务委员会第十次会议通过关于修改《中华人民共和国安全生产法》的决定，明确规定“强化和落实生产经营单位的主体责任”，标志着将企业负安全主体责任上升到法律高度。

2014 年 10 月，中国共产党第十八届中央委员会第四次全体会议通过了《中共中央关于全面推进依法治国若干重大问题的决定》，对全面依法治国作出总体部署。

2015 年 5 月，为贯彻落实党中央全面推进依法治国的战略部署，民航局党组出台了《加强民航法治建设若干意见》，提出了推进民航法治建设的具体工作措施。

为贯彻落实《中华人民共和国安全生产法》《加强民航法治建设若干意见》精神以及国务院提出的“双随机、一公开”、简政放权、“放管服”等具体要求，同时，从制度设计上解决民航安全监管中长期存在的“执法文书不统一、监管职责的边界不清晰、执法程序不规范、执法方式不先进、执法手段不丰富”等突出问题，民航局党组决定开展行业监管模式调整改革，并启动“行业监管执法信息系统”项目建设，以提升行业治理的法治化、智能化、专业化水平。

2015 年 8 月，民航局成立系统建设领导小组，确立了“先调整监管模式，再建设执法系统”的工作思路。同时，选取民航华东局作为试点单位先行先试，期限为一年。

2016 年，华东局经过一年的试点探索，形成了一批可复制、可推广的有效经验和做法。

2017 年 1 月，民航局下发《民航行业监管执法模式优化调整试点成果试用方案》，决定从 2017 年 5 月至 12 月，在每个管理局选取一个监管局开展试点经验试用工作。试用内容为新监管模式七项内容中的五项，即：监管事项库的更新机制、检查计划的融合调整制度、发现问题后的整改模式、远程检查、企业法定自查制度。

通过试用，各试用监管局为进一步完善监管模式相关制度打好了基础，为今后工作模式的推广积累了经验。

2018 年 1 月，民航局下发《关于在全行业推广行业监管模式调整改革的通知》，在民航全行业部署推广新监管模式。推广内容为经过两年半时间的试点和试用工作的五项制度成果，即：基于监管事项库为基础的行政检查制度；年度检查计划和临时检查任务的融合调整制度；发现问题后的新整改模式制度；远程检查制度；企业法定自查制度。

从 2018 年开始，民航行政监管执法信息系统（SES 系统）的各个分模块陆续上线。民航监察方式依托于 SES 系统这一信息平台，开启行政执法更规范、更合法、更有效、更精准、更全面的新时代。

（二）监管理念的持续创新

2018 年以来，民航局党组持续推进民航安全监管创新，推动民航行业安全治理体系和治理能力现代化，确保党的二十大精神在民航安全监管领域的落实、落地。通过推进安全监管创新，在“十四五”中期有力推动行业安全监管的重要领域和关键环节取得突破性成果，形成深入学习贯彻习近平总书记关于民航安全工作重要指示批示精神的长效机制；形成以监管模式转型带动行业安全管理水平提升的民航安全监管体系；形成民航安全领域更加完备的规章和制度体系；形成以强化“时时放心不下”为内核、以法律规定为基础的更加清晰的民航安全责任体系；形成高标准、严要求、分级分类、精准高效的监察员培训体系，落实最高标准、最严要求，聚焦主责主业，把“确保航空运行绝对安全，确保人民生命绝对安全”要求落到实处。

2018 年，民航局印发《航空公司差异化精准安全监管工作指导意见》和《航空公司差异化精准安全监管实施程序》，旨在提高安全监管质量和效率，实现数据驱动、基于风险和绩效监测的监管模式。2022 年，结合企业运行体系和模式的新特点以及民航安全运行的新形势，积极探索差异化、准确的分类监管，印发《运输航空公司差异化精准监管实施办法（试行)》（民航发〔2022〕56 号），持续健全分级分类制度。2024 年，再次对该文件进行修订，印发《运输航空公司差异化精准监管实施办法（试行)》（民航发〔2024〕6 号），进一步优化分级分类指标及评价方法，充分合理利用监管资源，加快推动民航安全领域体制机制改革及监管模式转型，提升安全监管质量和效率。同时，借鉴运输航空公司差异化精准监管做法，研究制定并试行机场领域的差异化精准监管政策，研究开展空管领域的差异化精准监管。

2022 年，民航局印发《民航行政机关及其工作人员安全监管责任追究办法》，明确了应对民航行政机关及其工作人员进行责任追究的情形、方式与程序。2023 年，全年开展监管反思 44 次，依法依规对 3 家行政机构和 10 名行政人员追责问责。

2023 年，民航局印发《推动民航安全监管创新行动计划》，推进飞行品质监控基站二期建设，增强安全数据信息收集、分析和利用能力。完善安全风险信息常态化收集机制，探索建立基于数据信息的安全态势感知方法，提升风险隐患识别精准度。建立数据质量标准，组织编制智慧民航数据治理规范及信息通告，统筹推进航空安全监管相关系统互联互通和数据融合共享。完善项目管理机制，定期协调调度，推进中国民航智慧监管服务项目建设，为实现“监管一平台”夯实基础。建立通航企业退出机制，清理关停存在重大安全风险的企业。及时跟踪与设计制造相关的重复性多发性故障和重大安全问题，加强对航空器重要系统适航性及工况的评估分析，提升本质安全。指导各地区管理局对相关单位综合运用法律手段、行政手段和经济手段开展安全监管，将安全评估（包括准入评估和运行后的风险评估）、安全审计与日常安全监管常态化有机结合，严把安全门槛，提升安全监管效能。优化民航监管审计指标体系，对部分监管局开展监管审计。聚焦安全监管履职能力和效能提升，完善高级监察员考评选拔工作机制，建立健全精准分类的监察员入门通识培训课程体系。加强民航监察员培训学院建设，推动相关发展规划实施，建成世界一流的监察员培训学院。

2024 年，为贯彻落实党的二十届三中全会关于“发展通用航空和低空经济”的决策部署，提出：健全安全运行监管政策，建立健全低空融合运行场景下各类飞行活动的安全运行规则、标准以及监管政策。深度参与国际民航组织相关政策、标准制定。完善市场管理政策，研究健全不同应用场景的市场准入、事中事后监管和消费者权益保护等政策，激发市场活力，壮大市场规模，构建良好的低空经济市场生态。

二、监管手段

我国民航行政机关（民航局和民航地区管理局）及其法律法规授权的组织依法对全国民航活动予以行政监督管理，除了行政规范的制定外，主要以行政许可、行政检查、行政强制、行政处罚以及综合运用多种执法手段开展执法监督活动。

（一）行政强制

我国的行政强制，包括行政强制措施和行政强制执行。民航行政机关实施行业监管，为了制止违法行为、防止证据损毁、避免危害发生、控制危险扩大等情形，可以依法采取行政强制措施。实施行政强制，应当严格按照《中华人民共和国行政强制法》《民用航空行政检查工作规则》（CCAR-13R1）和《关于民用航空行政强制工作的通告》（AC-13R1-LR-2017-02）等有关规定进行。

（二）行政处罚

民航行政机关发现行政相对人有违法行为，有必要进行行政处罚的，不得以整改通知书、行政约见和其他行政处理措施代替处罚。除警告和3万元以下的罚款外，只有规章规定，缺乏上位法依据的没收违法所得、没收非法财物、责令停产停业、暂扣或者吊销许可证、暂扣或者吊销执照等行政处罚种类，不得实施。实施行政处罚，应当严格按照《中华人民共和国行政处罚法》《民用航空行政处罚实施办法》（CCAR-14R1）及其他关于民航行政机关行政处罚裁量权的规定进行。依法做出处罚决定前，不得对拟做出的处罚决定先行公开通报。

民航行政机关在依法查处违法行为过程中，发现行政相对人涉嫌构成破坏社会主义市场经济秩序罪或妨害社会管理秩序罪的，依照《行政执法机关移送涉嫌犯罪案件的规定》（国务院令第310号）向有管辖权的公安机关移送。

（三）行政许可

对于持有涉及安全生产事项行政许可的行政相对人，民航行政机关发现其不再具备安全生产条件的，应当依法撤销其行政许可。执法中应当区分以下情况：

涉及单位的，依据《中华人民共和国安全生产法》和《国务院关于特大安全事故行政责任追究的规定》（国务院令第302号）第12条的规定，应当立即撤销原批准。

涉及个人的，依据《国务院关于特大安全事故行政责任追究的规定》（国务院令第302号）第12条的规定，应当立即撤销原批准。

公共航空运输企业因运营条件发生变化，未持续符合颁发经营许可条件的，依据《公共航空运输企业经营许可规定》（CCAR-201R1），由民航局责令限期整改；逾期未整改或者整改后不符合要求的，由民航局取消其经营许可证所载明的有关经营项目或者经营范围。

民航行政机关决定采取以上措施的，应当以正式文件作出决定。鉴于变更、撤销行政许可对行政相对人的权益有重大影响，在作出决定前，应当听取行政相对人的陈述和申辩，对当事人提出的事实、理由和证据应当进行复核，必要时，可以组织听证会，以查明相关情况。经查明相关情况，撤销行政许可可能对公共利益造成重大损害的，不予撤销。

（四）行政约见

民航局对行政相对人进行行政约见的，依照民航局安全生产行政约见实施办法（AC-398-04）的规定组织实施。

民航地区管理局根据本辖区行政约见办法的规定实施行政约见。

（五）经济调控

安全是发展的保障，民航行政机关要统筹运用经济手段，实现安全和发展的协调统一。民航行政机关的经济手段包括调整航班量、航线航班审批、新增维修能力、航空器引进、调整机场容量、分配时刻、新设分子公司、资金补贴等。民航行政机关在这些领域进行审批或资源配置时，要逐步将行政相对人的守法信用情况依法纳入审查事项，实现一处违法、处处受限。

调整航班量、航线航班审批、新增维修能力、航空器引进等行政许可事项，应当严格遵守《中华人民共和国行政许可法》和《民用航空行政许可工作规则》（CCAR-15）的规定。实施上述许可，应当统筹考虑行政相对人安全生产和违法失信等情况，由有关部门依据事权将其纳入文件依据中作为许可条件。法定许可条件与上述需统筹考虑事项没有关联的，应当启动立法程序，对有关法定条件进行补充完善后方可实施。以上涉及国外航空公司的，还应当以双边航空运输协定作为依据做出；对于其他非行政许可事项，应当遵循行政行为的基本原则和制度规定，以行政命令的方式做出。

各有关部门应当细化操作程序，在规章或者规范性文件中明确依据，细化行政相对人的守法信用情况在上述审批工作中的使用规定。

（六）纪律惩戒

民航行政机关要督促对生产经营单位的安全生产负有领导责任的上级单位认真履行监督管理责任，配合民航行政机关履行监管职能，形成齐抓共管的管理局面。

对生产经营单位的违法行为，民航行政机关可以向对其安全生产负有领导责任的上级单位通报其违法行为，督促其依据《安全生产领域违法违纪行为政纪处分暂行规定》（监察部、安监总局令第 11 号）对有关责任人员给予处分。

（七）信用管理

根据《民航行业信用管理办法》的要求，民航局设立全国统一的民航行业信用信息记录，全面记录行政相对人的基本信息和违法失信信息。民航行政机关依法使用民航行业信用信息，实施信用管理工作，褒扬诚信、惩戒失信。

民航局加强同其他社会信用体系部际联席会议成员单位之间的合作，制定并落实民航领域协同监管、联合惩戒双、多边文件，实现“一处失信、处处受限”。

（八）社会监督

民航行政机关要按照政务公开和有关信息公开的要求，将包括行政处罚信息在内的有关民航行政执法信息在民航行政机关外网，以及其他公共媒体上及时向社会发布，充分发挥舆论监督的作用；要指导有关行业协会依法依规积极维护行业运营秩序，做好失信惩戒制度等相关措施的落实。

第四节 智慧监管

智慧民航是瞄准民航强国建设目标，应用新一轮科技革命和产业变革的最新成果，创新民航运行、服务、监管方式，实现对民航全要素、全流程、全场景进行数字化处理、智能化响应和智慧化支撑的新模式新形态。

2022 年，民航局印发《智慧民航建设路线图》，提出“以智慧建设为主线，筑牢安全发展底线，拓展绿色发展上线，构建产业联盟阵线，以智慧出行、智慧空管、智慧机场、智慧监管为抓手，强化改革创新、科技创新、基础保障三大支撑，着力推进智慧航空运输和产业协同发展，努力实现以智慧塑造民航业全新未来的发展愿景”的主体架构。

在智慧监管方面，提出以提升安全组织管理水平和行业治理效能为导向，推进数字政府建设，完善一体化政务服务，打造数据驱动的行业监管和融合创新的市场运行监测体系，提升行业监管水平。智慧监管的场景包括一体化创新型数字政府、数据驱动的行业监管和融合创新的市场监测。

一、一体化创新型数字政府

全面推进公共服务、政务服务、综合办公等领域数字化转型，实现政府管理与服务整体协同，持续提升行政效能。

（1）公共服务精准直达。以精准服务为导向，推动公共服务主动化、规范化、便利化，提升政务公开、政策解读等公共服务智能化水平，推进舆情智能管理，实现政民良性互动。

（2）政务服务协同完善。提升“一网通办”功能，推动线上线下服务全面融合升级，优化简化审批流程，实现民航行政许可和政务服务证照电子化全覆盖、互信互认、泛在应用，实现政务服务一体化。

（3）智能办公效能提升。以数字机关为目标，加快一体化协同办公体系建设，推动公文流转、政务督查、资源共享等全流程数字化、可追溯闭环管理，探索和拓展综合决策分析应用场景，实现智能辅助决策。

二、数据驱动的行业监管

以提高监管效能为目标，以风险管控、数据驱动为着力点，依托中国民航智慧监管服务项目，推动实现行业监管的规范化、精准化、智能化。

（1）以技术融合创新监管方式。以技术创新促进监管方式创新，再造监管流程，逐步构建非现场监管与现场监管相融合、行业系统监管与差异化监管相协调、重点监管与双随机监管相结合、法定自查与行业检查相促进的行业监管体系，提升安全监管效能。

（2）以数据决策支撑监管精准化。围绕监管全链条，深化监管数据的汇聚共享和挖掘应用，围绕风险防控全过程，充分发挥数据在重大风险预测预警和及时应对、重大风险研判、重大隐患排查中的作用，推动由事后被动管理向以风险管控为核心的主动管理转变，支撑监管精准化。

三、融合创新的市场监测

实现航线航班、价格收费、服务质量等航空市场运行监测领域数据一体化采集、共享、融合，实施基于大数据的服务质量综合评价，推进资源要素优化配置，构建监测指数和画像模型，推动市场运行监测智能化。

（1）以指数监测体系量化航空运输市场运行。采集汇聚航班运力、运量、运价、航班时刻、航线网络、服务质量等相关数据资源，具备“一站式”市场监测能力，提供市场监测分析、价格收费监测、服务质量评估、市场趋势预测等多种功能，实现决策支持。

（2）融合创新的航空资源配置管理。围绕航权、时刻、基础设施、运力、资金等资源要素，实施基于大数据的资源利用效率评价，为航线航班管理、运力调控、航权配置、时刻管理、投资补贴等政策优化提供决策支持。

第五章　民用航空器事件调查

第一节　国际民航组织的相关要求

一、概述

《国际民用航空公约》附件 13《航空器事故和事故征候调查》，是国际民航组织（ICAO）制定的一项关于航空器事故和事故征候调查的重要标准，是其在航空器事故和事故征候调查方面的具体规定，旨在确保各国在调查航空器事故和事故征候时遵循统一的标准和程序，以提高调查的客观性和公正性，从而更有效地预防类似事故的再次发生。

附件 13 自制定以来，已经经过了多次修订和更新。每次修订都旨在根据国际民用航空的最新发展和安全需求，对调查标准和程序进行完善和优化。2024 年 7 月发布第十三版，自 2024 年 11 月 28 日起取代所有以前的版本。附件 13 第十三版包括 8 章、2 个附录和 6 个附篇。

附件 13 前 3 章为定义、适用范围和总则。在第 3 章中明确了调查事故或事故征候的唯一目的是防止事故或事故征候，其目的不是为了分摊过失或责任，第 3 章还包括保护证据和航空器监护与移动的要求。

二、通知

附件 13 第 4 章概括了出事地点不同，发送通知和调查的责任。在一缔约国的航空器在另一缔约国领土内发生事故或事故征候时，出事所在国应发送通知给登记国、经营人所在国、设计国、制造国，如果所涉及航空器的最大质量在 2250 kg 以上或是涡轮喷气式飞机，还应发送通知给国际民航组织；同时明确了通知的格式和内容、语言和补充资料；登记国、经营人所在国、设计国和制造国的责任主要是提供资料和参加调查。在登记国领土内、非缔约国领土内或任何国家领土以外发生事故或事故征候时，登记国负责发送通知给经营人所在国、设计国、制造国，如果所涉及航空器的最大质量在 2250 kg 以上或是涡轮喷气式飞机，还应发送通知给国际民航组织；经营人所在国、设计国和制造国的主要责任是提供资料和参加调查。

三、调查

附件 13 第 5 章论述了调查的相关责任和过程。

（一）发起和进行调查的责任

（1）在缔约国领土内发生的事故或事故征候。出事所在国必须发起对事故情况的调查并对调查的进行负责，但它可根据相互安排并经同意将全部或部分调查工作委托另一国或一地区事故和事故征候调查组织（RAIO）进行。在任何情况下，出事所在国必须采取一切办法以便利调查。

（2）在非缔约国领土内发生的事故或事故征候。由登记国发起和进行调查。

（3）在任何国家领土以外发生的事故或事故征候。由登记国发起和进行调查。如不能肯定事故或严重事故征候的发生位置是在任一国家的领土内，登记国必须对事故或严重事故征候发起和进行必要的调查。但登记国在共同协议和同意下，可将全部或部分调查工作委托给另一国或一个地区事故和事故征候调查组织。

（二）调查的组织和进行

（1）进行调查的国家的责任。包括概述、调查负责人—指定、调查负责人—接近和控制、记录数据—事故和事故征候（飞行记录仪、陆基记录）、尸体剖检、体检、协调—司法部门、通知航空安保部门、保护事故和事故征候调查记录、重新调查等。

（2）其他国家的责任。任何国家必须根据进行事故或事故征候调查的国家的要求，向其提供所掌握的一切有关的资料。

（3）登记国和经营人所在国的责任。如发生事故或严重事故征候的航空器在出事所在国以外的国家降落时，则该航空器的登记国或经营人所在国必须按进行调查的国家的要求，将飞行记录仪的记录，必要时连同有关的飞行记录仪一并提交后者。登记国和经营人所在国必须根据进行调查的国家的要求，提供关于其活动可能直接或间接影响航空器操作的任何组织的有关资料。

（三）参加调查

（1）登记国、经营人所在国、设计国和制造国的参加。登记国、经营人所在国、设计国和制造国有权各任命一名授权代表参加调查；登记国或经营人所在国必须任命一名或多名经营人建议的顾问以协助其授权代表；设计国和制造国应有权指定一个或多个由负责航空器型号设计和最后组装的机构建议的顾问以协助其授权代表，当对最大质量在2250 kg以上的航空器事故进行调查的国家特别要求登记国、经营人所在国、设计国和制造国参加时，有关的国家必须各任命一名授权代表。

（2）其他国家的参加。根据要求向进行调查的国家提供资料、设备或专家的任何国家有权任命一名授权代表参加调查。

（3）授权代表的权限。有权任命授权代表的国家也有权任命一名或多名顾问以协助其调查。授权代表及其顾问必须向进行调查的国家提供他们所掌握的所有相关资料；未获进行调查的国家的明确同意，不得泄露关于调查进度和结果的资料。

（4）蒙受公民死亡或重伤的国家。因其公民蒙受死亡或重伤而对事故特别关心的国家，必须有权指派一名专家参加调查。

四、最后的报告

未经进行调查国家的明确同意，任何国家不得散发、发表或让人查阅报告草案或其任一部分，以及在事故或事故征候调查过程所获得的任何文件，除非此类报告或文件已由调查国发表或公布。

（一）进行调查的国家的责任

进行调查的国家必须尽快将“最后报告”的草案副本送交下述国家，并请他们就报告提出重要的实质性意见：

（1）发起调查的国家；

（2）登记国；

（3）经营人所在国；

（4）设计国；

（5）制造国；

（6）参加调查的国家。

通常的协商期应是发信之日起三十天。如果应邀发表评论意见的国家通知需要额外时间，则进行调查的国家应将协商期延长至六十天。进行调查的国家如果在协商期内收到意见，要么应修改“最后报告”草案以包括所收到的意见的实质内容，要么，如果提出意见的国家愿意的话，应将意见附在“最后报告”中。进行调查的国家如果在协商期内未收到任何意见，必须按要求发布“最后报告”，除非有关国家已同意进一步延长这一期限。

（二）接收国

进行调查的国家必须尽量不拖延地将调查的“最后报告”送交：

（1）发起调查的国家；

（2）登记国；

（3）经营人所在国；

（4）设计国；

（5）制造国；

（6）参加调查的国家；

（7）蒙受公民死亡或重伤的国家；

（8）提供有关资料、重要设备或专家的国家。

（三）最后报告的发布

为了预防事故，进行事故或事故征候调查的国家必须尽快并在可能时于十二个月之内将“最后报告”公开发布。如果不能在十二个月之内公开发布报告，进行调查的国家必须在每年的出事周年日公开发布一份临时声明，详述调查进展情况及所提出的任何安全问题。

（四）最后报告的国际传发

对最大质量在 5700 kg 以上的航空器事故或事故征候进行调查的国家，如果已发布“最后报告”，必须向国际民航组织送交一份“最后报告”副本。

（五）安全建议

在对事故或事故征候进行调查的任何阶段，进行调查的国家的事故调查部门必须在标有日期的转发函中向有关部门，包括其他国家的有关部门，建议其认为需要及时采取的任何预防行动，以加强航空安全。

对事故或事故征候进行调查的国家必须在适当时候将其调查产生的安全建议在标有日期的转发函中发送给其他有关国家的事故调查部门，如涉及国际民航组织的文件，还须将此发送给国际民航组织。

收到安全建议的国家必须于转发函发出日期九十天以内告知提出建议的国家已采取或已考虑采取的预防行动，或将不采取任何行动的理由。

进行调查的国家或发布安全建议的任何其他国家必须执行有关程序，以记录根据相关要求对所发出的安全建议收到的答复。

收到安全建议的国家必须执行有关程序，对响应安全建议所采取的行动的进展情况进行监测。

五、提出事故/事故征候资料报告

（一）初步报告

如事故涉及的航空器的最大质量在 2250 kg 以上，则进行调查的国家必须将“初步报告”送交：根据情况，登记国或出事所在国；经营人所在国；设计国；制造国；提供有关资料、重要设备或专家的任何国家；国际民航组织。

如事故涉及的航空器为 2250 kg 或以下而又涉及适航性或其他国家所关心的问题时，进行调查的国家必须将“初步报告”送交：根据情况，登记国或出事所在国；经营人所在国；设计国；制造国；提供有关资料、重要设备或专家的任何国家。

（二）事故/事故征候资料报告

如事故涉及的航空器的最大质量在 2250 kg 以上，则进行调查的国家必须在调查完成之后尽快将“事故资料报告”送交国际民航组织。

对最大质量在 5700 kg 以上的航空器事故征候进行调查的国家，必须在调查后尽快将“事故征候资料报告”送交国际民航组织。

六、事故预防措施

各国必须建立和保持一个事故和事故征候数据库，以便于对所获得的现有或潜在安全缺陷的资料进行有效分析，确定需要采取的任何预防行动。

除了源于事故和事故征候调查的安全建议以外，安全建议还可产生于多种根据，包括安全研究。如果要将安全建议送交另一国家的一个机构，还须同时将其发送给该国家的事故调查部门。

第二节　我国关于生产安全事故调查的相关要求

2007 年 4 月 9 日，国务院颁布了《生产安全事故报告和调查处理条例》（国务院令第 493 号，以下简称《条例》），对生产安全事故的等级划分、报告时限以及调查处理的范围、权限和程序等事项作出具体规定，为生产安全事故的报告和调查处理提供了法律依据。《条例》是规范生产安全事故的报告和调查处理重要的法律基础，适用于生产经营活动中发生的造成人身伤亡或者直接经济损失的生产安全事故的报告和调查处理。环境污染事故、核设施事故、国防科研生产事故的报告和调查处理另有相关法规规定，这三类事故的报告和调查不适用于该条例。2007 年 7 月 3 日，原国家安全监管总局制定了《〈生产安全事故报告和调查处理条例〉罚款处罚暂行规定》（国家安全生产监督管理总局令第 13 号），根据 2011 年 9 月 1 日国家安全生产监督管理总局令第 42 号修正，根据 2015 年 4 月 2 日国家安全生产监督管理总局令第 77 号修正，进一步细化了有关事故处罚的规定。2009 年 6 月 16 日，原国家安全监管总局制定了《生产安全事故信息报告和处置办法》（国家安全生产监督管理总局令第 21 号），进一步规范了生产安全事故信息的报告和处置工作。

事故调查处理应当严格按照“四不放过”（即事故原因不查清不放过，防范措施不落实不放过，职工群众未受到教育不放过，事故责任者未受到处理不放过）和“科学严谨、依法依规、实事求是、注重实效”的原则，及时、准确地查清事故经过、事故原因和事故损失，查明事故性质，认定事故责任，总结事故教训，提出整改措施，并对事故责任者依法追究责任。

2018 年，国家机构改革，成立了应急管理部，原安全生产监督管理部门职责由应急管理部门承接。2021 年，《安全生产法》作了修改。目前，正在修改《生产安全事故报告和调查处理条例》。

一、生产安全事故的分级

根据生产安全事故造成的人员伤亡或者直接经济损失，事故一般分为以下等级：

（1）特别重大事故，是指造成 30 人以上（含 30 人）死亡，或者 100 人以上（含 100 人）重伤（包括急性工业中毒，下同），或者 1 亿元以上（含 1 亿元）直接经济损失的事故。

（2）重大事故，是指造成 10 人以上（含 10 人）30 人以下死亡，或者 50 人以上（含 50 人）100 人以下重伤，或者 5000 万元以上（含 5000 万元）1 亿元以下直接经济损失的事故。

（3）较大事故，是指造成 3 人以上（含 3 人）10 人以下死亡，或者 10 人以上（含 10 人）50 人以下重伤，或者 1000 万元以上（含 1000 万元）5000 万元以下直接经济损失的事故。

（4）一般事故，是指造成 3 人以下死亡，或者 10 人以下重伤，或者 1000 万元以下直接经济损失的事故。

二、事故上报的时限和部门

事故报告应当及时、准确、完整，任何单位和个人对事故不得迟报、漏报、谎报或者瞒报。生产安全事故发生后，事故现场有关人员应当立即向本单位负责人报告；单位负责人接到报告后，应当于 1 h 内向事故发生地县级以上人民政府应急管理部门和负有安全生产监督管理职责的有关部门报告。情况紧急时，事故现场有关人员可以直接向事故发生地县级以上人民政府应急管理部门和负有安全生产监督管理职责的有关部门报告。如果事故现场条件特别复杂，难以准确判定事故等级，情况十分危急，上一级部门没有足够能力开展应急救援工作，或者事故性质特殊、社会影响特别重大时，就应当允许越级上报事故。

应急管理部门和负有安全生产监督管理职责的有关部门接到事故报告后，应当依照下列规定上报事故情况，并通知公安机关、劳动保障行政部门、工会和人民检察院：

（1）特别重大事故、重大事故逐级上报至国务院应急管理部门和负有安全生产监督管理职责的有关部门。

（2）较大事故逐级上报至省、自治区、直辖市人民政府应急管理部门和负有安全生产监督管理职责的有关部门。

（3）一般事故上报至设区的市级人民政府应急管理部门和负有安全生产监督管理职责的有关部门。

应急管理部门和负有安全生产监督管理职责的有关部门逐级上报事故情况，每级上报的时间不得超过 2 h。事故报告后出现新情况的，应当及时补报。自事故发生之日起 30 日内，事故造成的伤亡人数发生变化的，应当及时补报。道路交通事故、火灾事故自发生之日起 7 日内，事故造成的伤亡人数发生变化的，应当及时补报。

上报事故的首要原则是及时。所谓 2 h 起点是指接到下级部门报告的时间。以特别重大事故的报告为例，按照报告时限要求的最大值计算，由单位负责人报告县级管理部门，再由县级管理部门报告市级管理部门、市级管理部门报告省级管理部门、省级管理部门报告国务院管理部门，直至最后报至国务院，总共所需时间为 7 h。

三、事故报告的内容

报告事故应当包括事故发生单位概况，事故发生的时间、地点以及事故现场情况，事故的简要经过，事故已经造成或者可能造成的伤亡人数（包括下落不明的人数）和初步估计的直接经济损失，已经采取的措施和其他应当报告的情况。事故报告应当遵照完整性的原则，尽量能够全面地反映事故情况。

四、事故的应急处置

事故发生单位负责人接到事故报告后，应当立即启动事故应急预案，或者采取有效措施，组织抢救，防止事故扩大，减少人员伤亡和财产损失。事故发生地有关地方人民政府、应急管理部门和负有安全生产监督管理职责的有关部门接到事故报告后，其负责人应当按照生产安全事故应急预案的要求立即赶赴事故现场，组织事故救援。事故发生后，有关单位和人员应当妥善保护事故现场以及相关证据，任何单位和个人不得破坏事故现场、毁灭相关证据。因抢救人员、防止事故扩大以及疏通交通等原因，需要移动事故现场物件的，应当作出标志，绘制现场简图并作出书面记录，妥善保存现场重要痕迹、物证。事故发生地公安机关根据事故的情况，对涉嫌犯罪的，应当依法立案侦查，采取强制措施和侦查措施。犯罪嫌疑人逃匿的，公安机关应当迅速追捕归案。

五、事故调查与分析

事故调查和处理，既是分析事故根源、解决安全隐患的重要基础，也是吸取教训、追究责任、惩前毖后的有效手段和领导工作决策的重要依据。

事故调查应当坚持科学严谨、依法依规、实事求是、注重实效的原则，及时、准确地查清事故经过、事故原因和事故损失，查明事故性质，认定事故责任，总结事故教训，提出整改措施，对事故责任者提出处理意见，并进一步推动事故预防。全面把握这些规定对事故调查工作意义重大。

（一）事故调查的组织

特别重大事故由国务院或者国务院授权有关部门组织事故调查组进行调查。

重大事故、较大事故、一般事故分别由事故发生地省级人民政府、设区的市级人民政府、县级人民政府负责调查。省级人民政府、设区的市级人民政府、县级人民政府可以直接组织事故调查组进行调查，也可以授权或者委托有关部门组织事故调查组进行调查。未造成人员伤亡的一般事故，县级人民政府也可以委托事故发生单位组织事故调查组进行调查。

事故调查工作实行“政府领导、分级负责”的原则，不管哪级事故，其事故调查工作都是由政府负责的；不管是政府直接组织事故调查还是授权或者委托有关部门组织事故调查，都是在政府的领导下，都是以政府的名义进行的，都是政府的调查行为，不是部门的调查行为。

此外，自事故发生之日起 30 日内（道路交通事故、火灾事故自发生之日起 7 日内），因事故伤亡人数变化导致事故等级发生变化，应当由上级人民政府负责调查的，上级人民政府可以另行组织事故调查组进行调查。

（二）事故调查组的组成和职责

根据事故的具体情况，事故调查组由有关人民政府、应急管理部门、负有安全生产监督管理职责的有关部门、公安机关以及工会派人组成。事故调查组可以聘请有关专家参与调查。进行调查取证时，行政执法人员的人数不得少于 2 人，并向有关单位和人员表明身份、告知其权利义务，调查取证可以使用有关安全生产行政执法文书。完成调查取证后，应当向事故调查组提交专门调查报告和相关证据材料。事故调查组成员应当具有事故调查所需要的知识和专长，并与所调查的事故没有直接利害关系。

事故调查组组长由负责事故调查的人民政府指定。事故调查组组长主持事故调查组的工作。由政府直接组织事故调查组进行事故调查的，其事故调查组组长由负责组织事故调查的人民政府指定；由政府委托有关部门组织事故调查组进行事故调查的，其事故调查组组长也由负责组织事故调查的人民政府指定。由政府授权有关部门组织事故调查组进行事故调查的，其事故调查组组长确定可以在授权时一并进行，也就是说事故调查组组长可以由有关人民政府指定，也可以由授权组织事故调查组的有关部门指定。

事故调查组履行事故调查职责，主要任务和内容包括：

（1）查明事故发生的经过；

（2）查明事故发生的原因；

（3）查明人员伤亡情况；

（4）查明事故的直接经济损失；

（5）认定事故性质和事故责任；

（6）对事故责任者提出处理建议；

（7）总结事故教训；

（8）提出防范和整改措施；

（9）提交事故调查报告。

事故调查报告在事故调查组组长的主持下完成，其内容应当符合《条例》的规定，并在规定的提交事故调查报告的时限内提出。事故调查报告应当附具有关证据材料，事故调查组成员应当在事故调查报告上签名。事故调查报告应当包括事故发生单位概况、事故发生经过和事故救援情况、事故造成的人员伤亡和直接经济损失、事故发生的原因和事故性质、事故责任的认定以及对事故责任者的处理建议、事故防范和整改措施。事故调查报告报送负责事故调查的人民政府后，事故调查工作即告结束。

事故调查组成员在事故调查工作中应当诚信公正、恪尽职守，遵守事故调查组的纪律，保守事故调查的秘密。未经事故调查组组长允许，事故调查组成员不得擅自发布有关事故的信息。

事故调查组应当自事故发生之日起60日内提交事故调查报告；特殊情况下，经负责事故调查的人民政府批准，提交事故调查报告的期限可以适当延长，但延长的期限最长不超过60日。需要技术鉴定的，技术鉴定所需时间不计入该时限，其提交事故调查报告的时限可以顺延。

（三）事故分析

对于较大以上事故或复杂的事故，特别是造成重特大伤亡或财产损失事故，不仅要进行现场分析，而且还要进行事故后的深入分析。事故分析方法通常有综合分析法、个别案例技术分析法以及系统安全分析法等。

（四）事故处理

事故调查组向负责组织事故调查的有关人民政府提出事故调查报告后，事故调查工作即告结束。有关人民政府按照《条例》规定的期限，及时作出批复并督促有关机关、单位落实批复，包括对生产经营单位的行政处罚，对事故责任人行政责任的追究以及整改措施的落实等。

（五）事故调查报告的批复

事故调查组是为了调查某一特定事故而临时组成的，不管是有关人民政府直接组织的事故调查组，还是授权或者委托有关部门组织的事故调查组，其形成的事故调查报告只有经过有关人民政府批复后，才具有效力，才能被执行和落实。事故调查报告批复的主体是负责事故调查的人民政府。特别重大事故的调查报告由国务院批复，重大事故、较大事故、一般事故的事故调查报告分别由负责事故调查的有关省级人民政府、设区的市级人民政府、县级人民政府批复。

对重大事故、较大事故、一般事故，负责事故调查的人民政府应当自收到事故调查报告之日起15日内作出批复；对特别重大事故，30日内作出批复，特殊情况下，批复时间可以适当延长，但延长的时间最长不超过30日。

有关机关应当按照人民政府的批复，依照法律、行政法规规定的权限和程序，对事故发生单位和有关人员进行行政处罚，对负有事故责任的国家工作人员进行处分。事故发生单位应当按照负责事故调查的人民政府的批复，对本单位负有事故责任的人员进行处理。负有事故责任的人员涉嫌犯罪的，依法追究刑事责任。

（六）事故调查报告中防范和整改措施的落实及其监督

事故调查处理的最终目的是预防和减少事故。事故调查组在调查事故中要查清事故经过、查明事故原因和事故性质，总结事故教训，并在事故调查报告中提出防范和整改措施。事故发生单位应当认真吸取事故教训，落实防范和整改措施，防止事故再次发生。防范和整改措施的落实情况应当接受工会和职工的监督。

安全生产监督管理部门和负有安全生产监督管理职责的有关部门，应当对事故发生单位负责落实防范和整改措施的情况进行监督检查。事故处理的情况由负责事故调查的人民政府或者其授权的有关部门、机构向社会公布，依法应当保密的除外。

（七）事故调查处理案卷管理

为加强安全生产监管档案的管理，充分发挥档案在安全生产监督管理工作中的作用，根据《中华人民共和国档案法》《国家安全监管总局关于印发安全生产监督档案管理规定的通知》（安监总办〔2007〕126号）等法规文件要求，事故调查处理结束后，对生产安全事故案卷应该进行归档和管理。

第三节 我国关于民用航空器事件调查的相关要求

对规范民用航空器事故和飞行事故征候调查，查明原因、提出建议，防止类似事件再次发生。2000年，民航局发布了《民用航空器飞行事故调查规定》（CCAR-395），2007年修订为《民用航空器事故和飞行事故征候调查规定》（CCAR-395R1），2020年修订为《民用航空器事件调查规定》（CCAR-395R2）。2022年，为了适应民航安全运行形势发展需要，进一步提升航空器事件调查国际化水平，对《民用航空器事件调查规定》进行修订，将规章名称修改为《民用航空器事件技术调查规定》（CCAR-395R3）。

一、民用航空器事件调查相关的规范性文件

为进一步规范和指导民用航空器事件调查工作，民航局下发若干规范性文件，包括：

（1）《民用航空器征候等级划分办法》（AC-395-AS-01）；

（2）《民用航空器事件技术调查安全建议管理办法》（AC-395-AS-02R1）；

（3）《民用航空器事件技术调查手册》（WM-395-AS-03R1）；

（4）《民用航空器事件调查设备装备管理办法》（MD-395-AS-04）；

（5）《民用航空器事件调查员管理办法》（MD-395-AS-05R1）；

（6）《民用航空器事件调查员培训管理办法》（MD-395-AS-06R1）；

（7）《民用航空器事故和严重征候技术调查、行政处罚及监管责任追究工作协调办法》（MD-395-AS-07）；

（8）《民用航空器事故整改措施落实情况评估办法》（民航安委会发〔2021〕4号）；

（9）《民航生产经营单位航空器事件调查体系建设指南》（民航综安发〔2020〕5号）；

（10）《通用航空器事件委托调查实施办法》（民航规〔2020〕1号）。

二、民用航空器事件的定义

民用航空器事件（以下简称“事件”），包括民用航空器事故（以下简称“事故”）、民用航空器征候（以下简称“征候”）以及民用航空器一般事件（以下简称“一般事件”）。

（1）民用航空器事故。民用航空器事故，是指对于有人驾驶航空器而言，从任何人登上航空器准备飞行直至所有这类人员下了航空器为止的时间内，或对于获得国务院民用航空主管部门设计或者运行批准的无人驾驶航空器而言，从航空器为飞行目的准备移动直至飞行结束停止移动且主要推进系统停车的时间内，或者其他在机场内发生的与民用航空器有关的下列事件：

1）人员死亡或者重伤。但是，由于自然、自身或者他人原因造成的人员伤亡，以及由于偷乘航空器藏匿在供旅客和机组使用区域外造成的人员伤亡除外。

2）航空器损毁无法修复或者严重损坏。

3）航空器失踪或者处于无法接近的地方。

根据人员伤亡或者民用航空器损失情况，事故分为特别重大事故、重大事故、较大事

故、一般事故四个等级。具体划分按照有关规定执行。

（2）民用航空器征候。民用航空器征候是指在民用航空器运行阶段或者在机场活动区内发生的与航空器有关的，未构成事故但影响或者可能影响安全的事件。具体判定标准按照《民用航空器征候等级划分办法》执行。

（3）民用航空器一般事件。民用航空器一般事件是指在民用航空器运行阶段或者在机场活动区内发生的与航空器有关的航空器损伤、人员受伤或者其他影响安全的情况，但其严重程度未构成征候的事件。

三、调查的目的与基本原则

事件调查的唯一目的是预防类似事件再次发生，不是为了分摊过失或者责任。此调查应当与以追究责任为目的的其他调查分开进行。

事件调查遵循下列基本原则：

（1）独立原则。调查应当由组织事件调查的部门独立进行，不受任何其他单位和个人的干涉。

（2）客观原则。调查应当坚持实事求是、客观公正、科学严谨，不得带有主观倾向性。

（3）深入原则。调查应当查明事件发生的各种原因，并深入分析产生这些原因的因素，包括航空器设计、制造、运行、维修、保障、人员培训，以及行业规章、企业管理制度和实施方面的缺陷等。

（4）全面原则。调查不仅应当查明和研究与本次事件发生有关的各种原因和产生因素，还应当查明和研究与本次事件发生无关，但在事件中暴露出来的或者在调查中发现可能影响安全的问题。

四、调查的组织

根据我国批准的国际公约有关规定，组织、参与事件调查时，按照下列规定执行：

（1）在我国境内发生的事件由我国负责组织调查。在我国境内发生事故、严重征候时，组织事件调查的部门应当允许航空器登记国、运营人所在国、设计国、制造国各派出一名授权代表和若干名顾问参加调查。有关国家无意派遣授权代表的，组织事件调查的部门可以允许航空器运营人、设计、制造单位的专家或者其推荐的专家参与调查。

（2）我国为航空器登记国、运营人所在国、设计国或者制造国的民用航空器，在境外某一国家或者地区发生事故、严重征候时，民航局或者地区管理局可以指派一名授权代表和若干名顾问参加由他国或者地区组织的调查工作。

（3）我国为航空器登记国的民用航空器，在境外发生事故、严重征候时，但事发地点不在某一国家或者地区境内的，由我国负责组织调查。

（4）我国为航空器运营人所在国、设计国或者制造国的民用航空器，在境外发生事故、严重征候时，但事发地点不在某一国家或者地区境内，且航空器登记国无意组织调查的，可以由我国负责组织调查。

（5）由民航局或者地区管理局组织的事故、严重征候调查，可以部分或者全部委托其他国家或者地区进行调查。

（6）根据我国要求，除航空器登记国、运营人所在国、设计国和制造国外，为调查提供资料、设备或者专家的其他国家，有权任命一名授权代表和若干名顾问参加调查。

对于由民航局和地区管理局组织调查的事件，调查范围如下：

（1）民航局组织的调查，包括：

1）国务院授权组织调查的特别重大事故；

2）运输航空重大事故、较大事故；

3）民航局认为有必要组织调查的其他事件。

（2）地区管理局组织本辖区发生的事件调查，包括：

1）运输航空一般事故；

2）通用航空事故；

3）征候；

4）民航局授权地区管理局组织调查的事故；

5）地区管理局认为有必要组织调查的一般事件。

未造成人员伤亡的一般事故、征候，地区管理局可以委托事发民航生产经营单位组织调查。

五、调查组组成要求

由民航局组织的调查，事发地地区管理局和事发相关单位所属地地区管理局应当参与。由事发地地区管理局组织的调查，事发相关单位所属地地区管理局应当给予协助，民航局可以根据需要指派调查员或者技术专家给予协助。事发地地区管理局可以委托其他地区管理局组织调查，事发地地区管理局和事发相关单位所属地地区管理局应当给予协助。

调查组组成应当符合下列规定：

（1）组织事件调查的部门应当任命一名调查组组长，调查组组长负责管理调查工作，并有权对调查组组成和调查工作作出决定。

（2）调查组组长根据调查工作需要，可以成立若干专业小组，分别负责飞行运行、航空器适航和维修、空中交通管理、航空气象、航空安保、机场保障、飞行记录器分析、失效分析、航空器配载、航空医学、生存因素、人为因素、安全管理等方面的调查工作。调查组组长指定专业小组组长，负责管理本小组的调查工作。

（3）调查组由调查员和临时聘请的专家组成，参加调查的人员在调查工作期间应当服从调查组组长的管理，其调查工作只对调查组组长负责。调查组成员在调查期间，应当脱离其日常工作，将全部精力投入调查工作，并不得带有本部门利益。

（4）与事件有直接利害关系的人员不得参加调查工作。

六、调查组的职责与权利

（1）调查组的职责。调查组应当履行下列职责：

1）查明事实情况；

2）分析事件原因；

3）作出事件结论；

4）提出安全建议；

5）完成调查报告。

（2）调查组的权利。调查组依法行使下列职权：

1）决定封存、启封和使用与发生事件的航空器运行和保障有关的文件、资料、记录、物品、设备和设施；

2）要求发生事件的航空器运行、保障、设计、制造、维修等单位提供情况和资料；

3）决定实施和解除事发现场的隔离，负责隔离期间的现场管理；

4）决定移动、保存、检查、拆卸、组装、取样、验证发生事件的航空器及其残骸；

5）对事件有关单位和人员、目击者和其他知情者进行询问并录音或者录像，要求其提供相关文件、资料；

6）提出开展尸检、病理及毒理检验等工作要求；

7）确定可公开的信息及资料；

8）调查组认为有必要开展的其他行动。

七、调查员的管理

民航局、地区管理局、接受委托开展事件调查的民航生产经营单位应当指定满足下列条件的人员担任调查员负责事件调查工作：

（1）在航空安全管理、飞行运行、适航维修、空中交通管理、机场管理、航空医学或者飞行记录器译码等专业领域具有 3 年及以上工作经历，具备较高专业素质；

（2）按照民航局调查员培训大纲的要求参加初始培训和复训；

（3）有一定的组织、协调和管理能力；

（4）身体和心理条件能够适应调查工作。

调查员应当实事求是、客观公正、尊重科学、恪尽职守、吃苦耐劳，正确履行职责、行使权力，遵守调查纪律。未经调查组组长允许，调查员不得擅自发布调查信息。

民航局、地区管理局应当根据工作需要配备调查员、颁发证件并进行管理工作。民航生产经营单位负责本单位调查员管理工作。

调查员所属单位应当建立调查员档案并负责档案管理。民航局事故调查中心协助民航局航安办实施调查员档案管理工作。

民航局、地区管理局和被授权事业组织应当按照《民用航空器事件调查设备装备管理办法》为调查员配备个人防护装备，并根据需要为本单位的调查员提供心理疏导，保护其职业健康。

调查员的培训按照《民用航空器事件调查员管理办法》《民用航空器事件调查员培训管理办法》执行。

八、事件的报告

事件发生后，事发相关单位应当按照《民用航空安全信息管理规定》的要求报告。

九、事件的调查

事发相关单位应当根据调查工作需要，立即封存并妥善保管与此次事件相关的资料。应当封存但不能停用的工具和设备，应当通过拍照、记录等方法详细记录其工作状态。封存资料的单位应当指定封存负责人，封存负责人应当记录封存时间并签名。所有封存的文件、样品、工具、设备、影像和技术资料等未经调查组批准，不得启封。

事发现场应按照相关规定进行保护。调查组到达事发现场后，按照相关规定管理事发现场。调查组到达现场后，应当立即开展现场调查工作并查明有关情况。对事件调查中需要试验、验证的项目，按照相关规定进行。

事故发生后，事发单位应当如实向组织事件调查的部门报告直接经济损失。决定修复航空器的，应当开列详细的修复费用清单，列明各单项费用和总费用。航空器修复费用及相关经济损失的核定，应当遵守民航局有关规定。

调查中需要对专门性问题进行鉴别和判断并提供鉴定意见的，调查组委托专业机构进行检测；需要司法鉴定的，调查组委托司法鉴定机构出具相关鉴定意见。

调查组成员和参与调查的人员不得对外公开下列信息：

（1）调查过程中获取的有关人员的所有陈述记录；

（2）与航空器运行有关的所有通信记录；

（3）相关人员的姓名、医疗或者私人资料；

（4）驾驶舱语音记录及其记录文本；

（5）机载影像记录及其记录文本；

（6）与空中交通服务有关的所有记录；

（7）原因分析资料，包括飞行记录器分析资料和技术会议记录；

（8）调查报告草案。

十、调查报告的管理

（一）调查报告的内容

事故调查报告应当包括下列内容：

（1）调查中查明的事实；

（2）原因分析及主要依据；

（3）结论；

（4）安全建议；

（5）必要的附件；

（6）调查中尚未解决的问题。

（二）调查报告的审议与批准

调查组组长负责组织编写调查报告草案。草案完成后，由调查组组长提交给组织事件调查的部门审议。组织事件调查的部门可以就调查报告草案向有关单位征询意见，并将征询的意见交给调查组研究，调查组组长决定是否对调查报告草案进行修改。调查报告草案修正案及征询意见的采纳情况应当一并提交组织事件调查的部门。

对于涉外的事故和严重征候调查，组织事件调查的部门应当就调查报告草案向航空器登记国、运营人所在国、设计国、制造国和参与调查的国家征询意见。

民航局、地区管理局的航空安全委员会或者其授权的部门负责审议调查报告草案，并形成最终调查报告。审议发现问题的，应当进行补充调查或者重新调查。

调查报告经国务院或者民航局、地区管理局批准后，调查工作即告结束。组织调查的部门应当在事故发生后30日内按规定向国际民航组织和有关国家送交初步调查报告。组织调查的部门应当按规定向国际民航组织和有关国家送交事故和严重征候最终调查报告。调查工作结束后，发现新的重要证据，可能推翻原结论或者需要对原结论进行重大修改的，组织事件调查的部门应当重新进行调查。组织事件调查的部门应当在调查结束后对调查工作进行总结，并对调查的文件、资料、证据等清理归档，档案保存时限按照民航局档案保存有关规定执行。

事故和严重征候的最终调查报告应当在事发12个月内依法及时向社会公布，依法不予公开的除外。未能在事发12个月内公布最终调查报告的事故或者严重征候，组织事件调查的部门应当在事件周年日向社会公布调查进展情况。

十一、安全建议

在调查的任何阶段，民航局、地区管理局应当及时向有关部门、单位、国家以及国际民航组织提出加强和改进航空安全的建议。发布全球关切的安全建议（SRGC）时，无论建议是否提向国际民航组织，都应当将发布的建议及其回复情况发送国际民航组织，并在文件上标注发送日期。

收到民航局、地区管理局提出安全建议的部门或者单位，应当自接到安全建议30日内，书面回复安全建议的接受情况。

收到国（境）外调查机构发来安全建议的部门或者单位，应当自接到安全建议90日内，书面回复安全建议的接受情况。

接受安全建议后，相关单位应当根据建议制定相应措施。民航局、地区管理局应当及时跟踪安全建议落实情况和实施效果。

关于安全建议的具体要求，按照《民用航空器事件技术调查安全建议管理办法》执行。

第六章　民航安全信息管理

民航界对于信息和数据的利用经历了一个被动应对到越来越重视主动的过程，国际民航组织在《国际民用航空公约》附件 19《安全管理》的定义中对安全数据和安全信息作了区分。安全数据是最初报告或记录的作为观察或测量结果的数据。当它在特定的环境下经过处理、组织、综合或分析后，便转换为安全信息，使其有助于安全管理。安全信息可以继续以不同的方式予以处理，以提取不同的含义。附件 19《安全管理》要求服务提供者综合采用被动和主动安全数据收集方法，在此基础上开发和维护一个对其活动中的危险进行收集、记录、采取行动和产生反馈的正式过程。同样，也要求各国建立安全数据收集和处理系统（SDCPS），以捕获、存储、汇集安全数据和安全信息，并能够分析这些数据和信息，以支持其安全绩效管理活动。

国际民航组织建设运营和维护事故/征候数据报告（ADREP）系统，接收、存储和提供事件数据，将帮助提升全球的安全水平。该系统建立于 1976 年，不断向前发展以满足信息技术和航空业的变化。目前该系统操作使用的软件平台，是由欧盟的欧洲航空征候报告系统协调中心（ECCAIRS）所开发的。国际民航组织的《事故/征候报告手册》（Doc 9176）给出了如何报告事件信息的全部细节。除了收集、存储和交换安全事件的数据，ADREP/ECCAIRS 还为各国用户提供了交流分析工具的能力。ADREP 报告系统基于一个共同的报告分类法，与缔约国合作实施定期更新。此外敦促各国使用这种分类在其国家报告来实现国际的协调，从而促成安全信息的交流和聚合。

为加强和规范民用航空安全信息管理，及时掌握民用航空安全信息，有效预防各类民用航空事故，控制和消除航空安全隐患，2005 年，民航局发布《民用航空安全信息管理规定》（CCAR-396），并于 2007 年、2016 年、2020 年和 2022 年进行了四次修订，现行版本为《民用航空安全信息管理规定》（CCAR-396R4）。

第一节　民航安全信息管理概述

一、民航安全信息管理相关的规范性文件

（1）《外航事件信息报告程序》（AC-396-04R1）；
（2）《事件样例》（AC-396-08R3）；
（3）《民用航空安全信息主动报告管理办法》（AC-396-10）；
（4）《民用航空安全预警实施办法》（AC-396-11）；
（5）《民用航空安全信息管理人员管理办法》（AC-396-12）；
（6）《事件信息填报要素及示例》（AC-396-13）；
（7）《飞行品质监控参数名称规范》（MD-396-02）；

（8）《航空安全自愿报告系统》（MD-AS-2004-02）；
（9）《飞行品质监控红色事件信息核查管理办法》（MD-AS-2017-03）；
（10）《运行阶段和地面阶段》（AC-396-AS-2014-06）；
（11）《飞行品质监控信息报送管理规定》（AC-396-AS-2016-09）；
（12）《民用航空安全信息保护管理办法》（民航规〔2021〕29 号）；
（13）《民航行政机关航空安全举报信息管理办法（试行）》（民航发〔2020〕56 号）；
（14）《民用航空紧急事件信息报告实施办法》（民航综安发〔2021〕1 号）；
（15）《民航安全监管部门航空安全举报奖励暂行办法》（民航发〔2022〕40 号）。

二、民航安全信息的相关术语和定义

（1）事发相关单位。事发相关单位是指与所发生事件有关的、能提供事件直接信息的航空器运营人（含分、子公司）和航空运行保障单位。

（2）运行阶段。从任何人登上航空器准备飞行起至飞行结束这类人员离开航空器为止的过程。

（3）飞行时间。自飞机为准备起飞而依靠自身动力开始移动时起，至飞行结束停止移动为止的时间；或自直升机从旋翼开始转动时起，至飞行结束停止移动且旋翼停止转动为止的时间。其他类型航空器参照执行。

（4）飞行中。自飞机为起飞而增加发动机功率达到起飞功率时起，至着陆滑跑减速至机型手册或本单位规定的最大直线滑行速度（二者取较大值）为止的过程；或自直升机为起飞而增加发动机功率高于慢车时起，至机轮/滑橇完全接地为止的过程。其他类型航空器参照执行。

注意：飞行中包含中断起飞阶段。

（5）机场活动区。机场活动区是指机场内用于航空器起飞、着陆以及与此有关的地面活动区域，包括跑道、滑行道、机坪等。

（6）飞行机组成员。飞行机组成员是指飞行期间在航空器驾驶舱内执行任务的驾驶员和飞行机械员。

（7）航空器损伤。航空器损伤是指航空器（包括其部件和子系统）由于人为操纵或外部因素所导致的且需要修复或修理的系统安全性或物理完整性缺陷。例如裂纹、断裂、变形、凹坑、刮痕、缺口、脱胶、分层、烧蚀、零部件缺失以及系统全部或部分失效等形式。

（8）航空器受损。航空器受损是指航空器损伤程度低于航空器制造厂家手册规定的商业运行放行标准，仅轮胎损坏，或使用打磨、填充、粘贴金属胶带、补漆、冲洗、安装临时紧固件等方式进行临时修理后符合放行标准的情况除外。用于教学飞行且最大审定起飞质量低于 5700 kg 的航空器受损修复费用超过同类或同类可比新航空器价值 10%（含）的情况。

（9）人员受伤。人员受伤的判定以最高人民法院、最高人民检察院、公安部、司法部颁发的《人体损伤程度鉴定标准》为准，包括死亡、重伤、轻伤和轻微伤。

（10）外来物。外来物是指机场活动区内无运行或航空功能并可能构成航空器运行危险的无生命的物体。

（11）空飘物。空飘物是指在机场及周边区域飘浮的可能影响飞行安全的气球（不包括系留气球、无人驾驶自由气球和探空气球等），以及易被风吹起的边长或直径 0.3 m 以上的各类材质的块、条、幡、网、袋、膜等物体。

（12）航空器着陆和起飞地面保护区。航空器着陆和起飞地面保护区是指跑道、位于适用的跑道等待位置和跑道之间的部分滑行道、跑道中线两侧各 75 m 范围内土面区、仪表着陆系统临界区/敏感区和跑道端安全区。

（13）跑道侵入。在机场发生的任何航空器、车辆、人员错误地出现或存在于指定用于航空器着陆和起飞地面保护区的情况。

（14）影响航空器安全运行。影响航空器安全运行的情况包括但不限于导致：航空器滑回、中断起飞、采取避让措施、空中等待、在最近合适机场着陆、改变进近方式、需转频联系、中止进近、复飞、返航、备降、跑道侵入、占用跑道/滑行道、实施跑道检查、需机场启动应急救援响应程序、紧急制动、航空器损伤等。

三、民航安全信息的分类

根据《民用航空安全信息管理规定》（CCAR-396-R4）中的规定，民用航空安全信息是指事件信息、安全监察信息和综合安全信息。

（1）事件信息，是指在民用航空器运行阶段或者机场活动区内发生航空器损伤、人员伤亡或者其他影响飞行安全的情况。主要包括民用航空器事故、民用航空器征候以及民用航空器一般事件信息。

（2）安全监察信息，是指地区管理局和监管局各职能部门组织实施的监督检查和其他行政执法工作信息。

（3）综合安全信息，是指企事业单位安全管理和运行信息，包括企事业单位安全管理机构及其人员信息、飞行品质监控信息、安全隐患信息和飞行记录器信息等。

四、民航安全信息的管理机制

我国民用航空安全信息工作实行统一管理、分级负责的原则。民航局民用航空安全信息主管部门负责统一监督管理全国民用航空安全信息工作，负责组织建立用于民用航空安全信息收集、分析和发布的中国民用航空安全信息系统。地区管理局、监管局的民用航空安全信息主管部门负责监督管理本辖区民用航空安全信息工作。企事业单位负责管理本单位民用航空安全信息工作，制定包括自愿报告在内的民用航空安全信息管理程序，建立具备收集、分析和发布功能的民用航空安全信息机制。企事业单位的民用航空安全信息管理程序应当报所属地监管局备案。

第二节　民航安全信息收集

一、强制报告系统

民航局建立“中国民用航空安全信息系统”，作为强制性征候报告系统，简称强制报告系统，用于收集有关的事故、严重征候、征候和其他可报告事件，是企事业单位必须向民航行政机关报告的事件信息。事件信息收集分为紧急事件报告和非紧急事件报告，实行分类管理。紧急事件报告样例和非紧急事件报告样例包含在《事件样例》（AC-396-08R3）中。事件发生后，应当先遵照紧急事件样例判断，再判断是否属于非紧急事件。对于事件样例中涉及的航空器损伤和人员受伤类事件，若损伤和受伤程度暂时无法界定，先按较严重程度的要求报告。对于事件样例未包含的事件，如果涉及航空安全，参照非紧急事件报告。

（一）报告时限

（1）紧急事件按照以下规定报告：

1）紧急事件发生后，事发相关单位应当立即通过电话向事发地监管局报告事件信息；监管局在收到报告事件信息后，应当立即报告所属地区管理局；地区管理局在收到事件信息后，应当立即报告民航局民用航空安全信息主管部门。

2）紧急事件发生后，事发相关单位应当在事件发生后 12 小时内（事件发生在我国境内）或者 24 小时内（事件发生在我国境外），按规范如实填报民用航空安全信息报告表，主报事发地监管局，抄报事发地地区管理局、所属地监管局及地区管理局。

3）当空管单位为事发相关单位时，事发地/所属地监管局和地区管理局为空管单位所在地的监管局和地区管理局。

（2）非紧急事件按照以下规定报告：

1）非紧急事件发生后，事发相关单位应当在事发后 48 小时内，按规范如实填报民用航空安全信息报告表，主报事发地监管局，抄报事发地地区管理局、所属地监管局及地区管理局；

2）本条规定不适用于外国航空公司。

民航局制定《事件信息填报要素及示例》（AC-396-13），以规范事件信息填报，明确事件信息填报要素和填报主体，避免事件信息收集对安全运行造成干扰。

（二）事件信息的处理程序

报告的事件信息按照以下程序处理：

（1）对已上报的事件，事发相关单位获得新的信息时，应当及时补充填报民用航空安全信息报告表，并配合局方对事件信息的调查核实。如事实简单，责任清楚，事发相关单位可直接申请结束此次事件报告。

（2）负责组织调查的地区管理局和监管局应当及时对事件信息进行审核，完成事件初步定性工作。

（3）对初步定性为事故的事件，负责组织调查的单位应当提交阶段性调查信息，说明事件调查进展情况，并应当在事件发生后 12 个月内上报事件的最终调查信息，申请结束此次事件报告。

（4）对初步定性为严重征候的事件，负责组织调查的地区管理局应当在事件发生后 30 日内上报事件的最终调查信息，申请结束此次事件报告。

（5）对初步定性为一般征候的事件，负责组织调查的地区管理局应当在事件发生后 15 日内上报事件的最终调查信息，申请结束此次事件报告。

（6）当事件初步定性为一般事件，事发相关单位应当在事件发生后 10 日内上报事件的最终调查信息，负责组织调查的地区管理局应当在事件发生后 15 日内完成最终调查信息的审核，并申请结束此次事件报告。

（7）在规定期限内不能完成初步定性或不能按规定时限提交最终调查信息，负责调查的单位应当向民航局民用航空安全信息主管部门申请延期报告，并按要求尽快上报事件的最终调查信息，申请结束此次事件报告。

民用航空安全信息报告表应当使用中国民用航空安全信息系统上报。当该系统不可用时，可以使用传真等方式上报；当系统恢复后 3 日内，应当使用该系统补报。

向国务院应急管理部门报告事件信息，按照国务院的有关规定执行。

向国际民航组织和境外相关机构通报事件信息，按照以下规定执行：

（1）事故发生后 30 日内，民航局民用航空安全信息主管部门向登记国、运营人所在国、设计国、制造国和提供信息、重要设备或者专家的国家以及国际民航组织发送初步报告；

（2）事故和严重征候调查结束后，民航局民用航空安全信息主管部门应当尽早将事故和严重征候资料报告送交国际民航组织。

（三）事件信息的保存

各企事业单位和个人应当妥善保护与事故、征候、一般事件以及举报事件有关的所有文本、影音、数据以及其他资料。

组织事故、征候以及一般事件调查的单位负责对调查的文件、资料、证据等进行审核、整理和保存。

（四）其他信息的报告

地区管理局和监管局各职能部门应当按照民航局的相关要求报告安全监察信息。

企事业单位应当按照所属地区管理局的相关要求报告综合安全信息。

二、主动报告管理

为提高民用航空系统的安全性，减少飞行事故和征候的发生，应当尽可能快速、准确地发现并改正系统存在的缺陷。已发生的不安全事件恰好暴露了系统内部缺陷，因此收集已发生的不安全事件信息并对其进行研究就具有重要的意义。然而，小的差错或不安全事件具有隐蔽、动态的特征，如果当事人不报告，其他人事后就很难发现。由于多数人出于害怕处罚或者丢面子等原因，不愿暴露自己的失误或错误，因此失去了完善系统的机会。

为做好民用航空安全信息主动报告管理工作，调动民航企事业单位及广大一线员工参与安全管理、报告安全隐患的积极性，及时识别并防范民航安全运行中的风险，民航局制定《民用航空安全信息主动报告管理办法》（AC-396-10）。安全信息主动报告是指民航从业人员、社会公众以及民航企事业单位等各类组织，通过强制报告以外的途径，包括但不限于自愿报告、安全举报、信息共享等进行的安全信息报告。

民航局负责建立行业安全信息主动报告系统，包括安全信息共享平台、安全举报平台和委托中国民航大学负责运行的航空安全自愿报告系统等，实现对安全信息报告的综合管理。

（一）自愿报告系统

随着人们对信息资源的认识和利用的不断加深，20 世纪 70 年代中期，美国开始研究建立自愿报告系统，后来发展成为全球最早运行的航空安全报告系统 Aviation Safety

Reporting System（ASRS），并获得了很大的成功。鉴于 ASRS 的成功，英国、加拿大、澳大利亚、新西兰等国先后开发了适合于本国国情的保密性航空安全自愿报告系统，1999 年后，韩国、日本和我国台湾也建立了保密的自愿报告系统。目前已经运行保密报告系统的成员有 ASRS（美国）、CHIRP（英国）、REPCON（澳大利亚）、CASRP（俄罗斯）、KAIRS（韩国）、ASI-NET（日本）、SCASS（中国）、SINCAIR（新加坡）等。

根据《民用航空安全信息管理规定》（CCAR-396R4），民航局支持第三方机构建立中国民用航空安全自愿报告系统，并委托第三方机构负责该系统的运行。中国民用航空安全自愿报告系统运行的基本原则是自愿性、保密性和非处罚性。

任何人可以通过信件、传真、电子邮件、网上填报和电话的方式向中国民用航空安全自愿报告系统提交报告。

中国民用航空安全自愿报告系统收集的报告内容包括：

（1）涉及航空器不良的运行环境、设备设施缺陷的报告；

（2）涉及执行标准、飞行程序困难的事件报告；

（3）除事故、征候和一般事件以外其他影响航空安全的事件报告。

中国民用航空安全自愿报告系统收到的报告，按以下步骤处理：

（1）接收到报告后，确定是否符合中国民用航空安全自愿报告系统收集的报告内容，通知报告人受理情况；

（2）核查报告内容，视情联系报告人补充信息；

（3）去除报告中涉及的识别信息，编写分析报告，提出安全建议；

（4）视情向相关单位提供信息，发布告警信息、信息简报和信息通告。

我国的自愿报告系统称为 SCASS，民航从业人员可以使用航空安全自愿报告系统，通过网上填报（scass. airsafety. cn）、微信公众号（中国航空安全自愿报告系统）和电子邮件（scass@ cauc. edu. cn）的方式向航空安全自愿报告系统提交报告。民航局委托中国民航大学作为主持单位开展工作。SCASS 是中立的机构，与民航局没有直接的从属关系。目的旨在最大限度地收集安全信息，及时发现航空系统运行的安全隐患和薄弱环节，分析行业安全的整体趋势和动态，为航空安全管理提供决策支持。

SCASS 收到的报告信息经过执行工作组专人按严格的信息处理程序进行处理。该信息处理程序的主要步骤如下：

（1）接收报告人的自愿报告。

（2）执行工作组初步审查报告，确定是否涉及紧急安全问题。如果涉及，对报告进行编码和去除识别信息后，立即转交局方和相关单位；如果不涉及，判断是否符合自愿报告受理条件，对于不符合受理条件的报告，退回报告人。

（3）核查报告内容，视情联系报告人补充信息。

（4）对报告进行编码，将编码告知报告人便于报告人跟踪报告的处理情况。

（5）去除报告中涉及的识别信息，分发给专家工作组以编写分析报告，提出安全建议。

（6）视情向主管部门或相关单位发布告警信息。

（7）将整理后的报告信息和分析报告录入数据库。

（8）销毁原始报告。

（9）视情发布信息简报和信息通告。

对于涉及违法行为、强制报告等超出受理范围的报告，经与报告人协商后，可直接转发至安全举报系统。

自愿报告系统实施数据分析和信息共享，营造一个航空人员交流安全信息的平台。

网站和数据库是 SCASS 的主要部分。

建立 SCASS 网站，广泛传播自愿报告系统的理念和运行原则，广泛传播系统收到的经过分析的报告和改进建议，提供安全事件数据库查询与咨询，促进安全信息的交流与共享，改善民航安全。

建立数据库，贮存去掉个人识别信息的报告和分析结果等。实现数据的查询、统计和分析。

系统定期发布安全信息，包括：告警通告、研究报告和安全事件公告。

（二）举报的民用航空安全信息处理

民航从业人员和社会公众可以使用安全举报平台，通过民航局政府网站（caac. gov. cn）、电子邮件（aviationsafety@ caac. gov. cn）和电话（800-810-0949）等方式向民航行政机关进行举报。安全举报收集的报告内容如下：

（1）涉及事故、征候和一般事件；

（2）涉及违法行为；

（3）涉及安全隐患；

（4）其他与航空安全直接相关的问题或建议。

涉及违反组织人事、纪检监察、旅客服务、公共卫生等领域的事项，不属于安全举报范围。

举报人的合法权益受法律保护。除法律、法规另有规定外，任何单位和个人不得将举报情况透露给其他单位和个人。

举报的民用航空安全信息按照以下规定进行处理：

（1）地区管理局或监管局负责调查、处理涉及本辖区的举报的民用航空安全信息；

（2）在收到举报的民用航空安全信息 5 日内，应当向举报人反馈受理情况；

（3）举报的民用航空安全信息经调查构成事故、征候或一般事件的，负责调查的单位应当在调查结束后 3 日内，向民航局民用航空安全信息主管部门填报民用航空安全信息报告表。

举报的民用航空安全信息调查结束后 5 日内，受理单位应当向被举报单位和举报人反馈查处结果。

为鼓励举报重大事故隐患和安全生产违法行为，民航局制定《民航安全监管部门航空安全举报奖励暂行办法》（民航发〔2022〕40 号），举报人举报的重大事故隐患和安全生产违法行为，属于民航生产经营单位和民航安全监管部门没有发现，或者虽然发现但未按有关规定依法处理，经核查属实的，给予举报人现金奖励。民航安全监管部门开展安全举报奖励工作，应当遵循“合法举报、适当奖励、属地管理、分级负责”和“谁受理、谁奖励”的原则。

（三）安全信息共享

民航企事业单位应当将本单位收集的与外部环境相关的安全隐患、缺陷、建议等信息，通过中国民用航空安全信息系统（safety. caac. gov. cn）中的安全信息共享平台进行共享。共享的安全信息包括但不限于运行环境、机务维修、地面保障、设施设备、标志标识、飞行程序、空管保障等方面的内容。鼓励民航企事业单位通过安全信息共享平台分享本单位收集的典型安全隐患，促进民用航空安全信息共享和应用。

通过安全信息共享平台共享的信息（以下简称共享信息），应当按以下步骤处理。

（1）民航企事业单位应当根据本单位收集的安全信息所反映的具体问题，整理与外部环境相关的安全隐患、缺陷、建议等共享信息。

（2）民航企事业单位应当对共享信息的内容进行审核，确保信息描述清晰、要素完整。

（3）民航企事业单位应当于每月 10 日前，在安全信息共享平台上，将共享信息分发至需要对问题进行解释或核实的单位以及可能受影响的单位。判断需立即共享的安全信息，应当尽快在安全信息共享平台上分发。

（4）相关单位收到分发给本单位的共享信息后，应当及时组织调查核实，查明情况，分析原因，制定和落实相关措施。

（5）相关单位应当及时反馈共享信息的核实情况，原则上应当在收到信息后的下月 1 日前完成核实和反馈。除已通过民航安全信息系统上报的事件信息外，反馈的内容包括但不限于核实结论（已报送航安系统、已报送内部系统、启动核实）、具体情况、原因分析、措施及落实情况。

（6）各地区管理局和监管局应当及时关注辖区内单位的安全信息共享情况，对于安全信息共享平台中尚未反馈的共享信息，督促辖区内单位及时核实反馈。在评估辖区安全状况和安全风险时，应当结合共享安全信息综合评估。

（四）主动报告的处理原则

报告人应当做到实事求是、诚实守信，对其报告内容的真实性负责，不得捏造、歪曲事实，不得诬告、陷害他人和单位，违者依法依规严肃追究责任。

主动报告的登记、评估、受理、拟办、分送、查处和反馈等工作人员应当严格遵守有关保密纪律，依法保护报告人身份、报告内容和奖励等情况，违者依法依规严肃追究责任。

报告人因主动报告违法行为、事故隐患等而遭受单位的不公平待遇的，可在提交报告 6 个月内或遭受不公平待遇 90 日内（以后发生的为准）通过安全举报向民航行政机关报告。

民航行政机关对报告人主动报告自己违章行为的，满足特定条件时，可予以减免处罚。民航企事业单位对报告人主动报告自己违反单位内部规定的行为，应当考虑行为的性质、后果以及信息来源唯一性等因素，视情予以减免处罚。

第三节　民航安全信息分析与应用

局方和企事业单位应当建立民用航空安全信息分析和发布制度，促进民用航空安全信息共享和应用。民航局通过分析民用航空安全信息，评估行业总体安全状况。地区管理局和监管局通过分析民用航空安全信息，评估辖区总体安全状况，明确阶段性安全监管重点。

企事业单位及其从业人员不得违反民用航空安全信息发布制度，擅自披露或者公开民用航空安全信息。企事业单位应当定期分析本单位民用航空安全信息，评估本单位安全状况和趋势，制定改进措施。

民用航空安全信息的发布应当以不影响信息报告的积极性为原则，并遵守国家和民航局的有关规定。民航局负责发布全国范围的民用航空安全信息；地区管理局和监管局负责发布辖区的民用航空安全信息。

局方和企事业单位应当根据民用航空安全信息分析情况，开展安全警示、预警工作，适时发布航空安全文件。为强化安全风险管控、安全隐患排查，提高安全监测和预防能力，民航局制定《民用航空安全预警实施办法》（AC-396-11）。

民航局航空安全委员会办公室在以下情况出现时应当适时启动安全预警警示工作：

（1）民航局月度航空安全委员会全体会议作出重要部署；

（2）民航局相关部门识别确定的系统性、全局性安全风险或排查出的重大安全隐患；

（3）发现行业趋势性安全问题；

（4）认为地区管理局航空安全文件具有全局性警示意义。

经研判未达到预警警示程度，但需提醒行业内相关单位重视的安全信息，可视情发布《航空安全通告》。

民航局《运行安全通告》和《维修警示信息》的实施，按照相关规定执行；如确需发布《航空安全预警警示》的，应当由民航局航空安全委员会办公室统一发布。

民航企事业单位应当安排专人负责从“中国民用航空安全信息系统”及时接收和处理适用于本单位的《航空安全预警警示》《航空安全通告》。

民航企事业单位应当将《航空安全预警警示》《航空安全通告》的接收和处理纳入本单位安全管理体系，针对预警警示内容和通告重点，结合实际第一时间分析、研判和评估，尽早采取相应预防、管控等措施，及时开展风险评估和隐患排查，及时做好安全风险防范和隐患治理。

第四节　安全信息管理人员和设备的管理

局方和企事业单位应当指定满足下列条件的人员负责民用航空安全信息管理工作，且人员数量应当满足民用航空安全信息管理工作的需要：

（1）参加民用航空安全信息管理人员培训，考核合格；

（2）每两年参加一次安全信息管理人员复训，考核合格。

局方和企事业单位应当为民用航空安全信息管理人员配备工作必需设备，并保持设备正常运转。设备包括但不限于便携式计算机、网络通信设备、移动存储介质、传真机和录音笔等。

为加强和规范民用航空安全信息管理人员（以下简称安全信息员）管理工作，明确安全信息员的工作职责、基本要求和培训管理，民航局制定《民用航空安全信息管理人员管理办法》（AC-396-12）。

一、安全信息员的工作职责

（1）按照安全信息管理的规章、规范性文件，制定或组织制定本单位的安全信息管理制度；

（2）收集和审核安全信息，按照规定的报送规范和时限，通过中国民用航空安全信息系统、安全信息共享平台等报送安全信息；

（3）分析本单位安全信息，评估本单位安全状况和趋势，主动发现本单位安全生产中存在的安全风险和安全隐患；

（4）按规定接收和处理民航行政机关发布的航空安全预警警示和安全通告；

（5）定期在本单位内部开展安全信息管理类法律、规章和文件的宣贯。

安全信息员应当严格遵守安全信息保护管理相关规定，按照国家及民航局相关保密规定处理涉密安全信息。根据安全信息保护等级分类，控制安全信息知悉和分发范围，执行传递及披露程序，强化管控意识，确保安全信息可控。

二、安全信息员的配备

企事业单位配备的专职安全信息员数量应当满足安全信息管理工作的需要，且符合下列标准：

（1）年飞行小时 60 万以上的运输航空公司（含子公司和具有相对独立运行管理职责的分公司）安全管理部门至少配备 3 名；

（2）年飞行小时 10 万~60 万的运输航空公司（含子公司和具有相对独立运行管理职责的分公司）安全管理部门至少配备 2 名；

（3）年飞行小时 8 万以上的通用航空公司安全管理部门至少配备 3 名；

（4）年飞行小时 5 万~8 万的通用航空公司安全管理部门至少配备 2 名；

（5）年旅客吞吐量 2000 万以上的机场安全管理部门至少配备 3 名；

（6）年旅客吞吐量 1000 万~2000 万的机场安全管理部门至少配备 2 名；

（7）地区空管局、空管分局/站安全管理部门至少配备 2 名；

（8）其他单位至少配备 1 名。

运输航空公司、子公司和具有相对独立运行管理职责的分公司应按上述标准分别配备安全信息员；通用航空公司包含飞行训练机构。

三、安全信息员的分级管理

安全信息员分为安全信息专员、高级安全信息员和资深安全信息员。

（1）对于满足条件的安全信息员，所在单位应当聘为安全信息专员；

（2）对于满足条件且在安全信息岗位工作 6 年以上、具备较高专业素质的安全信息员，所在单位应当聘为高级安全信息员；

（3）对于满足条件且在安全信息岗位工作 10 年以上、具备较高专业素质，并满足条件的安全信息员，所在单位在向民航局提出申请并获得认可后，应当聘为资深安全信息员。

安全信息员变更时，所在单位应当及时向所属地监管局报备，并同时申请或注销安全信息员的安全信息系统账号。

民航局对在安全信息管理工作中做出突出贡献的安全信息员，给予表彰和奖励。

四、安全信息员的培训

安全信息员培训分为初始培训和复训，培训内容应当至少包括：民航基础知识、《民用航空安全信息管理规定》及相关规范性文件的解读、安全信息系统的使用、信息分析方法与程序、人的因素/典型风险分析、安全信息管理应用与实践等。仅持有经营许可证的通用航空公司的安全信息员，培训内容可不包括民航基础知识。

安全信息员初始培训时间不得少于 32 学时，复训时间不得少于 24 学时。对于仅持有经营许可证或仅运营热气球的通用航空公司，安全信息员的初始培训时间不得少于 24 学时。

安全信息员应当在从事安全信息相关工作 6 个月内（年飞行小时 1 万以下的通航公司和年旅客吞吐量 200 万以下的机场，为 12 个月内）完成初始培训并通过考核，且每两年（按自然年份计算，即自取得初始培训结业证之日起至首次复训或后续复训年份的公历年最后一天）完成安全信息员复训并通过考核。考核合格后，获得安全信息员培训证书。

局方安全信息员参加的航安监察员初始培训、复训以及航空安全管理工作履历，经民航局评估认可后可替代安全信息员初始培训和复训。

持有安全信息员培训证书的人员可申请参加民航安全生产管理人员考核。考核合格后，获得民航安全生产知识和管理能力考核合格证（以下简称“考核合格证”），考核合格证有效期为 3 年。安全信息员的培训由具备相应条件的安全信息培训机构实施。

第五节 民航安全信息保护

安全信息保护实行依法管理、重点防护、合理利用的方针，既要确保安全信息可控，又要便于安全信息的合理使用。为加强民用航空安全信息的保护管理工作，确保安全信息可控，促进合理使用，民航局制定《民用航空安全信息保护管理办法》（民航规〔2021〕29 号）。

安全信息根据信息重要程度分为涉密级安全信息（以下简称涉密安全信息）、敏感级安全信息（以下简称敏感安全信息）和一般级安全信息（以下简称一般安全信息）。

（1）涉密安全信息：其密级具体范围依据《民航工作国家秘密范围的规定》中相关要求执行。

（2）敏感安全信息：是指不属于涉密安全信息，但在特定时间内泄露后会影响安全工作正常开展或引起媒体和社会误读的安全信息。

（3）一般安全信息：是指除涉密安全信息和敏感安全信息以外的其他安全信息。

下列信息应当被确定为敏感安全信息：

（1）涉及航空器损伤的图片、视频信息；

（2）涉及人员伤亡、医疗及个人隐私的文字、图片、音频、视频信息；

（3）机场跑道、滑行道、机坪以及其他设施设备损坏的图片、视频信息；

（4）陆空通话记录的文字、音频信息；

（5）人员访谈记录相关的文字、音频、视频信息；

(6) 航空器驾驶舱舱音的文字、音频信息和驾驶舱图像视频信息；

(7) 航空器快速存取记录器（QAR）、飞行数据记录器（FDR）数据的文字信息及其仿真视频信息；

(8) 事件调查过程中获取的音频、视频信息；

(9) 事件调查初步报告、调查续报和未发布的最终调查报告；

(10) 未公布的事件调查处理意见。

涉密安全信息管理按照国家及民航局相关保密规定执行。

敏感安全信息应当遵守以下工作要求：

(1) 文件资料标注“此件不公开”字样或者采取等效措施；

(2) 按照程序报送并在指定的范围内分发；

(3) 未经所在单位批准，任何个人不得对外发布，包括但不限于通过微信群、朋友圈、微博、贴吧、抖音、快手等网络平台对外发布。

一般安全信息按照《民用航空安全信息管理规定》及本单位安全信息保护管理要求执行。

第七章　民航应急管理

第一节　民航应急管理概述

一、基础理论

传统的突发事件应急管理注重发生后的即时响应、指挥和控制，具有较大的被动性和局限性。从20世纪70年代后期起，更加全面更具综合性的现代应急管理理论逐步形成，并在许多国家的实践中取得了重大成功。现代应急管理主张对突发事件实施综合性应急管理。

突发事件应急管理强调全过程的管理，涵盖了突发事件发生前、中、后的各个阶段，包括为应对突发事件而采取的预先防范措施、事发时采取的应对行动、事发后采取的各种善后措施及减少损害的行为，包括预防、准备、响应和恢复四个阶段，并充分体现“预防为主、常备不懈”的应急理念。

应急管理是一个动态的过程，尽管在实际情况中四个阶段往往是交叉的，但每一阶段都有其明确的目标，而且每一阶段又是构筑在前一阶段的基础之上。因而，预防、准备、响应和恢复的相互关联，构成了重大事故应急管理的循环过程。

（一）预防

在应急管理中预防有两层含义：一是事故的预防工作，即通过安全管理和安全技术等手段，尽可能地防止事故的发生，实现本质安全；二是在假定事故必然发生的前提下，通过采取预防措施，达到降低或减缓事故的影响或后果的严重程度，如加大建筑物的安全距离、工厂选址的安全规划、减少危险物品的存量、设置防护墙以及开展公众教育等。从长远看，低成本、高效率的预防措施是减少事故损失的关键。

（二）准备

准备是应急管理工作中的一个关键环节。应急准备是指为有效应对突发事件而事先采取的各种措施的总称，包括意识、组织、机制、预案、队伍、资源、培训演练等各种准备。在《中华人民共和国突发事件应对法》中专设了“预防与应急准备”一章，其中包含了应急预案体系、风险评估与防范、救援队伍、应急物资储备、应急通信保障、培训、演练、捐赠、保险、科技等内容。

应急准备工作涵盖了应急管理工作的全过程。应急准备并不仅仅针对应急响应，它为预防、监测预警、应急响应和恢复等各项应急管理工作提供支撑，贯穿应急管理工作的整个过程。从应急管理的阶段看，应急准备工作体现在预防工作所需的意识准备和组织准备，监测预警工作所需的物资准备，响应工作所需的人员准备，恢复工作中所需的资金准备等各阶段的准备工作；从应急准备的内容看，其组织、机制、资源等方面的准备贯穿整个应急管理过程。

（三）响应

响应是指在突发事件发生以后所进行的各种紧急处置和救援工作。及时响应是应急管理的又一项主要原则。

《中华人民共和国突发事件应对法》中规定了突发事件发生以后的应急响应工作要求，第七十二条规定：突发事件发生后，履行统一领导职责或者组织处置突发事件的人民政府应当针对其性质、特点、危害程度和影响范围等，立即启动应急响应，组织有关部门，调动应急救援队伍和社会力量，依照法律、法规、规章和应急预案的规定，采取应急处置措施，并向上级人民政府报告；必要时，可以设立现场指挥部，负责现场应急处置与救援，统一指挥进入突发事件现场的单位和个人。

《中华人民共和国突发事件应对法》第七十三条进一步规定了自然灾害、事故灾难或者公共卫生事件应急处置的具体措施。

应急响应是应对突发事件的关键阶段、实战阶段，考验着政府和企业的应急处置能力，尤其需要解决好以下几个问题：一是要提高快速反应能力。响应速度越快，意味着越能减少损失。由于突发事件发生突然、扩散迅速，只有及时响应，控制住危险状况，防止突发事件的继续扩展，才能有效地减轻造成的各种损失。经验表明，建立统一的指挥中心或系统将有助于提高快速反应能力。二是加强协调组织能力。应对突发事件，特别是重大、特别重大突发事件，需要具有较强的组织动员能力和协调能力，使各方面的力量都参与进来，相互协作，共同应对。三是要为一线应急救援人员配备必要的防护装备，以提高危险状态下的应急处置能力，并保护好一线应急救援人员。

（四）恢复

恢复是指突发事件的威胁和危害得到控制或者消除后所采取的处置工作。恢复工作包括短期恢复和长期恢复。

从时间上看，短期恢复并非在应急响应完全结束之后才开始，恢复可能是伴随着响应活动随即展开的。很多情况下，应急响应活动开始后，短期恢复活动就立即开始了。比如，一项复杂的人员营救活动中，受困人员陆续获救，从第一个受困人员获救之时起，其饮食、住宿、医疗救助等基本安全和卫生需求应当立即予以恢复，此时短期恢复工作就已经开始了，而不是等到所有受困人员全部获救之后才开始恢复工作。从以上角度看，短期恢复也可以理解为应急响应行动的延伸。

短期恢复工作包括向受灾人员提供食品、避难所、安全保障和医疗卫生等基本服务。在短期恢复工作中，应注意避免出现新的突发事件。《中华人民共和国突发事件应对法》第八十六条规定：突发事件的威胁和危害得到控制或者消除后，履行统一领导职责或者组织处置突发事件的人民政府应当宣布解除应急响应，停止执行依照本法规定采取的应急处置措施，同时采取或者继续实施必要措施，防止发生自然灾害、事故灾难、公共卫生事件的次生、衍生事件或者重新引发社会安全事件，组织受影响地区尽快恢复社会秩序。

长期恢复的重点是经济、社会、环境和生活的恢复，包括重建被毁的设施和房屋，重新规划和建设受影响区域等。在长期恢复工作中，应汲取突发事件应急工作的经验教训，开展进一步的突发事件预防工作和减灾行动。

恢复阶段应注意：一是要强化有关部门，如市政、民政、医疗、保险、财政等部门的介入，尽快做好灾后恢复重建；二是要进行客观的事故调查，分析总结应急处置与应急管理的经验教训，这不仅可以为今后应对类似事件奠定新的基础，而且也有助于促进制度和管理革新。

二、基本概念

本书所称“民航单位”是民航管理部门与民航生产经营单位的合称。

本书所称“民航生产经营单位”是指在中华人民共和国境内依法设立的民用航空器经营人、飞行训练单位、维修单位、空中交通管理运行单位、民用机场（包括军民合用机场民用部分）以及地面服务保障等民航企事业单位。

本书所称“民航单位应急管理工作体系”是指民航单位为了有效应对各类突发事件，提升应急能力，做好各项日常应急管理工作（应急准备工作），而实施的系统、清晰和全面的工作方法。

本书所称“突发事件”是指突然发生的，危及或者可能危及航空器或民航单位安全，造成或可能造成民航单位运行效率丧失或下降、人员伤病亡、财产损失，严重影响民航单位声誉以及严重危害社会，需要立即采取措施予以应对的事件。

三、基本原则

在《中国民用航空应急管理规定》（CCAR-397）提到的“民航应急工作建立统一领导、综合协调、分类管理、分级负责的管理体制”的基础上，本书认为民航单位应急管理工作体系建设应坚持“统一领导，平战结合；顶层协调，专项管理；主体责任，协同联动”的基本工作原则。

（一）统一领导，平战结合

民航单位应急管理工作涉及多个领域、多个部门、多个环节，应急管理工作体系建设更是一项复杂和艰巨的系统工程，既要做好“平时”的应急准备工作，又要能快速转换为“战时”体系，这就要求民航单位应急管理工作必须要有强有力的统一领导核心和高效灵敏的平战结合模式。

（二）顶层协调，专项管理

在“统一领导”的基础上，扬弃“综合协调”、加强“分类管理”，形成“顶层协调”“专项管理”的应急管理工作体系建设模式。

“顶层协调”是对“综合协调”的扬弃，民航应急管理工作涉及多个领域、多个部门、多个环节，必须要有强有力的协调。但是，现阶段的“综合协调”已难以完成该项工作，而且大多数民航单位的应急管理综合协调部门也达不到“综合协调”的设置，一般均为部分突发事件的协调机构。因此，应当将“综合协调”的功能，一部分提升至“顶层协调”，即将重大事项决策和协调交由领导机构顶层协调，提高协调力度和效率；一部分下放至分类管理部门，这样也省去了不少协调部门，同时也提高了协调的专业程度。

在“综合协调”提升至“顶层协调”的基础上，进一步加强“分类管理”为“专项管理”，所谓“专项管理”即和国家组建应急管理部的思路类似，在具体突发事件应急管理领域，推动应急管理职能由非常态转向常态，在每一个领域建立一个由强有力的核心部门牵头，各方协调配合的应急管理体制和应急管理工作体系建设模式。

（三）主体责任，协调联动

深化“分级负责”为“主体责任”“协调联动”，明确各方责任边界，落实应急管理责任制，建立协同联动机制。

“分级负责”是指各方按照职责边界，各守其位，强调的是“分”，而“分”必然就带来协同不畅，同时可能因为职责边界不清晰，造成互相扯皮或越权越界的情况。将“分级负责”升级扩展为“主体责任”“协调联动”，多是强调在职责清晰基础上的“合”，并且也着重强调了各方责任，做到不缺位、不越权。

四、建设框架

民航单位在每个具体领域应急管理工作体系建设均可包括5个部分：

（1）预案与制度：是指制定相关规划、预案、工作程序、规章制度以及其他文件；

（2）组织与资源：是指在预案或制度化文件的要求下，搭建组织构架，建立所需的符合相关资格或资质证书标准的队伍，配备符合相关标准的设备、工具、系统和物资等；

（3）应急培训：是指对相关人员进行所需的，符合相关标准的培训、训练、教育和交流工作；

（4）应急演练：是指开展所需的，符合相关标准的各种类型演练，以及对演练效果的评估和改进活动；

（5）评估与改进：是指对以上各项应急管理工作的检查、评估和改进工作。

第二节 应急预案与制度

一、规章制度

（一）法律规章

法律规章是指民航单位收集、整理、汇编、落实与本领域有关的应急管理法律、法规、规章、标准及相关规范性文件的工作。

（二）制度建设

制度建设是应急预案体系建设的基础和前置条件，制度性文件是应急预案的上位文件，应急预案本身不属于制度，而是制度的细化和执行。

应急预案侧重于执行，其间会引用制度性文件的相关内容，如组织机构与职责、信息报告等部分；制度性文件侧重于管理，因此涉及预案管理的内容，如培训、演练、考核、评估、奖惩等均应在制度性文件体现。如应急预案中的应急保障内容侧重如何利用现有资源保障应急处置工作，制度性文件中的应急保障内容侧重于日常如何管理和建设符合应急处置需求的各项资源。

1. 制度建设的顶层设计

应急管理制度建设也应遵循“统一领导、分类管理”的基本原则和指导，针对各类突发事件，民航单位可在顶层制定一个统一的应急管理办法、规定或控制程序，统筹规范各类突发事件应急管理工作的总体组织和实施；然后，针对具体的突发事件应急管理领域制定针对性的制度性管理文件（该文件也可蕴含在相关领域其他制度性文件中）；最后，在具体突发事件应急管理领域的总体制度性文件安排下，根据实际工作需要，针对特定突发事件或应急管理活动，以通知、指南、大纲、意见、导则、办法、规定等形式灵活制定所需的制度化文件。

2. 日常管理的制度建设

针对具体突发事件应急管理领域，民航单位一般应对以下日常应急管理工作开展制度化建设工作：

（1）风险评估；

（2）应急管理组织机构及职责；

（3）应急预案体系建设、编制及管理；

（4）应急设施、设备、系统、物资、队伍、案例、知识、专家等应急资源的管理；

（5）应急培训；

（6）应急演练；

（7）评估与改进；

（8）各类应急管理相关的协议、文件；

（9）应急值守；

（10）应急保障。

3. 应急处置的制度建设

在具体突发事件应急管理领域，民航单位可针对监测预警、信息报告、应急指挥、其他重要处置活动或措施（如应急救援中的集结待命、快速通行、民航单位临时关闭等）开展制度化建设工作。

需要注意的是，如该处置活动已经在相关预案中得到明确和全面的描述，民航单位可根据实际情况，不再单独制定相关制度性文件；如已经制定了制度化文件，可视情废止，避免文件管理出现混乱。

二、应急预案

应急预案概述了民航单位在各领域应急管理工作体系建设中关于应急预案体系建设的要求、目标、类型、程序和方法，为民航单位建立健全该领域的应急预案体系提供规范和指导。应急预案分为风险评估/突发事件分析、能力评估/应急资源调查、预案体系建设、预案编制、预案管理五项建设内容。

（一）风险评估/突发事件分析

民航单位应针对本领域突发事件特点，识别事件危害因素，分析事件可能产生的直接后果以及次生、衍生后果，评估各种后果的危害程度。工作重点是识别风险所可能引发的突发事件及其后果，并对突发事件进行分类分级，明确管理单位，以更好地指导应急预案体系建设及其他应急管理工作。

（二）能力评估/应急资源调查

民航单位应针对本领域突发事件应对需要，全面调查第一时间可调用的应急队伍、装备、物资，以及可请求援助的应急资源状况，深入分析应对各类突发事件能力，为制定应急响应措施提供依据。能力评估/应急资源调查工作包括但不限于：

（1）本单位可调用的应急队伍、装备、物资、场所；

（2）针对生产过程及存在的风险可采取的监测、监控、报警手段；

（3）上级单位、当地政府及周边企业可提供的应急资源；

（4）可协调使用的医疗、消防、专业抢险救援机构及其他社会化应急救援力量。

（三）预案体系建设

民航单位应在风险评估/突发事件分析的基础上，按照本领域应急管理的相关规章和规范性文件要求，结合实际工作需要，建立健全“横向到边、纵向到底、上下对应、内外衔接”的应急预案体系。

1. 预案类型

按照《民航应急预案管理办法》《生产安全事故应急条例》《生产安全事故应急预案管理办法》等法规规章和标准规范，其应急预案类型应包括综合应急预案、专项应急预案、现场处置方案三类，并且需要在各类预案的基础上编制应急处置卡和应急预案操作手册。

（1）综合应急预案，是指民航生产经营单位为应对各种突发事件或某一大类突发事件而制定的综合性工作方案，是本单位应对该事件的总体工作程序、措施和应急预案体系的总纲。

（2）专项应急预案，是指民航生产经营单位为应对某一种或者多种类型突发事件，或者针对重要生产设施、重大危险源、重大活动而制定的专项性工作方案。

（3）现场处置方案，是指针对具体场所、装置或者设施，根据不同突发事件所制定的应急处置措施。

同时，根据《生产安全事故应急预案管理办法》，民航生产经营单位应当在编制应急预案的基础上，针对工作场所、岗位的特点，编制简明、实用、有效的应急处置卡。

根据《民航应急预案管理办法》，民航生产经营单位应当结合本地区、本单位具体情况，编制应急预案操作手册，内容一般包括：应急处置程序，应急队伍、装备物资情况和调用方案，相关单位联络人员和电话等。应急预案操作手册应当采用表格、流程图等表单化方法，以达到简明实用目的。

其他应急管理领域，诸如自然灾害、社会安全事件、公共卫生事件等，有相关法律规章规定的从其规定；没有规定的，可参照“事故灾难/生产安全事故”应急预案体系开展相关工作。

2. 预案体系的纵向建设

在明确预案类型基础上，预案体系的纵向建设即如何实现民航单位应急预案体系的分级负责和纵向贯通，将预案落实到具体的部门、岗位或个人，确保民航单位应急预案体系的有效性和可操作性。按照“统一领导，平战结合；顶层协调，专项管理；主体责任，协同联动”的应急管理工作体系建设原则，应急预案体系也应该按照“专项管理、主体责任”的要求，开展分级建设，打通各个组织层级，压实应急责任。

（四）预案编制

根据《民航应急预案管理办法》，应急预案编制应当遵循以下原则：

（1）合法性原则。遵照有关法律、法规及民航规章要求。

（2）可行性原则。符合风险应对实际和自身能力现状。

（3）衔接性原则。实现横向、纵向相关应急预案有机衔接。

（4）简便性原则。简明扼要、条理清晰、通俗易懂、方便使用。

民航单位及下属各单位应针对本单位多发易发突发事件、主要风险等，制定本单位年度应急预案编制与修订计划，并根据实际情况适时调整完善。

根据《民航应急预案管理办法》，预案编制单位应当成立预案编制工作小组，吸收预案涉及主要部门和单位业务相关人员、有关人员及有处置经验的人员参加。编制工作小组组长应由本单位相关负责人担任。

预案编制过程中，应根据相关法规文件要求和实际需要，广泛征求相关民航单位的意见和建议。预案中涉及外单位职责的，应当书面征求意见。

预案编制单位可邀请或委托有相关预案编制经验的第三方参与编制。

预案编制单位应当按照《民航应急预案管理办法》及本领域应急管理的相关规章和规范性文件要求，编写各类应急预案的内容要素。

预案格式是预案编制工作中需要高度重视的方面，内容是预案发挥作用的基础，格式是预案发挥作用的条件。在编制实务中，一般有四种格式；文本式、表格式、检查单式和图卡式。

预案编制单位在编制预案时，应根据预案类型和自身实际使用情况，选择合适的格式编制预案，争取做到预案内容与格式的均衡，以达到“简明扼要、条理清晰、通俗易懂、方便使用”的要求原则。

（五）预案管理

（1）预案审核。民航单位层面的应急预案应当经民航单位应急管理领导机构审核后，由民航单位主要负责人或分管负责人签发。民航单位下属单位的应急预案审核应参照民航单位程序制定本单位工作程序并执行。鼓励邀请外部专家参与应急预案审核工作。

（2）预案备案。民航单位层面的应急预案在应急预案印发后的20个工作日内，民航单位应依照《民航应急预案管理办法》的规定向有关单位备案。民航单位下属各单位应在本单位应急预案发布实施后20个工作日内，将预案向民航单位备案。

（3）预案公开。民航单位编制的应急预案应当向本单位从业人员公布。对于需要公众广泛知晓的应急预案，应主动向公众公开。对于确需保密的应急预案，按有关规定执行。

（4）评估修订。民航单位应当建立定期评估制度，分析评价预案内容的针对性、实用性、可操作性和衔接性，实现应急预案的动态优化和科学规范管理。根据《民航应急预案管理办法》，有下列情形之一的，应当及时修订应急预案：

1）有关法律、行政法规、规章、标准、上级预案中的有关规定发生变化的；

2）应急指挥机构及其职责发生重大调整的；

3）面临的风险发生重大变化的；

4）重要应急资源发生重大变化的；

5）预案中的其他重要信息发生变化的；

6）在实际应对或应急演练中发现问题需要作出重大调整的；

7）应急预案制定单位认为应当修订的其他情况。

预案修订后应及时印发给参与应急处置的相关单位，并重新进行报备。

民航单位各单位和个人均可以向预案编制单位提出修订建议。

三、应急预案的培训与演练

民航单位应将应急预案培训和演练工作纳入年度工作计划，通过编发材料、举办培训班、研讨交流等方式，组织开展应急预案培训和演练。

应急演练的周期应当在预案或相关文件中明确规定，专项应急预案至少每 3 年进行一次演练。

四、应急预案的宣传教育

根据《民航应急预案管理办法》，民航单位及下属各单位应当充分利用互联网、广播、电视、报刊等多种媒体广泛宣传本单位涉及公众的非涉密应急预案，制作通俗易懂、好记管用的宣传普及材料，向公众免费发放。

第三节　组织与资源

一、组织管理

组织管理概述了民航单位各领域应急管理工作体系建设的各项组织管理活动，有助于完善民航单位应急管理体制，压实应急责任，为各项应急管理工作的顺利实施提供坚实的组织保障。组织管理分为工作责任、管理体制和指挥体系三项建设内容。

（一）工作责任

（1）主体责任。民航单位应当认真履行应急管理主体责任，贯彻落实国家应急管理方针政策及有关法律规章、规定，建立和完善应急管理责任制，应急管理责任制应覆盖本单位全体职工和岗位、全部运行和管理过程。

在民航单位运营的航空器营运人应在与民航单位签订的协议中明确双方在应急管理工作的权利和义务。

涉及业务外包的单位在落实本单位应急管理主体责任时，应同样做好外包业务的应急管理工作，明确双方责任。

（2）领导责任。民航单位主要负责人是本单位各类突发事件应急管理工作的第一责任人，对本单位应急管理工作负总责。民航单位应明确具体突发事件应急管理工作的分管负责人，协助主要负责人落实应急管理方针政策及有关法律规章、规定和标准，统筹协调和管理相应突发事件的应急管理工作，对本单位应急管理工作负重要领导责任。

（3）岗位责任。员工处于运行生产的基层和一线，是应急规章的执行者和运行保障的操作者。员工应认真学习理解应急管理工作体系的理念、要素，积极主动地参与应急管理工作体系的建设，落实所在岗位的应急责任。

（二）管理体制

根据《中国民用航空应急管理规定》，民航应急工作建立统一领导、综合协调、分类管理、分级负责的管理体制。

（1）应急管理工作领导机构。民航单位应急管理工作领导机构目前有两种构建模式：

1）统一的应急管理工作领导机构。民航单位可成立统一的应急管理工作领导机构

（以下简称“领导机构”），负责统一领导本单位的各类突发事件应急管理工作，研究决策应急管理重大问题和突发事件应对措施。

2）分类管理的应急管理工作领导机构。针对不同类型突发事件成立对应的应急管理工作领导机构或由相关领导机构负责应急工作。

需要注意的是，无论哪种模式，如各类应急管理相关的领导机构负责人均应当由单位主要负责人担任，均不违反“统一领导”原则。该领导机构应同时明确一位分管负责人具体分管领导机构的日常工作；领导机构成员一般均包括本单位所有领导，根据管理和处置需要，吸纳相关单位负责人。

（2）应急管理综合管理部门。民航单位在统一或分类管理的应急管理工作领导机构之下，应设立相应的应急管理综合管理部门作为本单位总体或该领域应急管理工作的日常办事机构，负责组织、落实本单位总体或该领域应急管理工作体系建设工作。

（三）指挥体系

指挥体系是指民航单位按照有关法律规章要求，在管理体制的规范下，针对具体突发事件而临时搭建的统一指挥、专业支持、快速反应、分工协作、高效处置的应急指挥组织架构和权责分工。有资质要求的指挥岗位，其配备的指挥人员应该符合相关资质要求。

二、资源管理

资源管理概述了民航单位各领域应急管理工作体系建设的各项资源管理活动，以为各项应急管理工作的顺利实施提供充分的设备、设施、系统、物资、队伍、经费等资源保障与制度保证。

（1）应急设施、设备、系统与物资。在每个具体突发事件应急管理领域，民航单位均应根据有关规章标准要求以及本单位应急处置需要，配备与本单位应急管理职责相匹配的设施、装备、系统与物资等资源，保证其在民航单位运行期间始终处于适用状态。

1）应急设施：是指具备应急功能的场所或区域，典型的如消防站、急救站等。

2）应急设备：是指具备应急功能的机具器材，典型的如消防车、救护车、应急救援指挥车、对讲机等。

3）应急系统：是指具备应急功能的信息系统，典型的如应急指挥系统等。

4）应急物资：是指具备应急功能的物质资料，典型的如沙袋、消防泡沫、药品针剂等。

5）应急队伍：一般包括应急管理工作人员队伍、专业应急处置队伍、兼职应急处置队伍和专家队伍四类。在每个具体突发事件应急管理领域，民航单位均应根据有关规章标准要求以及本单位应急处置需要，配备足够的、符合资质要求的各类应急队伍，保证专业应急处置队伍在民航单位运行期间始终处于在岗适用状态。

（2）经费保障。民航单位应建立应急经费保障机制，明确日常工作经费、专项工作经费、资源购置与维护经费、紧急经费等各类应急经费的规模、来源、使用和监管等活动。

（3）协议支援力量。在每个具体突发事件应急管理领域，民航单位均应根据有关规章标准要求以及本单位应急处置需要，全面调查和掌握上级单位、当地政府及周边企业可提供的应急资源，并与有关单位签订支援协议，同时做好记录、复核、变更等管理工作，并适时邀请相关协议支援单位参与相关培训和演练活动，以达到磨合机制、熟悉流程的目的。

（4）知识资源。民航单位可以采取印制书籍、分发材料、张贴图表等形式使用各类知识资源，推荐有条件的民航单位，开发应急知识库、案例库等信息系统，能极大地提高应急知识、应急案例等知识资源的收集、整理、查阅效率，提升使用效能。

第四节 应急培训

应急培训是促进民航单位应急管理工作体系发展和生成应急能力的重要手段和途径，通过应急培训的各个环节，保证各级应急管理与应急处置人员资质符合法律法规要求，持续提升应急技能，不断提高全员的应急意识、法规意识、责任意识。

民航单位应急培训对象应至少应包括以下层次和对象：

（1）民航单位负责人，包括党政主要负责人（含法定代表人、实际控制人，下同）、分管应急管理综合协调的负责人、分管具体突发事件应急管理领域的负责人等；

（2）值班领导，包括参与民航单位值班，对民航单位当日安全生产、运行保障、应急处置等方面工作负有领导责任的民航单位负责人及二级单位领导；

（3）应急管理工作人员，包括民航单位及下属各单位从事日常应急管理工作的管理人员（包括局方的民航应急管理监察员）；

（4）下属各单位的负责人及值班领导；

（5）专业应急处置队伍；

（6）兼职应急处置队伍；

（7）其他员工。

民航单位应准确识别各层级的培训对象和培训内容，编制应急培训大纲，制订年度应急培训计划，开展应急培训，建立培训档案。

第五节 应急演练

应急演练是指开展所需的，符合相关标准的各种类型演练，以及对演练效果的评估和改进活动。应急演练工作包括演练目的与原则、演练类型与要求、演练组织与实施、演练资源与保证四个基本要素，其下又细分为若干子要素。本部分内容主要引用和参考《生产安全事故应急演练基本规范》（AQ/T 9007—2019）（以下简称《基本规范》）及《民航应急预案管理办法》（民航规〔2019〕38 号）。

一、演练目的

参照《基本规范》并结合民航实际，民航单位应急演练有以下 5 个主要目的：

（1）检验预案：发现应急预案中存在的问题，提高应急预案的针对性、实用性和可操作性；

（2）完善准备：完善应急管理标准制度，改进应急处置技术，补充应急装备和物资，提高应急能力；

（3）磨合机制：完善应急管理部门、相关单位和人员的工作职责，提高协调配合能力；

（4）宣传教育：普及应急管理知识，提高参演和观摩人员风险防范意识和自救互救能力；

（5）锻炼队伍：熟悉应急预案，提高应急人员在紧急情况下妥善处置事故的能力。

二、演练原则

参照《基本规范》并结合民航实际，民航单位应急演练应遵循以下工作原则：

（1）符合相关规定：按照国家相关法律、法规、标准及有关规定组织开展演练；

（2）依据预案演练：结合面临的风险和突发事件特点，依据应急预案组织开展演练；

（3）注重能力提高：以提高指挥协调能力、应急处置能力为主要出发点组织开展演练；

（4）确保安全有序：在保证参演人员及设备设施安全的条件下组织开展演练；

（5）统一规划，分项实施，突出实战，适应需求。

三、演练类型与要求

（一）演练类型

参照《基本规范》并结合民航实际，民航单位应急演练是指针对可能发生的突发事件情景，依据应急预案而模拟开展的应急活动。

（1）按照演练内容，应急演练分为综合演练和单项演练。

1）综合演练，是指针对应急预案中多项或全部应急响应功能开展的演练活动。

2）单项演练，是指针对应急预案中某一项应急响应功能开展的演练活动。

（2）按照形式，应急演练分为桌面演练和实战演练。

1）桌面演练，是指针对事故情景，利用图纸、沙盘、流程图、计算机模拟、视频会议等辅助手段，进行交互式讨论和推演的应急演练活动。

2）实战演练，是指针对事故情景，选择（或模拟）生产经营活动中的设备、设施、装置或场所，利用各类应急器材、装备、物资，通过决策行动、实际操作，完成真实应急响应的过程。

（3）按目的与作用，应急演练分为检验性演练、研究性演练和示范性演练。

1）检验性演练，是指为检验应急预案的可行性、应急准备的充分性、应急机制的协调性及相关人员的应急处置能力而组织的演练。

2）研究性演练，是指为探讨和解决事故应急处置的重点、难点问题，试验新方案、新技术、新装备而组织的演练。

3）示范性演练，是指为检验和展示综合应急救援能力，按照应急预案开展的具有较强指导宣教意义的规范性演练。

除了以上三种维度的演练分类外，实务中，还存在以是否编制脚本为区分的有脚本演练和无脚本演练，乃至在无脚本基础上，再叠加无通知和无准备的“三无演练”。

民航单位可根据实际情况采取多种方式组织开展演练。鼓励开展不提前预告方式的应急演练。

需要注意的是，目前民航规章中的应急演练定义和分类与《基本规范》不尽相同，甚至不同规章所定义的演练类型也不相同。民航各单位可以以上演练类型为参考，根据自身实际和相关领域法规要求，定义本单位的演练类型。

（二）演练要求

民航单位在具体突发事件应急管理领域应根据相关法规标准要求及本单位应急管理职责和工作实际，明确各项演练活动的具体工作要求，主要包括演练计划、演练频次等。

如按照《民航应急预案管理办法》的要求，应急演练的周期应当在预案中明确规定，专项应急预案至少每 3 年进行一次演练。运输航空公司、航空服务保障公司、运输机场公司、民航局空管局等单位，应当有针对性地经常组织开展演练。

这些演练要求可以在预案中明确，也可以在单独制定的应急管理或应急演练制度性文件中明确。

（三）演练组织与实施

根据《民航应急预案管理办法》，应急演练应当坚持“统一规划，分项实施，突出实战，适应需求”的原则，按照计划准备、组织实施、评估总结三个阶段进行。

参照《基本规范》与《民航应急预案管理办法》，并结合民航实际，民航单位应急演练组织与实施包括计划准备、组织实施、评估总结三个阶段。

1. 计划准备

（1）演练计划。民航单位应根据本单位应急管理职责和工作实际，制定本单位每类突发事件应急管理领域的应急演练工作计划，民航单位下属各单位也应制定本单位的应急演练工作计划，并且报送民航单位相关部门备案。民航单位应将应急演练工作纳入年度工作计划，并将应急演练工作完成情况纳入绩效考核。

（2）演练准备。根据《基本规范》，大规模的演练活动（如综合实战演练等）通常需要成立演练领导小组，演练领导小组下设策划与导调组、宣传组、保障组、评估组等。其他类型演练，根据演练规模大小，其组织机构设置和名称可进行适当调整。

应急演练前，组织实施演练的单位应当制定演练方案，一般包括演练名称、目标、方法、程序、人员、装备、物资、经费等内容。主要要素有：

1）应急演练目的及要求；

2）应急演练情景设计；

3）应急演练规模及时间；

4）参演单位和人员主要任务及职责；

5）应急演练筹备工作内容；

6）应急演练主要步骤；

7）应急演练技术支撑及保障条件；

8）应急演练评估与总结。

根据《民航应急预案管理办法》，涉及民航管理部门、航空公司、航空服务保障公司、民航单位、空管等多家单位共同参与的大型综合性演练，演练所在地的民航地区管理局应当在演练开始前 7 个工作日将演练方案报民航局备案。

根据需要，可编制演练脚本。演练脚本是应急演练工作方案具体操作实施的文件，帮助参演人员全面掌握演练进程和内容。演练脚本可采取文本或表格形式，主要内容包括：

演练模拟情景；处置行动与执行人员；指令与对白、步骤及时间安排；视频背景与字幕；演练解说词等。演练组织方也可不编制演练脚本，开展无脚本演练。

演练评估方案通常包括：

1）演练信息：应急演练目的和目标、情景描述，应急行动与应对措施简介等；

2）评估内容：应急演练准备、应急演练组织与实施、应急演练效果等；

3）评估标准：应急演练各环节应达到的目标评判标准；

4）评估程序：演练评估工作主要步骤及任务分工；

5）附件：演练评估所需要用到的相关表格等。

如演练评估由第三方开展，则不作要求。

针对应急演练活动可能发生的意外情况制定演练保障方案或应急预案，并进行演练，做到相关人员应知应会，熟练掌握。演练保障方案应包括应急演练可能发生的意外情况、应急处置措施及责任部门、应急演练意外情况中止条件与程序等。相关内容也可融入演练方案之中。

根据演练规模和观摩需要，可编制演练观摩指南。演练观摩指南通常包括应急演练时间、地点、情景描述、主要环节及演练内容、安全注意事项等。

根据需要，编制演练宣传方案，明确宣传目标、宣传方式、传播途径、主要任务及分工、技术支持。

（3）落实演练工作保障。按照演练方案和有关要求，组织落实策划、执行、保障、评估、参演等人员参加演练活动，必要时设置替补人员；明确演练工作经费及承担单位；明确各参演单位所准备的演练物资和器材等。

根据演练方式和内容，选择合适的演练场地。演练场地应满足演练活动需要，避免影响正常生产、生活。采取必要安全防护措施，确保参演、观摩等人员以及生产运行系统安全。采用多种公用或专用通信系统，保证演练通信信息通畅。

2. 组织实施

本部分内容基本引用《基本规范》。

（1）熟悉演练任务和角色。组织各参演单位和参演人员熟悉各自参演任务和角色，并按照演练方案要求组织开展相应的演练准备工作。

（2）组织预演。对于大规模综合实战演练或示范性演练，在开展正式演练前，演练组织单位或策划人员可按照演练方案或脚本组织桌面推演、合成预演和提前拍摄等，熟悉演练实施过程的各个环节。

（3）现场检查。确认演练所需的工具、设备、设施、技术资料以及参演人员到位。对应急演练安全保障方案以及设备、设施进行检查确认，确保安全保障方案可行，所有设备、设施完好。

（4）演练实施。应急演练正式开始前，应对参演人员进行情况说明，使其了解应急演练规则、场景及主要内容，岗位职责和注意事项。

应急演练总指挥宣布开始应急演练，参演单位及人员按照设定的事故情景，参与应急响应行动，直至完成全部演练工作。演练总指挥可根据演练现场情况，决定是否继续或中止演练活动。

在桌面演练过程中，演练执行人员按照应急预案或应急演练方案发出信息指令后，参演单位和人员依据接收到的信息，回答问题或模拟推演的形式，完成应急处置活动。通常按照四个环节循环往复进行。各组决策结果表述结束后，导调人员可对演练情况进行简要讲解，接着注入新的信息。

在实战演练过程中，按照应急演练工作方案，开展应急演练，有序推进各个场景，开展现场点评，完成各项应急演练活动，妥善处理各类突发情况，宣布结束与意外终止应急演练。实战演练执行主要按照以下步骤进行：

1）演练策划与导调组对应急演练实施全过程的指挥控制。

2）演练策划与导调组按照应急演练工作方案（脚本）向参演单位和人员发出信息指令，传递相关信息，控制演练进程；信息指令可由人工传递，也可以用对讲机、电话、手机、传真机、网络方式传送，或者通过特定声音、标志与视频呈现。

3）演练策划与导调组按照应急演练工作方案规定程序，熟练发布控制信息，调度参演单位和人员完成各项应急演练任务；应急演练过程中，执行人员应随时掌握应急演练进展情况，并向领导小组组长报告应急演练中出现的各种问题。

4）各参演单位和人员，根据导调信息和指令，依据应急演练工作方案规定流程，按照发生真实事件时的应急处置程序，采取相应的应急处置行动。

5）参演人员按照应急演练方案要求，做出信息反馈。

6）演练评估组跟踪参演单位和人员的响应情况，进行成绩评定并做好记录。

（5）演练记录。演练实施过程中，应安排专门人员采用文字、照片和音像等手段记录演练过程。

（6）评估准备。演练评估人员根据演练情景设计以及具体分工，在演练现场实施过程中展开演练评估工作，记录演练中发现的问题或不足，收集演练评估需要的各种信息和资料。

（7）演练结束。完成各项演练内容后，演练总指挥宣布演练结束，参演人员按预定方案集中进行现场讲评或者有序离场。

3. 评估总结

根据《民航应急预案管理办法》，应急演练组织单位应当开展演练评估，主要包括：演练执行情况，预案合理性和可操作性，指挥协调和应急联动情况，应急人员处置情况，演练所用设备装备的适用性，对完善预案、应急准备、应急机制、应急措施等方面的意见和建议。鼓励委托第三方进行演练评估。

应急演练结束后，评估人员或评估组负责人可在演练现场对演练中发现的问题、不足及取得的成效进行口头点评。

评估人员针对演练中观察、记录以及收集的各种信息资料，依据评估标准对应急演练活动全过程进行科学分析和客观评价，并撰写书面评估报告。

评估报告重点对演练活动的组织和实施、演练目标的实现、参演人员的表现以及演练中暴露的问题进行评估。

应急演练结束后，演练组织单位应根据演练记录、演练评估报告、应急预案、现场总结等材料，对演练进行全面总结，并形成演练书面总结报告。报告可对应急演练准备、策划等工作进行简要总结分析。

参与单位也可对本单位的演练情况进行总结。演练总结报告的内容主要包括：演练基本概要；演练发现的问题，取得的经验和教训；应急管理工作建议。

应急演练活动结束后，演练组织单位应将应急演练工作方案、应急演练书面评估报告、应急演练总结报告等文字资料，以及记录演练实施过程的相关图片、视频、音频等资料归档保存。

对主管部门要求备案的应急演练资料，演练组织单位应及时将相关资料报主管部门备案。

4. 持续改进

（1）应急预案修订完善。根据演练评估报告中对应急预案的改进建议，由应急预案编制部门按程序对预案进行修订完善。

（2）应急管理工作改进。应急演练结束后，演练组织单位应根据应急演练评估报告、总结报告提出的问题和建议，对应急管理工作（包括应急演练工作）进行持续改进。

演练组织单位应督促相关部门和人员，制订整改计划，明确整改目标，制定整改措施，落实整改资金，并跟踪督查整改情况，形成闭环管理。

第六节 评估与改进

一、评估原则

各类应急管理评估活动均应坚持以下基本工作原则：

（1）实事求是：评估遵循实事求是的原则，以事实为依据进行评估工作。

（2）科学严谨：评估中采用科学的方法，调查获取应急管理全过程中的信息，给予科学严谨的评估。

（3）依法依规：应急管理评估的主要依据是相关法律法规，依法依规评估应急管理各项工作及应急处置的各个环节。

（4）客观公正：对于具体突发事件应对开展评估活动时，对应急处置和救援的评估工作应放在当时当地特定情境下进行评估判断，对应急处置和救援活动给予客观公正的评价。

（5）以评促改：应急管理评估的主要目的不是追责而是及时发现应急管理工作中存在的不足并予以改进。

二、评估类型与要求

根据评估对象，应急管理评估主要分为应急管理工作评估和应急处置工作评估两大类。

应急管理工作评估是指针对评估单位应急管理工作体系建设的各项日常工作开展检查、考核、审核、评价等评估活动。

应急处置工作评估是指针对评估单位实际开展的应急处置活动而实施的调查、检查、评价等评估活动。

民航单位应制定独立文件或在相关文件中，体现应急管理评估的制度化管理内容，重点明确和规范各类评估工作开展的要求、流程、方法、频次与形式等。

（一）应急管理工作评估

（1）评估职责。民航各单位负责自我评估及评估下属各单位的应急管理工作；各单位在接受评估的同时，应自行组织自我评估总结工作，形成相关工作总结报告。

（2）评估计划。民航单位应根据本单位应急管理职责和工作实际，制定本单位年度评估工作计划，计划制定要充分考虑本单位管辖范围，在每年年末应完成本单位及所有下属单位的评估工作。

（3）评估形式。民航单位可根据工作实际单独实施评估活动或融入安全管理与法定自查等相关检查、考核、审核等活动一并开展。

（4）评估要素。应急管理工作评估要素一般包括：

1）中长期应急规划制定及落实情况；

2）年度工作计划制定及落实情况；

3）应急预案体系建设与编修情况；

4）应急管理制度化建设情况；

5）应急管理责任制落实情况；

6）应急管理工作领导机构设置情况；

7）应急管理机构设置、运行和人员配备情况；

8）工作经费落实和使用情况；

9）应急资源配备情况；

10）应急培训制度化建设情况；

11）年度应急培训计划制定及落实情况；

12）应急培训组织实施情况；

13）应急演练制度化建设情况；

14）应急演练计划制定及落实情况；

15）应急演练组织实施情况；

16）本单位评估工作开展情况；

17）上一次评估后改进计划落实情况；

18）实际应急处置情况。

（5）评估实施。民航单位应根据自身实际情况，编制评估检查单等相关文件，灵活采取台账检查、调研访谈、应急演练等多种方式开展评估工作。单次评估活动可以一次性评估所有要素，也可根据实际情况，针对一项或几项要素开展评估工作。鼓励民航单位邀请第三方专业机构开展评估工作。

（6）评估总结。在评估活动结束后，负责评估的单位应向评估对象出具书面评估报告或自我评估报告。报告主要内容一般包括：

1）负责评估的人员情况；

2）评估活动的开展情况；

3）被评估单位应急管理工作开展的基本情况及上一年度改进计划落实情况；

4）被评估单位目前应急管理工作存在的主要问题；

5）总体评估意见及改进建议。

（二）应急处置工作评估

（1）评估职责。突发事件处置完毕后，民航单位应开展针对应急处置工作的调查评估工作，同时配合上级单位开展的调查评估工作。

（2）评估形式。应急处置工作评估作为事件调查工作的一部分，一般应成立评估组织单独开展评估活动。

（3）评估要素。应急处置工作评估要素一般包括：

1）突发事件的基本情况。主要包括：时间、地点、单位概况，人员伤亡、财产损失情况，事件类型及初步原因等情况。

2）先期处置情况。主要包括事发现场单位及人员的自救互救、信息报告、紧急避险等情况。

3）信息接收、流转与报送情况。主要包括：信息报告及续报，信息接收与处理，应急值守等情况。

4）应急预案实施情况。主要包括：应急预案启动、实施及衔接等情况。

5）组织指挥情况。主要包括：应急指挥部成立及组成，各单位按责任分工开展工作等情况。

6）现场处置与救援情况。主要包括各类处置救援活动如消防、急救、警戒、保护、疏散、抢修等开展情况。

7）应急队伍工作情况。主要包括：参与应急处置救援的队伍、人员组成及紧急调度情况，应急救援工作开展等情况。

8）应急资源保障情况。主要包括：所需通信、抢险、救援和防护等各类应急物资装备的保障及紧急调配等情况。

9）信息发布情况。主要包括舆情监控及对外信息发布等情况。

10）处置成效、经验和教训。

11）相关建议。

（4）评估实施。民航单位可根据需要，灵活采取资料分析、人员访谈、专家论证、现场勘查、技术鉴定实施评估工作。

1）资料分析。通过突发事件相关的文字、音像资料、总结材料和相关数据信息，了解事件发生的全过程，分析明确应急处置工作的关键节点。

2）人员访谈。采取座谈和抽样访谈等形式，通过询问有关人员，听取应急处置工作情况说明，了解全过程。

3）专家论证。根据需要，对应急处置工作过程中各单位在信息报送、应急响应等关键问题上采用召开专家会议等形式进行专家论证。

4）现场勘查。对现场勘查，发现、固定、提取有关证据，为评估提供证据支持。必要时，可以聘请技术支撑单位或者专家参与现场勘查。

5）技术鉴定。评估过程中根据需要，必要时可以委托相关机构进行技术鉴定。

（5）评估总结。在评估活动结束后，负责评估的单位汇总评估过程中发现的问题，形成评估意见，得出评估结论，撰写评估总结报告。

三、持续改进

民航单位应根据评估报告中的改进建议，结合自我评估、演练评估及实际应急处置中的经验，针对预案与制度、组织与资源、应急培训、应急演练等需要改进的工作，制定细致完善的改进提升方案，对应急管理工作进行持续改进。

民航单位领导小组应组织督促相关部门和人员，制定改进计划，明确改进目标，制定改进措施，落实改进资金，并跟踪督查改进情况。上一次改进工作情况，是下一次评估工作的重点考察要素。

四、绩效与奖惩

民航单位应将应急管理工作纳入安全绩效管理。

民航单位应建立应急管理奖惩制度，对本单位应急管理工作做出突出成绩和贡献的部门和个人，给予表彰或奖励。

对于出现以下行为的部门和个人，责任单位应给予处罚：

（1）未按要求开展相关应急管理工作，致使应急处置出现重大问题的；

（2）违反相关规章、制度、标准、预案，造成应急处置出现重大问题的；

（3）不积极行动配合完成应急处置任务，造成重大损失的；

（4）拒绝履行职责或者不服从指挥，致使损失加重的；

（5）玩忽职守，对突发事件情况判断、处置不当，贻误时机，造成重大损失的；

（6）擅自对外提供突发事件新闻信息资料的。

民航单位应制定独立文件或在相关文件中，体现以上内容。

参考文献

[1] 国际民航组织. Doc 9859 安全管理手册 [M].

[2] 倪海云. 航空安全保证之旅 [M]. 中国工人出版社, 2018.

[3] 熊康昊. 民航单位应急管理工作体系建设参考指南 [M]. 北京: 冶金工业出版社, 2023.

[4] 周为民, 孙明. 民航安全概述与航空安保 [M]. 北京: 清华大学出版社, 2021.

[5] 中国安全生产科学研究院. 安全生产管理 [M]. 北京: 应急管理出版社, 2022.

[6] 罗云, 田水承. 安全经济学 [M]. 北京: 劳动社会保障出版社, 2007.

[7] 孙殿阁. 安全管理七讲 [M]. 北京: 冶金工业出版社, 2021.

[8] 孙佳, 熊康昊, 吴倩, 等. 中国民用航空综合应急管理工作面临的问题 [J]. 安全, 2017, 38 (10): 57-60.

[9] 鄂金成. 民航应急演练现状分析与建议 [J]. 民航管理, 2021 (12): 68-71.

[10] 于航. "一案三制" 视角下的民航应急协调联动机制分析 [J]. 民航管理, 2022 (11): 48-53.

[11] 崔军. 东航广东分公司应急管理体系构建研究 [D]. 昆明: 云南大学, 2018.

[12] 王增强, 丁静, 白松浩, 等. 面向低空空域协同管理的应急决策方法 [J]. 中国安全科学学报, 2019, 29 (7): 177-182.

[13] 王喆, 王世昌, 涂圣友, 等. 应急行动方案决策研究综述 [J]. 武汉理工大学学报 (信息与管理工程版), 2019, 41 (5): 467-472, 484.

[14] 秦选斌, 代伟, 陈邦华, 等. 突发公共卫生事件应急决策支持方法综述 [J]. 医学信息学杂志, 2023, 44 (5): 7-13.